2., neu bearbeitete Auflage 2011

Holland+Josenhans GmbH & Co. KG, Postfach 102352, 70019 Stuttgart
Tel. 0711/6143920, Fax: 6143922, E-Mail: verlag@holland-josenhans.de
Internet: www.holland-josenhans.de

© Verlag Zabert Sandmann
München
Grafische Gestaltung Georg Feigl
Redaktion Gerti Köhn, Eva-Maria Hege
Herstellung Karin Mayer, Peter Karg-Cordes
Lithografie Christine Rühmer
Druck & Bindung Mohn media Mohndruck GmbH, Gütersloh

Beim Druck dieses Buches wurde durch den innovativen Einsatz der Kraft-Wärme-Kopplung im Vergleich zum herkömmlichen Energieeinsatz bis zu 52% weniger CO_2 emittiert. *Dr. Schorb, ifeu.Institut*

ISBN 978-3-7782-7295-4

Jens Priewe

Kleine Weinschule

Alles, was man über Wein wissen sollte

Inhalt

Liebe Leser,

Wein hat in den letzten zwei Jahrzehnten eine ungeheure Popularität gewonnen. Hauptursache dafür sind die gestiegenen Qualitäten, die es auch Menschen, die ohne große Vorkenntnisse mit Wein in Berührung kommen, leicht machen, diesen zu verstehen und zu genießen. Dass einige der besten Weine der Welt fast direkt vor unserer Haustür wachsen, hat das Interesse am Wein noch beflügelt. Riesling in Deutschland, Grüner Veltliner und Blaufränkisch in Österreich, tolle neue Weine aus der Schweiz und aus Südtirol – sie zeigen, was und wie viel es in der Weinwelt noch zu entdecken gibt.

Aber auch die Verfügbarkeit von Weinen, die weiter entfernt wachsen, ist enorm gestiegen. Europa ist heute ein Paradies für Weintrinker. Nirgendwo auf der Welt ist die Auswahl an Wein so groß wie hier.

Die »Kleine Weinschule« will dieser Entwicklung Rechnung tragen. Sie ist in erster Linie für Menschen geschrieben, die einen Einstieg in das Thema Wein suchen, ohne genau zu wissen, wo sie anfangen sollen. Die einfach mal durch die Weinwelt surfen und sich umschauen, was es zu entdecken gibt. Vielleicht wird auf diese Weise bei Lesern, die Wein bisher gleichgültig gegenüberstanden, Lust und Neugier geweckt.

Das Buch ist aber auch für Weintrinker interessant, die schon wissen, wie Wein entsteht, wie er gelagert wird, was die Besonderheiten einzelner Weine und Weinbauländer sind. Die »Kleine Weinschule« geht nämlich bei einzelnen Themen durchaus ins Detail. Erklärt, was einen Prosecco vom Sekt unterscheidet, was die Winzer im Winter machen, und warum manche Weißweine aus roten Trauben erzeugt werden.

Übrigens: Ich habe in diesem Buch bewusst auf die blumige Fachsprache verzichtet, der man in Weinprospekten und in Broschüren über Wein ständig begegnet und die bei Weinproben oder Konversationen unter Profis so ausgiebig gepflegt wird. Einfach, schnörkellos und immer mit einer Quintessenz – nach diesem Muster ist jedes Kapitel in der »Kleinen Weinschule« angelegt. Sollte dennoch an der einen oder anderen Stelle eine persönliche Bemerkung fallen, so ist es die andauernde Begeisterung des Autors für guten Wein, die da versehentlich durchblitzt.

Wein – der erste Kontakt

Ratlos vor dem Regal: Was Etikett, Preis, Herkunft und Verpackung sagen

Was das Flaschenetikett verrät: wenig, aber das präzise

Das Etikett ist die Visitenkarte des Weins. Es schmückt die Flasche und hilft, den Inhalt korrekt zu identifizieren. Die Informationen, die ein Etikett enthält, sind genau vorgeschrieben – so genau, wie es der Konsument manchmal gar nicht wissen will. Verboten ist, was nach Meinung der Weinbeamten die Konsumenten verwirren könnte, auch wenn es für diese nützlich wäre.

Nicht nur Personalausweis. Wie man mit Wein nicht nur seinen Durst löscht, so ist auch das Etikett nicht allein dafür da, den Konsumenten über den Inhalt einer Flasche zu informieren. Es ist mehr als ein Personalausweis. Das Etikett dient weitergehenden Zwecken. Es gibt dem Wein ein Gesicht. Es befriedigt emotionale, visuelle, ästhetische, geistige Bedürfnisse. Der Weintrinker fühlt sich angezogen vom Etikett, will Empfindungen verspüren, lässt sich vom Anblick des Etiketts zum Kauf inspirieren – oder von ihm abhalten. Trotzdem: Rund 90 Prozent allen Weins wird im Supermarkt oder im Lebensmittelhandel gekauft – Orten, an denen es keine Beratung und keine Möglichkeit gibt, den Wein vor dem Kauf zu probieren. Wer sich nicht auskennt, ist also auf das Etikett angewiesen. Er ist gezwungen, die Angaben, die es macht, zu studieren, um Näheres über den Wein zu erfahren.

Pflichtangaben. Die europäische Weinbehörde schreibt mindestens acht Pflichtangaben für das Etikett vor: Qualitätsstufe des Weins, geografische Herkunft, Abfüller, Alkoholgehalt, Nennvolumen, Weintyp rot/weiß, amtliche Prüfnummer sowie die Angabe »enthält Sulfite«. Für Land- und Qualitätsweine ist

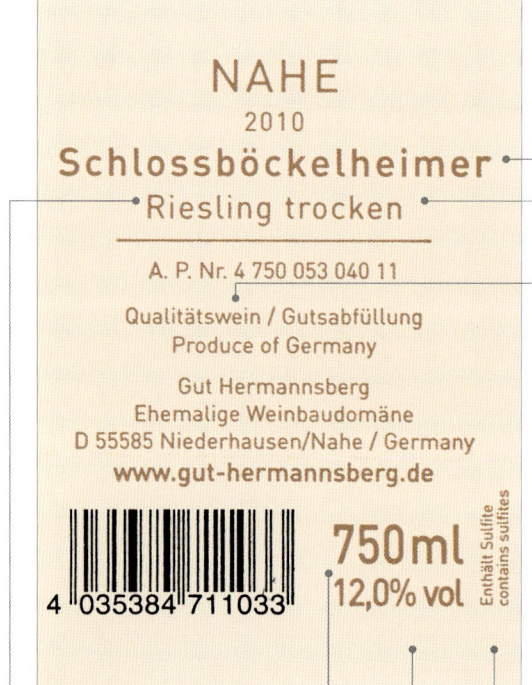

NAHE
2010
Schlossböckelheimer
· Riesling trocken ·

A. P. Nr. 4 750 053 040 11

Qualitätswein / Gutsabfüllung
Produce of Germany

Gut Hermannsberg
Ehemalige Weinbaudomäne
D 55585 Niederhausen/Nahe / Germany
www.gut-hermannsberg.de

4 035384 711033

750ml
12,0% vol

Enthält Sulfite
contains sulfites

Lage/Ortsname
Die Lage beziehungsweise der Ortsname kann, muss aber nicht angegeben werden.

Geschmacksrichtung
Sie gehört zu den freiwilligen Angaben, unterliegt jedoch genauer Kontrolle.

Qualitätsstufe
Nach dem neuen europäischen Weinrecht steht statt Qualitätswein künftig »geschützte Ursprungsbezeichnung« an dieser Stelle. Prädikate wie Kabinett, Spätlese etc. bleiben für deutsche Weine erhalten.

Enthält Sulfite
Obwohl jeder Wein geschwefelt ist, muss jedes Etikett einen entsprechenden Hinweis enthalten.

Rebsorte
Die Rebsorte kann, muss aber nicht angegeben werden. Wird sie angegeben, muss mindestens 85 % des Weins aus dieser Rebsorte gekeltert sein.

Nennvolumen
Der Flascheninhalt muss in Millilitern, Centilitern oder Litern angegeben werden.

Alkoholgehalt
Pflichtangabe. Dabei dürfen in Europa nur volle und halbe Alkoholgrade angegeben werden. Gegebenenfalls muss auf- oder abgerundet werden. Toleranz zum tatsächlichen Alkoholgehalt: 0,5 Vol. %

zusätzlich die Angabe des Jahrgangs erforderlich. Rebsorte, Geschmacksrichtung sowie die Lage können wahlweise angegeben werden. Für die Weinbeamten dient das Etikett in erster Linie der Identifikation des Weins. Sie wollen verhindern, dass der Verbraucher durch falsche Angaben irregeführt wird.

Verbotene Angaben. Nicht erlaubt sind auf dem Etikett werbliche oder wertende Hinweise. Hinweise, dass der Wein »ausgezeichnet« oder der Jahrgang »groß« ist, sind nicht erlaubt. Das Wort »Natur« darf auch nicht in Verbindung mit Wein erwähnt werden. Ebenso wenig sind auf dem offiziellen Etikett Aussagen über organischen oder biodynamischen Weinbau gestattet. Viele Winzer nutzen deshalb die Möglichkeit, auf einem speziellen Rückenetikett weitergehende Hinweise auf den Wein, auf sich oder auf die Verbindung mit Speisen zu geben. Über den Wein und seinen Geschmack sagen all diese Angaben jedoch nichts aus.

Geografische Herkunft
Das Anbaugebiet gehört zu den Pflichtangaben. Dabei kann auch die Region oder das Land als Herkunft genannt werden.

Weinname
Der Wein darf einen eigenen Namen führen, gleichgültig ob es ein historischer oder ein Fantasiename ist.

Jahrgang
Für Qualitätsweine ist die Angabe des Jahrgangs obligatorisch. Das heißt: Mindestens 85 % des Weins müssen aus dem angegebenen Jahrgang stammen.

Erzeuger / Abfüller
Wenn ein Wein ganz oder überwiegend aus eigenen Trauben gewonnen wurde, darf Erzeuger- oder Gutsabfüllung auf dem Etikett stehen. Anderenfalls heißt es nur: Abgefüllt durch ...

Warnhinweise
In einigen europäischen Ländern ist die Angabe »Flaschen nicht in der Umwelt entsorgen« obligatorisch. In anderen darf der Hinweis nicht fehlen, dass man während der Schwangerschaft keinen Alkohol trinken sollte.

Preisfrage: Wie viel muss und wie viel darf ein Wein kosten?

Der Preis eines Weins ist für viele Weintrinker ein Gradmesser für Qualität. In Wirklichkeit haben Qualität und Preis nur entfernt etwas miteinander zu tun. Ein Wein für 15 Euro schmeckt nicht doppelt so gut wie ein Wein für 7,50 Euro. Oft spiegelt der höhere Preis nur die vermutete, nicht die tatsächliche Qualität wider. Mit Logik kommt man den Weinpreisen jedenfalls nicht bei.

Gute Weine können durchaus preiswert sein, während manch großer Wein nicht nur teuer, sondern auch überteuert sein kann. Kluge Weintrinker schauen deshalb genau auf das Preis-Leistungs-Verhältnis. Nicht nur im Fachhandel, auch im Versandhandel oder Internet werden Weine von guter und sehr guter Qualität angeboten.

Beliebter Irrtum. Es war schon immer etwas teurer, einen besonderen Geschmack zu haben. Diesen Satz haben sich viele Weintrinker, die sich von der Masse abheben wollen, zu eigen gemacht. Doch über der Richtigkeit dieser Erkenntnis sollten sie nicht vergessen, dass guter Wein manchmal nicht nur teuer, sondern auch überteuert ist. Und umgekehrt: Dass es auch viele Weine gibt, die preiswert und trotzdem gut sind. Von einem niedrigen Preis auf ebensolche Qualität zu schließen gehört zu den beliebtesten Irrtümern, die Weintrinker begehen. Vorzugsweise solche, die wenig Ahnung haben und sich an den Preis als Gradmesser der Qualität klammern. Sicher, ein guter Wein ist in der Regel teurer als ein Nullachtfünfzehn-Wein. Aufwendige Bodenpflege im Weinberg, intensive Laubarbeit im Frühling, Ausdünnen des Behangs im Sommer, gestaffelte Lese im Herbst, geringere Erträge, lange Reife im Fass und teurere Fässer für den Ausbau – all das kostet Geld und lässt die Kosten für guten Wein ansteigen. Billig kann ein guter Wein deshalb nie sein, wohl aber preiswert.

Die Erzeugerkosten.
Aber auch der beste Wein würde, wenn nur die Erzeugerkosten zugrunde gelegt werden, nie die Zehn-Euro-Grenze überschreiten. Er läge eher deutlich darunter. Aber die Erzeugerkosten machen nur einen geringen Teil des Preises aus. Ein großer Teil der Kosten – nicht selten der größere – resultiert aus der Vermarktung. Bis die Flasche im Regal steht, ist sie durch die Bücher von Agenten, Zwischenhändlern, Exporteuren gelaufen. Sie alle wollen mitverdienen. Verkaufsförderung, Werbung, Präsentationen erhöhen die Kosten weiter. Und am Ende schlägt der Finanzminister auf alles noch die Mehrwertsteuer drauf. Im Endpreis spiegelt sich im Preis also nicht nur die bessere Qualität, sondern der erhöhte Gesamtaufwand wider.

Die Nachfrage.
Letztlich bestimmt jedoch die Nachfrage den Preis eines Weins. Wenn nur wenige Menschen dessen Qualität zu schätzen wissen, wird er keine hohen Preise am Markt erzielen – egal wie hoch die Kosten waren. Wenn er hingegen vielen Menschen schmeckt, es aber nur wenig von ihm gibt, wird der Preis tendenziell nach oben gehen. Die Nachfrage hängt von vielen Faktoren ab, nicht nur von der Qualität des Weins. Die Berühmtheit des Erzeugers, der Ruf des Anbaugebiets oder des Jahrgangs, das Urteil der Punkte vergebenden Weinkritiker – all das spielt eine große Rolle. Die Nachfrage kann dadurch stimuliert, aber auch blockiert werden.

Preis kein Gradmesser.
Punkte kann man nicht trinken, und das Papier, auf das die Etiketten gedruckt sind, ist geduldig. Der Name eines Anbaugebiets allein garantiert noch keinen Genuss, selbst wenn es Champagne heißt. Kenner wissen, dass ein guter Winzersekt besser schmecken kann als ein teurer Markenchampagner. Dass eine Riesling Spätlese oft spannungsreicher und langlebiger ist als ein hochpreisiger Puligny-Montrachet aus dem Burgund. Dass die Rot-

weine aus dem portugiesischen Alentejo nicht selten mehr Charakter besitzen als die sündhaft teuren Kult-Cabernet-Sauvignons aus Kalifornien. Und ob eine Rioja Reserva wirklich nur halb so gut schmeckt wie ein doppelt so teurer Brunello di Montalcino, wäre noch zu beweisen.

Periphere Beziehung.
Der Wert eines Weins ist schwer in Euro und Cent aufzurechnen. Zu viele weinfremde Faktoren spielen eine Rolle. Die vermutete oder die behauptete Qualität haben auf den Preis eines Weins oft einen größeren Einfluss als die tatsächliche Qualität. Und häufig lässt auch die Knappheit des Angebots die Preise für bestimmte Weine in die Höhe schießen. Aus alledem folgt: Der Preis und die Qualität eines Weins haben sehr peripher etwas miteinander zu tun.

Preistreibende Faktoren: adeliger Erzeuger, schwere Flasche, Künstleretikett

Was den Wein teuer macht ...

Adeliger Name: Er suggeriert bei vielen Menschen vermeintlich Seriosität, Tradition und Zuverlässigkeit, dabei sind es oft nur Fantasienamen.

Künstleretiketten: Kunst auf dem Etikett, goldene oder silberne Schrift sind typische Stilmittel, einen Wein »wertiger« zu machen.

Jahrgang: Gute Jahrgänge in Bordeaux sind nicht immer gute Jahrgänge in anderen Anbaugebieten und rechtfertigen keinen Preisaufschlag.

Anbaugebiet: Bekannt bedeutet nicht unbedingt berühmt, und auch in berühmten Anbaugebieten gibt es unterschiedliche Qualitäten.

Kult: leichtfertig vergebenes, oft selbst verliehenes Prädikat für Winzer und Weine, de facto nichtssagend.

Bewertungen: Es gibt wenige geübte Zungen und viele Dilettanten, die Weine bepunkten. Weingüter und Händler veröffentlichen immer nur die höchsten Noten, nie die niedrigsten.

Knappheit: Häufig werden Weine künstlich knapp gemacht (»Lagen«-Weine, »Selektions«-Weine, »Fass Nr. 13«, »Cuvée No. 1« u. Ä.), um das Angebot klein zu halten und höhere Preise zu erzielen.

Schwere Flasche: Manche Weine werden in Flaschen abgefüllt, die schwerer sind als ihr Inhalt: suggeriert, dass dieser ebenso gewichtig sei wie das Gefäß.

Alkohol – für die Qualität unwichtig

Alkohol ist nicht das Wichtigste am Wein. Aber ohne Alkohol geht es nicht. Es soll nur nicht zu viel von ihm im Wein sein, meinen die Konsumenten. Doch höhere Qualität geht beim Wein immer Hand in Hand mit steigenden Alkoholgehalten. Was natürlich nicht heißt, dass ein hoher Alkoholgehalt automatisch für Spitzenqualität stände.

Alkohol ist nie ein Indikator für die Güte eines Weins – egal ob der Alkoholgehalt hoch oder niedrig ist. Er muss in einem ausgewogenen Verhältnis zu den anderen Bestandteilen des Weins stehen. Die »Tränen« an den Wandungen des Glases bestehen übrigens aus Glyzerin. Glyzerin ist auch ein Alkohol und ein Indikator für den Gesamtalkoholgehalt des Weins.

Woher der Alkohol kommt. Weintrauben enthalten keinen Alkohol. Der Alkohol entsteht erst bei der Gärung. Weintrauben enthalten viel Zucker, und die Gärung ist nichts anderes als die Umwandlung dieses Zuckers in Alkohol. Dabei gilt die Gleichung: Je mehr Zucker sich im Traubensaft befindet, desto höher ist später der Alkoholgehalt. Umgekehrt gilt die Gleichung nicht: Ein niedriger Alkoholgehalt ist kein Indiz für unreife, zuckerarme Trauben. Es kann auch sein, dass der im Most befindliche Zucker nicht vollständig vergoren ist. In diesem Fall befindet er sich noch im Wein. Daher haben süße Weine häufig einen niedrigen Alkoholgehal: Beeren- und Trockenbeerenauslesen oft nur 8 Vol.-%.

Qualität und Alkohol. Ein trockener, durchgegorener Landwein hat praktisch immer 12 Vol.-% Alkohol. Gehobene Qualitätsweine, deren Trauben vollreif gelesen wurden, erreichen sogar leicht 13 oder 14 Vol.-% – und zwar nicht nur in den warmen, südlichen Weinbauländern. Auch eine durchgegorene Spitzen-Spätlese aus dem kühlen Deutschland weist diese Alkoholgehalte auf. Vom »leichten« deutschen Wein ist auf dieser Qualitätsstufe nicht mehr die Rede. Höhere Alkoholgehalte sind auch eine Folge gezielter Ertragsreduzierung, die ein Winzer vornimmt, der bessere Qualitäten erhalten möchte.

In den wenigen verbleibenden Trauben lagert die Rebe entsprechend mehr Zucker ein. Eine bessere Weinqualität geht also Hand in Hand mit steigenden Alkoholgehalten.

Alkoholangabe. Die Angabe des Alkoholgehalts auf dem Etikett ist obligatorisch. Wer allerdings glaubt, er müsse nur nach Weinen mit 13,5 oder 14 Vol.-% Alkohol Ausschau halten, um sich der Qualität eines Weins sicher zu sein, der irrt. Zumindest in den warmen Weinbauländern ist es keine Kunst, die Trauben zur Vollreife zu bringen – auch ohne Ausdünnen und ohne späte Lese. Ein Wein mit 14 Vol.-% Alkohol ist deshalb nicht zwangsläufig besser als einer mit 13 Vol.-%. Vielmehr kommt es darauf an, das richtige Gleichgewicht zwischen Säure, Extrakt und Alkohol zu finden. Ob dem Winzer das gelungen ist, ist aus dem Etikett leider nicht ersichtlich. Nur eines lässt sich sagen: Ein trockener Wein mit einem Alkoholgehalt von weniger als 12 Vol.-% ist immer ein sehr einfacher Wein (was nicht heißt, dass er trotzdem gut schmecken kann).

Süße Weine. Ausnahme sind die süßen Weine. Süße Spätlesen, Auslesen und Beerenauslesen weisen – je nach Höhe der Restsüße – Alkoholgehalte von 8,5 bis 10,5 Vol.-% auf. Deutsche Trockenbeerenauslesen und Eisweine liegen oftmals noch niedriger. Die Gärung ist in diesen Fällen einfach stehen geblieben, ohne dass aller Zucker vergoren war. Der niedrige Alkoholgehalt deutet in diesem Fall nicht auf mindere Qualität hin. Im Gegenteil: Viele dieser Weine sind raffiniert und teuer. Ihre Süße ist so präsent, dass es keinen Alkohol zur Verstärkung braucht.

Der Wein und die Kalorien

Alkohol fordert nicht nur die Leber. Alkohol ist auch ein Kalorienträger. Wer regelmäßig Wein trinkt, muss deshalb seinen Speiseplan umstellen und den Anteil der festen Nahrung reduzieren, um sein Gewicht zu halten. Hier eine Tabelle zum Kaloriengehalt von Weinen mit unterschiedlichen Alkoholgehalten.

Alkoholgehalt	Alkoholgehalt pro 0,75-l-Flasche	Kalorien pro 0,75-l-Flasche	Beispielweine
10 Vol.-%	60 g	420 kcal*	Riesling (lieblich), Vinho Verde
11 Vol.-%	66 g	462 kcal*	Sekt, Champagner, Riesling halbtrocken
12 Vol.-%	72 g	504 kcal*	Dornfelder, Riesling trocken, Pinot Grigio
13 Vol.-%	78 g	546 kcal*	Südafrika weiß, Bordeaux, Chianti
14 Vol.-%	84 g	588 kcal*	Spätburgunder Auslese, kalif. Cabernet
15 Vol.-%	90 g	630 kcal*	Amarone, Zinfandel, Primitivo, Fino Sherry

* Bei lieblichen und halbtrockenen Weinen kommt bei der Kalorienberechnung noch der Restzucker hinzu. Ein leichter Wein ist deshalb nicht zwangsläufig ein kalorienärmerer Wein. Das gilt auch für Sekte und Champagner. Alle Brut-Qualitäten weisen einen Zuckerrest auf, der im halbtrockenen Bereich liegt.

Drei Alkohole. Genau genommen, sind es drei verschiedene Alkohole, die sich im Wein befinden. Der hochwertigste ist der Ethylalkohol (auch Äthylalkohol geschrieben). Er intensiviert den Geschmack des Weins. Der unerwünschteste ist der Methylalkohol. Er ist giftig, macht aber beruhigenderweise nur 0,1 % der gesamten Alkoholmenge aus. Die dritte Alkoholfraktion, die sich im Wein befindet, ist Glyzerin. Glyzerin ist farblos, dickflüssig, ungiftig: die »Tränen« an den Wandungen eines Weinglases bestehen zum Beispiel aus diesem »höherwertigen« Alkohol. Im Gegensatz zu den anderen Alkoholen, die geschmacklos sind, schmeckt Glyzerin süß. Hat ein Wein einen hohen Alkoholgehalt, kann es daher sein, dass er leicht süßlich schmeckt, obwohl analytisch in ihm kein Zucker vorhanden ist. Extraktsüße heißt der Fachausdruck.

Moderater Weinkonsum. Ärzte und Politiker warnen vor unkontrolliertem Alkoholgenuss – zu Recht. Gegen moderaten Weinkonsum haben sie dagegen nichts einzuwenden. Nach der vorsichtigen Auffassung der Weltgesundheitsorganisation gelten maximal 30 g Alkohol täglich als moderater, gesundheitlich unbedenklicher, ja förderlicher Weinkonsum. Konkret heißt das: Von einem Wein mit 11 Vol.-% dürfte man knapp 1,9 Glas (à 0,2 l) am Tag trinken. Das entspräche etwas mehr als einer halben Flasche Wein. Bei einem Wein mit 13 Vol.-% müsste man sich, wenn der Grenzwert nicht überschritten werden soll, mit 1,5 Glas bescheiden – etwas weniger als eine halbe Flasche. Der Unterschied ist also nicht sehr groß. Seinen Wein nach dem Alkoholgehalt und nicht nach dem Geschmack auszusuchen, entlastet die Leber also kaum.

»Guter« und »schlechter« Wein – was ist das eigentlich?

Beim Wein ist gut und schlecht keine Frage der Moral. Es ist eine Frage der Qualität. Oder besser: des Charakters. Von Charakter und Qualität hängt der Preis ab. Aber auch ein preiswerter Wein kann gut sein. Das Irritierende ist nur: Guter Wein schmeckt nicht allen Menschen, schlechter oftmals vielen.

Wein im 21. Jahrhundert: Auffällig ist heute die hohe Zahl an qualitativ guten Weinen.

Die Qualität eines Weins lässt sich relativ einfach feststellen: Man öffnet die Flasche, probiert den Wein und prüft, ob er gut ist. Leider ist das eigenmächtige Öffnen von Flaschen in Supermärkten verboten. Fachgeschäfte haben aber fast immer ein paar Flaschen offen, die man probieren kann. Manchmal bieten sie auch Veranstaltungen an, bei denen bestimmte Weine vorgestellt und verkostet werden können. Wie aber unterscheiden zwischen gutem und schlechtem Wein? Hier ein paar Anhaltspunkte, um sich hinterher nicht zu ärgern.

Die Farbe. Ob Weißwein glanzhell oder tief goldgelb ist, besagt nur etwas über das Alter oder den Typ des Weins, nichts über seine Qualität. Wichtig ist, dass der Wein klar ist. Er sollte nicht trüb sein und darf kein Depot haben – Weinstein ausgenommen. Ähnlich ist es bei Rotweinen. Ob sie sich in hellem Erdbeerrot oder in einem undurchdringlichen Rubinrot präsentieren, ist egal. Es dürfen sich nur keine Schwebteile in ihm befinden. Sie wären ein Indiz dafür, dass er mikrobiologisch nicht stabil ist. Ein Depot dürfen ältere Rotweine aber haben.

Der Duft. Einen schlechten Wein kann man schon am Duft erkennen. Er riecht nach Schwefel, faulen Eiern, Kuhstall oder hat einen Essigstich. Die Abwesenheit dieser Gerüche allein bedeutet aber nicht, dass es sich schon um einen guten Wein handelt. Ein guter Wein muss, zumindest wenn er jung ist, eine gewisse Frische im Bouquet aufweisen. Ob blumig, fruchtig oder balsamisch spielt keine Rolle. Mineralische, hefige, karamellige, petrolige Töne sind bei Weißweinen keine Seltenheit und stehen für gute Qualitäten, auch wenn nicht jeder sie mag. Rotweine können auch bizarre Duftnoten aufweisen wie Eukalyptus, Teer, Lakritze, Waldboden, Jod, Medizin, Tabak, Vanille, abgehangenes Fleisch. Schlecht ist, wenn sie dumpf oder unsauber riechen.

Die Textur. Als Textur bezeichnet man das Mundgefühl. Neben dem Schmecken nimmt man den Wein nämlich körperlich wahr als samtig und weich, als hart und pelzig, als dicht oder locker gewoben, als cremig, straff oder fett. Dabei ist weich nicht grundsätzlich besser als hart, sonst wäre ein Burgunder dem Bordeaux immer überlegen. Ein schlechtes Zeichen ist es nur, wenn der Wein hart und gleichzeitig dünn ist. Dann fehlt es ihm an Textur. Und das ist nicht gut. Hart bedeutet beim Rotwein übrigens immer: pelzig

Der Geschmack. Jede Rebsorte und jeder Boden geben dem Wein einen anderen Geschmack. Das macht dieses Getränk so interessant. Geschmack ist natürlich subjektiv. Ob ein Rotwein mehr nach Sauerkirschen oder Himbeeren schmeckt, sagt nichts über seine Qualität aus. Meistens riecht er auch nur so. Wichtig für das Schmecken ist das Gleichgewicht: zwischen fruchtiger Süße und Säure, zwischen Extrakt und Alkohol, zwischen Körper und Tannin (bei Rotweinen). Ein hoher Alkoholgehalt wird zum Beispiel erst dann problematisch, wenn er nicht durch einen hohen Extrakt getragen wird. Und eine niedrige Säure macht einen Wein nur dann plump, wenn der Mangel nicht durch Würze oder Frische ausgeglichen wird. Dennoch muss das, was Fachleute als guten Wein bezeichnen, nicht allen schmecken.

Der Nachgeschmack. Ein guter Wein ist immer intensiv. Er klingt auch nach dem Schlucken noch lange am Gaumen nach. Einfache Weine haben keinen langen Abgang. Sie hören gleich »hinter den Zähnen« auf. Von billigen Weinen kann man keinen langen Abgang erwarten. Schlecht sind sie deswegen nicht. Aber weniger hochwertig.

Der Charakter. Dass ein Wein technisch einwandfrei, sauber und bekömmlich ist, ist eine Grundvoraussetzung für die moderne Weinerzeugung. Für den größten Teil der Weine, die heute produziert werden, trifft das zu. Bedenklich ist die steigende Zahl an belanglosen, ja banalen Weinen. Sie sind qualitativ nicht zu beanstanden, aber dünn, geschmacklich eindimensional, unharmonisch, parfümiert, spannungslos. Sie besitzen keinen Charakter. Doch vielen Menschen schmecken sie trotzdem. Sie empfinden sie sogar als »lecker«. Mit anspruchsvolleren Weinen wären diese Weintrinker überfordert. Letztlich aber ist es der Charakter, der einen Wein interessant macht, nicht die Qualität. Charakter bedeutet, dass ein Wein Besonderheiten aufweist, Ecken und Kanten hat, unverwechselbar ist. Wie man so einen Wein erkennen kann? Meistens daran, dass er nicht allen Menschen gut schmeckt.

Was einen guten Wein auszeichnet – und was nicht

▶ **Positiv**
- dezentes, aber sauberes Bouquet
- eindeutiges Duft- und Geschmacksbild
- nicht unbedingt harmonisch, aber in sich stimmig
- leicht, aber spannungsreich
- schwer, aber leichtfüßig
- gesundes, reifes Tannin (bei Rotweinen)
- reife Säure, straff gewoben
- Aromentiefe, Länge

▶ **Negativ**
- parfümiertes Bouquet
- stark hervortretende Holznote
- Unfrische in Duft und Geschmack
- Eindimensionalität (nur Frucht)
- unreifes Tannin (bei Rotweinen)
- Mangel an Säure (bei Weißweinen)
- arm an Körper, locker gewoben
- lecker, aber spannungslos
- auseinanderstrebend

Die guten Weine erkennt man häufig daran, dass sie nicht allen Menschen schmecken.

Weinschlauch: Alternative zur Flasche?

Seit dem 17. Jahrhundert ist die Flasche das Standardgefäß für die Aufbewahrung von Wein. Doch die Ingenieure des 21. Jahrhunderts haben neue Behältnisse erfunden. Zum Beispiel den Weinschlauch, auch Bag-in-Box genannt. Technisch erfüllt er alle Anforderungen, die an ein Weingefäß gestellt werden. Ökologisch ist er der Flasche überlegen. Und für Party, Terrasse, Campingplatz ist er möglicherweise die praktischere Lösung.

Es muss nicht immer ein alter Bordeaux sein: Wer Spaß am Zapfen hat, trinkt Wein aus dem Schlauch. Wenn der Inhalt auch nicht höchsten Ansprüchen standhält, so besitzt er einen hohen Fun-Faktor.

Party- und Balkonwein. Wer gewohnt ist, Wein bei Kerzenschein aus funkelnden Kristallgläsern zu trinken, wird den Anblick eines aus dem Schlauch gezapften Weins als stillos empfinden. Vielleicht sogar als grausam. Doch das Leben hat nicht nur festliche Momente. Es gibt auch Studenten, die ihren Semesterabschluss feiern wollen, aber nur ein kleines Budget für Getränke zur Verfügung haben. Es gibt Jugendliche, die gerne Wein trinken, aber noch nicht die höchsten Ansprüche an ihn stellen. Außerdem hassen sie die steife Etikette und finden es viel cooler, wenn der Wein aus dem Zapfhahn läuft wie ein kühles Bier. Und schließlich gibt es Menschen, die an Sommerabenden auf ihrer Terrasse oder auf ihrem Balkon sitzen und gern ihr »Weinchen« genießen. Und es muss ja nicht immer ein alter Bordeaux sein. Es kann auch ein herzhafter, unkomplizierter Landwein sein, der das Portemonnaie nicht strapaziert, trotzdem schmeckt und notfalls auch aus dem Wasserglas getrunken werden kann, wenn ein ordentliches Weinglas nicht zur Hand ist. Kurz: Man kann beim Wein auch am Gefäß sparen. Im Übrigen waren es die Amerikaner, die den ersten Weinschlauch entwickelten. Bag-in-Box nannten sie ihre Erfindung.

Technisch perfekt. Wein im Schlauch wird in Drei-, Fünf- oder Zehn-Liter-Boxen angeboten. Technologisch sind diese Gebinde nach dem neuesten Stand der Materialforschung gefertigt und bis ins letzte Detail durchdacht. Der Schlauch ist aus Polyvinylalkohol, einer völlig untoxischen, wasserlöslichen Substanz, für deren Herstellung weder Lösungsmittel noch Weichmacher verwendet werden. Entsprechend leicht abbaubar ist das Material. Es kann im normalen Restmüll entsorgt werden. Der Wein ist in dem Schlauch luftdicht abgeschlossen. Er bleibt in der Regel bis zu zehn Monate frisch. Bei jedem Zapfvorgang zieht sich der Schlauch zusammen, sodass der Wein praktisch kaum mit Sauerstoff in Kontakt kommt. Nach Anbrechen des Schlauches bleibt der Wein noch bis zu acht Wochen lang frisch – wesentlich länger als in einer angebrochenen Flasche. Technisch funktioniert die Verpackung perfekt.

Ehrlicher Inhalt.
Abgefüllt werden in Schlauchboxen vor allem Landweine: Vin de Pays in Frankreich, Vino de la Tierra in Spanien und Indicazione Geografica Tipica in Italien. In wenigen Fällen werden auch Qualitätsweine in Schläuchen vermarktet. Die Feststellung, dass Schlauch-weine keine großen Weine seien, ist zwar richtig, geht aber am Thema vorbei. Denn der Käufer einer Bag-in-Box will keinen denkwürdigen, edlen Tropfen. Er möchte einen guten, sauberen Wein, der gut schmeckt, keine Kopfschmerzen verursacht und ihn kein Vermögen kostet. Genau diese Vorteile bieten Landweine. Und sie müssen keineswegs schlechter sein als die teureren Qualitätsweine.

Charme des Landweins.
Die Franzosen waren die Ersten, die den Charme des süffigen, unkomplizierten Landweins entdeckten, von dem man auch gern einmal ein Glas mehr trinken kann. Vor allem im Süden Frankreichs besitzt der Landwein den Status eines geachteten, weil unverfälschten, ehrlichen Alltagsgetränks. Die Franzosen waren auch diejenigen, die die Idee des *vin en bag-in-box* aus Amerika importierten und in großem Stil nachahmten. Der Siegeszug dieses Weintyps war keine Folge eines schmaleren Budgets für Wein. Die Überschüsse an einfachen Landweinen haben die Getränkemultis und viele Genossenschaften auf die Idee gebracht, ihn auch auf diese Weise zu vermarkten. Von Frankreich aus hat der Schlauchwein dann den Weg nach Spanien und Italien gefunden.

Vorreiter Frankreich.
Die Franzosen haben schon immer den Offenwein geliebt. Schon vor Jahrzehnten ließen die Menschen sich ihn auf Weingütern ihrer Wahl in kleine Kunststoffbehälter *(cubis)* füllen oder zapften ihn in spezialisierten Weinhandlungen vom Holzfass *(vin en vrac)*, um ihn dann zu Hause zu konsumieren. Irgendwann erkannten sie, dass der Schlauch die technisch bessere und »modernere« Alternative zum traditionellen Offenwein-Konsum darstellt. Seitdem hat sich der Schlauchwein auch bei Frankreichs Nachbarn als ideales Getränk für Party, Terrasse und Campingplatz durchgesetzt.

... und fließt und fließt und fließt: Für Wein aus dem Schlauch braucht es keinen Korkenzieher.

Schlauch in Glasflaschen abgefüllt, mit einem Korken und einer Kapsel versehen sowie mit einem Etikett beklebt werden müsste. Ökologisch spricht also viel für den Wein aus dem Karton.

Super Umweltbilanz: Vorteil Schlauchwein

Egal welcher Wein im Schlauch ist: Neben dem Spaßfaktor und den pekuniären Vorteilen hat der Schlauchwein auch eine hervorragende Umweltbilanz vorzuweisen. Durch das leichtere Gewicht der Bag-in-Box im Vergleich zu einer entsprechenden Menge Weins in Flaschen sinken nicht nur die Transportkosten, sondern auch der Energieaufwand beim Transport. Folge: geringere CO_2-Emissionen. Auch ist die Herstellung des Polyvinylalkohols wesentlich weniger energieaufwendig als die Herstellung von Flaschenglas. Insgesamt haben Experten am Ende ein um 55 Prozent verringertes Emissionsvolumen errechnet – unter dem Gesichtspunkt der Nachhaltigkeit ein klarer Vorteil für den Schlauchwein. Noch deutlicher zu Buche schlägt die geringere Abfallmenge. Schlauch und Umkarton reduzieren das Abfallvolumen um 85 Prozent verglichen mit der entsprechenden Menge Flaschenwein. Am Ende schlagen die ökologischen Vorteile der Bag-in-Box-Verpackung in Kostenvorteile um: Sie liegen bei etwa 40 Prozent. Das bedeutet: Derselbe Wein wäre um knapp die Hälfte teurer, wenn er statt im

Umstrittene Einkaufsstätte für Wein: der Supermarkt

Supermärkte sind nicht gerade bekannt dafür, gute, gar feine Weine im Sortiment zu haben. Massen- und Billigweine sind ihre Domäne. Weinkenner meiden deshalb Supermärkte. Doch Supermarkt ist nicht gleich Supermarkt. Auf der »großen Fläche«, wie Fachleute sagen, werden heute auch qualitativ gute, bisweilen sogar hochwertige Weine angeboten.

Wein im Supermarkt: nicht die schlechteste, aber auch nicht immer die billigste Einkaufsmöglichkeit für Wein.

Erfolgsmodell. Supermärkte sind für Weinliebhaber eigentlich verbotene Orte. Man kauft dort vielleicht Mehl, Milch oder Mineralwasser ein, aber keinen Wein. Supermärkte sind Einkaufsstätten, die zu großen Ketten gehören. Ihr Sortiment ist standardisiert. Es ist auf Markenware oder Billigprodukte ausgelegt. Wein aber ist, zumindest von seiner Idee her, ein individuelles Produkt. Kein

Merlot gleicht dem anderen. Jeder Riesling schmeckt anders. Alle Weine haben einen anderen Charakter, auch wenn die gleiche Rebsorte oder die gleiche Herkunft auf dem Etikett stehen sollte. Côtes du Rhône, Zinfandel, Prosecco, Chardonnay – die Besonderheit all dieser Weinsorten ist, dass jeder Wein auch innerhalb der jeweiligen Sorte seinen individuellen Geschmack hat. Für

Standardsortimente eignet sich Wein daher nur bedingt. Und doch wird in allen europäischen Konsumnationen mindestens 60 Prozent allen Weins im Supermarkt gekauft. Warum nur?

Qualitätsoffensive. Die Gründe sind naheliegend: Jedes Dorf hat mittlerweile einen Supermarkt, und in jeder Stadt ist irgendein Super-

markt gleich um die Ecke. Niemand muss mehr lange fahren, wenn er sich spontan entschließt, abends eine Flasche Wein aufzumachen. Das Netz der Supermärkte ist enger geworden. Aber auch die Supermärkte selbst haben sich geändert. Viele haben ihr Sortiment qualitativ nach oben ergänzt und führen mehr als nur Billigsekt, Dornfelder lieblich und Kellergeister aus der Literfla-

sche. Andere warten immer wieder mit Sonderangeboten auf, zu denen auch gehobene Qualitäten gehören. Einige Supermärkte sind sogar richtige Delikatessenabteilungen geworden, in denen hochwertige Lebensmittel und Weine samt Beratung angeboten werden. Die Grenze zum Weinfachhandel verschwimmt langsam. Das gilt natürlich nicht für alle Supermärkte, sondern nur für einen Teil von ihnen. Supermarkt ist ja nur der Oberbegriff für Einkaufsstätten mit großer Fläche. Jeder hat sein eigenes Konzept in Bezug auf Weine. Unbestreitbar ist jedoch, dass heute auch auf der großen Fläche qualitativ gute, bisweilen auch hochwertige Weine zu finden sind.

Unterschiedliche Konzepte. Es gibt die Discounter, deren Weine größtenteils weniger als drei Euro kosten, die aber immer wieder zeitlich begrenzte Aktionen durchführen, bei denen namhafte Weine für zehn Euro und darüber angeboten werden. Es gibt die Feinkostabteilungen großer Kaufhäuser, die Weine nahezu aller Preisklassen führen und sich sowohl in puncto Präsentation wie Beratung auf dem Niveau des Fachhandels bewegen. Aber es gibt auch die Lebensmittelketten, die ihr Filialnetz bis in den letzten Winkel des Landes ausgedehnt haben, Hunderttausende von Menschen erreichen und ein mehr oder minder bescheidenes Standardsortiment an Weinen führen. Die meisten bleiben unter der Fünf-Euro-Schwelle. Winzerweine oder Terroirweine, wie Weinkenner sie sich wünschen, wird man in diesen Supermärkten nicht finden. Fazit: Nicht jeder Supermarkt bietet immer das an, was ein Weingourmet sucht – aber immer häufiger findet man auch in Supermärkten gute Weine.

Maßgeschneidert für den Supermarkt

Wein ist in den letzten Jahren uniformer geworden. Das heißt: Es werden immer häufiger größere oder auch große Mengen Wein in genau definierter Qualität und zu vorgegebenen Preisen produziert, um in Supermärkten mit ihrem ausgedehnten Filialnetz verkauft zu werden. Die moderne Weintechnologie und die önologische Forschung machen es möglich. Vor allem in den überseeischen Ländern ist die industrielle Form der Weinproduktion weit verbreitet. Die häufigsten Markenweine der Welt sind Yellow Tail, Jacob's Creek und Notting Hill. Sie alle kommen aus Australien und sind ausschließlich für den Verkauf in Supermärkten entwickelt worden. Aber auch Weingüter können zu Marken werden. Beispiel: Gallo, Woodbridge, Penfolds zum Beispiel. Erfunden worden ist das Markenkonzept von der Champagnerindustrie. Sie hat frühzeitig begonnen Marken aufzubauen, um ihre Bekanntheit zu steigern und die Produktion zu erhöhen. Heute gibt es kaum einen Supermarkt, in dem nicht berühmte Champagnermarken im Regal stehen.

Yellow Tail: einer der bekanntesten Markenweine der Welt

Lecker, super, cool – Versuche, über den Wein zu kommunizieren

Dass sich beim Wein gut reden lässt, ist hinlänglich bekannt. Schwieriger ist es, über den Wein zu reden. Vielen Menschen fehlen einfach die Worte, um einen Wein zu beschreiben oder den Eindruck wiederzugeben, den ein Wein bei ihnen hinterlässt. Das Vokabular der Weinexperten klingt gut, ist aber auch nicht immer klar. Häufig ersetzen Punktbewertungen ein differenziertes Urteil.

Eigenes Weinvokabular. Menschen, die fließend über ihren Beruf, ihre Hobbys, die Computerei und über Sport reden können, verstummen auf einmal, wenn sie einen Wein beschreiben müssen. Ihnen fehlen die Worte. Das ist normal. Um Geschmack, Duft und die Farbe eines Weins korrekt zu beschreiben, ist eine Spezialsprache nötig. Sie muss erlernt werden wie englische Vokabeln. Unter Geschmäckern wie Himbeere, Kirsche, Birne, Pfirsich, Quitte kann man sich als Laie ja noch etwas vorstellen. Schwieriger wird es schon, wenn im Wein Aromen wie Backpflaume, Zimt, Eukalyptus, schwarzer Pfeffer sein sollen. Noch schwieriger wird es, wenn von Wachs, Teer, Moos, Malz, Waldboden, Sattelleder die Rede ist. Und das soll lecker sein? fragt sich der normale Weintrinker. Durchaus, meinen die Experten. Manche Rotweine riechen sogar nach abgehangenem Fleisch und sind ein großer Genuss – etwa ein guter Côte Rôtie von der Rhône oder ein südafrikanischer Pinotage.

Assoziative Sprache. Geschmacks- und Duftbeschreibungen sind immer assoziativ. Ein Merlot riecht nie genau wie abgehangenes Fleisch. Er kann dieser Duftassoziation aber nahekommen, zumal wenn er schon etwas gereift ist. Ein junger Bordeaux hat häufig eine kräftige Würze, die an schwarzen Pfeffer erinnern kann. Oder an getrocknete Tabakblätter. Oder an Zedernholz. Aber nie schmeckt er nur danach. Wein hat stets mehrere Geschmackskomponenten. Je mehr es sind und je harmonischer sie sich ineinanderfügen, desto besser ist er. Im Übrigen dienen Weinbeschreibungen meist nur der Selbstbefriedigung des Redenden. Denn über Qualität und Charakter eines Weins sagen sie nichts aus. Ein Wein, der nach Himbeere und Kirsche schmeckt, ist nicht besser als einer, dessen Aroma an Waldbeeren, Pflaumen oder Holunder erinnert.

Rotwein-Verkostung

	Aussehen	Nase
2009 Nero d'Avola *Feudo Arancio*	granatrot, am Rand leicht wässrig	Cocktailkirschen Kompott, Bittermandel
2009 Los Vascos *Cuvée Especial Cabernet Sauvignon*	dunkel rubinrot	Schwarze Früchte Eukalyptus, Zedernholz
2009 Shiraz-Cabernet *South Australia Penfolds*	transparentes Granatrot	Maulbeeren, Pflaumen, getrocknete Früchte
2009 Woodbridge Merlot *Robert Mondavi*	brillantes Purpurrot	beerig, würzig, mit einem Hauch von Schokolade u. Kaffee
2001 Castillo Ygay *Gran Reserva Rioja D.O.Ca.*	Ziegelrot, am Rand ins Orange tendierend	expressiv fruchtig, schwarze Johannisbeere, Teer, süße Vanille

Cremig und elegant. Manchmal ist die Weinfachsprache so komisch, dass man über sie lachen muss. Über den »langen Abgang«, den man einem besonders guten Wein attestiert, ist ja schon oft gewitzelt worden. Ein guter Tropfen hat oft einen »kräftigen Körper«. Er sollte »muskulös« sein und »Rückgrat« besitzen. Hohle, nichtssagende Bildersprache? Nicht ganz. Bei einem Weißwein bildet in der Regel die Säure das Rück-grat. Der Ausdruck hat also seine Berechtigung. Bei einem Rotwein bildet das Tannin das Rückgrat. Man spricht auch vom Tanninkorsett. Es hält den Wein zusammen, »strafft« ihn. Attestiert man einem Wein ein stabiles Rückgrat, ist das ein positives Urteil über ihn. So haben viele Ausdrücke nicht nur eine beschreibende, sondern auch bewertende Funktion. »Rassig« bedeutet, dass ein Weißwein von seiner Säure getragen wird. Champagner und viele Holzfass vergorene Chardonnays sind »cremig«: Sie haben einen biologischen Säureabbau gemacht und sind weich. Ein Rotwein mit viel Tannin und von großer Fülle ist »dramatisch«, erzeugt »Spannung«. Von so einem Wein trinkt man mehr als nur ein Glas. Ist ein Wein geschmacklich komplex, lässt sich aber trotzdem leicht trinken, sagt man, er sei »elegant«. Bei Rotwein wird das Attribut benutzt, wenn der Wein nicht zu schwer und sein Tannin sehr fein ist. Die Weinsprache muss man erlernen wie englische Vokabeln. Mit »lecker«, »super«, »cool« oder »krass« kommt man nicht weit.

Geschmack	Punkte
...ll mundig, elegant ...nimierend, trink-...undlich	86
...ne weiche Tannine, ...ße Aromentiefe, ...tte Länge	90
...werer Wein, aber ...ht zu trinken, fast ...ffig, intensiv	39
...chiger, weicher Wein ...reifer, süße Frucht ...nen Röstaromen	88
...tvoll, Körperreich, ...zentiert straff ge-...t, reich u. Komplex	93

Verkostungsnotizen: Die Weintester haben ihre eigene Sprache entwickelt. Doch häufig ersetzen Punkte ein differenziertes Urteil.

Was sagt man, wenn ...

... der Wein einen befremdlichen Geschmack hat? Stinkig. Streng. Medizinisch. Apotheke. Kuhstall.

... der Wein irgendwie unharmonisch ist? Gespalten. Steht neben sich. Noch nicht im Gleichgewicht.

... der Wein völlig unzugänglich ist? Abweisend. Undefinierbar. Uninspirierend. Sperrig. Verschlossen.

... der Wein zu leicht und zu süffig ist? Belanglos. Banal. Harmlos. Unbedeutend. Langweilig. Kitschig.

... der Wein einem zu alt vorkommt? Müde. Spannungslos. Über den Höhepunkt hinaus. Unfrisch. Maderisiert. Kamillenoten.

... der Wein allzu unkompliziert ist? Drucklos. Kraftlos. Gefällig. Hört gleich hinter den Zähnen auf.

... der Wein hinter den Erwartungen zurückbleibt? Brav. Bieder. Rustikal. Ausdruckslos. Enttäuschend. Ohne bleibende Erinnerung.

Weinprobe: Schmecken ist eine Sache, darüber kommunzieren die andere.

Allgemeinwissen

Was man wissen muss, um mitzureden: wichtige
Weinbegriffe, historische Daten und Definitionen

Der Stoff, aus dem die Träume sind

Bevor er wissenschaftlich in seine Bestandteile zerlegt wurde, war der Wein ein Gott. Er nährte die Menschen. Er heilte sie. Er tröstete. Er versetzte sie in einen Rausch. Und wenn es guter Wein war, befriedigte er ihre Sinne aufs Angenehmste. Viel von dem lässt sich heute noch von ihm sagen, vor allem was den Genuss angeht.

Wein-Aura. Freilich hat es der weltlichen Intelligenz nicht gefallen, dass der edle Rebensaft seine göttliche Aura behält. Die Menschen haben ihn, in der Absicht, das Göttliche an ihm zu verstehen, bis in seine letzten Moleküle zerlegt. Nichts Übernatürliches haben die Wissenschaftler dabei finden können, nur Bekanntes. Und trotzdem: Die Aura, die Wein hat, ist trotz aller Versuche, sein Geheimnis zu ergründen, geblieben.

Was Wein ist. Wein ist, chemisch betrachtet, Äthylalkohol in einer wässrigen Lösung, bestehend aus Zucker, Säure, Estern, Laktaten. Nichts Besonderes also. Nur eines weiß auch heute noch niemand: Wie sich Hunderte von Düften und Aromen zu einem harmonischen Ganzen verbinden können. Es ist das Geheimnis eines jeden Weins.

Nicht kopierbar. Wahrscheinlich sind es diese Geheimnisse, von denen heute die Faszination des Weins ausgeht. Während die meisten vom Menschen geschaffenen Gegenstände das Resultat aufwendig geplanter Prozesse sind, wohnt dem Wein ein hoher Anteil von Unberechenbarkeit inne. Dieselbe Rebsorte, in einem

»Wer genießen kann, trinkt keinen Wein mehr, sondern kostet Geheimnisse.« (Salvador Dalí)

anderen Anbaugebiet gepflanzt, ergibt gänzlich andere Weine, auch wenn der gleiche Kellermeister die Trauben verarbeitet. Bei Kartoffeln, bei Rüben, bei Getreide wäre das Resultat ziemlich gleich. Selbst bei Äpfeln, Birnen oder Pflaumen sind die Unterschiede nicht annähernd so groß wie beim Wein. Wein spiegelt mehr als alle anderen Früchte die Unterschiede des Bodens und des Klimas wider. Versuche, den Boden berühmter Weinanbaugebiete abzutragen und in andere Länder mit gleichem Klima zu bringen, um dort ähnliche Weine zu erzeugen, sind kläglich gescheitert. Auch die Lebensmittelforscher haben resigniert. Sie haben viele große Weine im Labor genau analysiert und kennen jeden ihrer Bestandteile. Es ist ihnen jedoch nie gelungen, eine Kopie dieser Weine herzustellen, schon gar nicht einen Wein, der besser ist.

Produkt der Natur. Aber auch im gleichen Anbaugebiet, sogar auf dem gleichen Weingut, haben kleine Veränderungen große Auswirkungen. Tritt die Blüte einige Tage später ein als normal oder bleibt ein notwendiger Regenguss im Sommer aus – schon ist der Wein, der im Herbst geerntet wird, ein anderer. Steigt die Jahresdurchschnittstemperatur um ein halbes Grad, verschiebt sich das Verhältnis der verschiedenen Säuren im Wein zueinander. Für die Champagne kann das eine Katastrophe bedeuten, für Bordeaux ein Segen sein. »Ich habe in meinem Leben mehr als 40 Lesen mitgemacht«, hat der berühmte Önologie-Professor Émile Peynaud von der Universität Bordeaux einmal gesagt. »Aber ich konnte mich nie auf meiner Erfahrung ausruhen. Jedes Jahr waren neue Entscheidungen zu treffen.«

Wein ist einzigartig. Wie er sich im Mund anfühlt, wie er duftet, wie er schmeckt – nichts ist planbar. Sicher, man kann einem Wein Säure oder Tannin hinzufügen. Man kann ihn mit Süße abrunden. Aber von einem solchen Wein ginge keine Faszination aus. Er wäre ein Industrie-Halbprodukt.

Definition des Weins. Nach der europäischen Weinphilosophie ist Wein ein Naturprodukt – und das soll er auch in Zukunft bleiben. Daher wird er in den EU-Bestimmungen definiert als ein »alkoholisches Getränk, entstanden aus der Vergärung des Safts frisch gelesener Trauben in den jeweiligen Ursprungsgebieten in Übereinstimmung mit den dortigen Traditionen und Gepflogenheiten«. Der letzte Teil dieser Definition wurde angehängt, um auch Weine einzuschließen, die nicht aus frischen, sondern aus edelfaulen, gefrorenen oder getrockneten Trauben hergestellt wurden.

Was ist Tradition? Allerdings herrschen zwischen den alten europäischen und einigen überseeischen Weinnationen Auffassungsunterschiede über »Traditionen und Gepflogenheiten«. Soll es erlaubt sein, weinfremde Substanzen wie künstliches Tannin oder naturidentische Aromastoffe zu benutzen? Müssen die Trauben für Eisweine am Stock vereisen oder dürfen sie auch in der Gefrierkammer tiefgefroren werden? Darf dem Wein künstlich Alkohol entzogen werden? Soll es statthaft sein, genetisch modifizierte Gärhefen einzusetzen? Vor allem die Weinindustrie möchte sich durch Verbote nicht einengen lassen. Das 21. Jahrhundert wird zeigen, ob sie oder das alte Europa die Oberhand gewinnt.

Ein durchgegorener Weißwein besteht aus:

80 – 85 %	Wasser
11 – 14 %	Alkohol
15 – 18 %	Inhaltsstoffe (Extrakt)

Die Inhaltsstoffe bestehen aus:

5 – 10 g/l	Glyzerin
4 – 9 g/l	Gesamtsäure (Wein-, Apfel-, Bern-stein-, Milch- und andere Säuren)
3 – 4 g/l	Mineralstoffe (Phosphat, Magnesium, Kalium, Kalzium, Eisen u.a.)
0,4 – 0,5 g/l	Stickstoffverbindungen (Aminosäuren, Amine, Proteine)
0,03 g/l	gelöstes Kohlendioxid
0,1 – 2 g/l	Tannin (Gerbstoff)
0,01 g/l	Bouquet- und Aromastoffe (Ester, höhere Aldehyde, Laktone)
0,01 g/l	Vitamine
0,01 – 0,08 g/l	freie schweflige Säure

Ein durchgegorener Rotwein besteht aus:

70 – 85 %	Wasser
11 – 15 %	Alkohol
17 – 19 %	Inhaltsstoffe (Extrakt)

Die Inhaltsstoffe bestehen aus:

10 – 12 g/l	Glyzerin
3 – 3,5 g/l	Mineralstoffe (Salpeter, Kalzium, Eisen u.a.)
2 – 3,5 g/l	Tannin
2 – 2,5 g/l	Weinsäure
2 – 6 g/l	Gesamtsäure (Wein-, Apfel-, Bern-stein-, Milch- und andere Säuren)
0,4 – 1,5 g/l	flüchtige Säuren
1 – 1,8 g/l	Anthocyane
0,6 – 0,8 g/l	Butylenglykol
0,4 – 0,5 g/l	Stickstoffverbindungen (Aminosäuren, Amine, Proteine)
0,2 – 0,3 g/l	gelöstes Kohlendioxid
0,005 – 0,03 g/l	freie schweflige Säure

Vom Rauschmittel zum Handelsgut

Wein verdankt seine Entstehung wahrscheinlich einem Zufall. Der Traubensaft, den die Nomadenvölker des Vorderen Orients in Ziegenlederschläuchen mit sich führten, begann zu gären. Es enstand ein berauschendes Getränk, um das herum sich im Laufe der Jahrtausende zahlreiche Kulte entwickelten. In der Antike war der Gott des Weins zum Beispiel mächtiger als die olympischen Götter zusammen.

Frühe Zeugnisse. Die ältesten Hinweise auf die Existenz des Weins stammen aus dem heutigen Syrien (alte Traubenpresse, 8000 v. Chr.) und den südlichen Ausläufern des Kaukasus, dem heutigen Georgien. Dort wurden tönerne Gefäße gefunden, die, in der Erde vergraben, bereits 6000 Jahre v. Chr. zur Konservierung von Wein benutzt wurden. Doch mit Sicherheit waren die Assyrer und Georgier nicht die Ersten, die Wein hergestellt haben. Traubenkerne, die nach radiologischen Untersuchungen aus der Zeit um 10 000 bis 8000 v. Chr. stammen, wurden in der Türkei und in Persien gefunden. Vermutlich haben die Nomadenvölker auch vorher schon gewusst, dass der Traubensaft, den sie in ihren Ziegenlederbälgen mit sich führten, zu einem berauschenden Getränk fermentiert, wenn man diese der Sonne aussetzt. Die ersten bildlichen Darstellungen der Weinbereitung stammen aus Ägypten. Auch aus dem Jordantal, aus Armenien und von der Insel Kreta gibt es frühe Zeugnisse der Weinherstellung.

Gott des Weins. Über Ägypten gelangten die Reben nach Griechenland. Um das Jahr 2000 v. Chr. entwickelte sich dort ein regelrechter Weinkult. Die Menschen verehrten den Wein derart, dass sie ihn in einer Gottesgestalt verkörpert wissen wollten: Dionysos. Er wurde vom Gott der Pflanzen zum Gott des Weins. Dionysos feierte mit seinen Priesterinnen in dunklen Wäldern und auf blühenden Wiesen ausschweifende Feste, auf denen nicht nur viel getrunken, sondern auch ekstatisch getanzt wurde und man sich der Sinneslust hingab. Allerdings sahen die Griechen ihren Weingott nicht nur als Wohltäter, sondern auch als Bedroher, weil die Menschen durch den Wein in einen Rausch versetzt und mit Wahnsinn geschlagen wurden. Trotzdem vermochte Dionysos mehr Anhänger, insbesondere Frauen, für sich zu begeistern als die olympischen Götter zusammen. Zeitweise war er sogar stärker als Apoll.

Bacchuskult. Von Griechenland aus gelangten die Reben nach Sizilien. Nach der Eroberung Siziliens brachten die Römer Reben und Weinkultur nach Mittel- und Norditalien. Der berühmteste Wein der Antike war der Falerner. Er stammte aus dem Hinterland von Neapel. Der Weingott der Römer hieß Bacchus. Im vorchristlichen Rom führte der Bacchuskult zu dekadenten Auswüchsen (Promiskuität, Betrug, Mord). Er wurde erst verboten, dann unter dem Druck des Volkes von Julius Cäsar wieder zugelassen. Mit dem aufkommenden Christentum wurden die Bacchusanhänger aber-

> 8000 v. Chr.
Älteste Weinrebenfunde im Kaukasus

> 7000 v. Chr.
Systematischer Anbau der Weinrebe in Armenien, Syrien, Mesopotamien, Ägypten

> 2000 v. Chr.
Ausbreitung der Weinrebe nach Griechenland, Vorderasien, Nordafrika

> 800 v. Chr.
Erste Rebenimporte nach Sizilien durch die Griechen

> 600 v. Chr.
Verbreitung des Weinbaus nach Mittel- und Norditalien durch die Römer

Darstellung von Weinlese und Keltern im Grab des Nakht (Ägypten um 1390 v. Chr.)

mals verfolgt und ihr Kult als heidnischer Aberglaube geächtet. Übrigens: Zu dieser Zeit wurde der Wein grundsätzlich aromatisiert – mit Kräutern, Harz, Gewürzen, sogar mit salzigem Seewasser.

Ausgangspunkt Rom.

Mit dem wachsenden Handel und Verkehr, aber auch mit den Völkerwanderungen wurden die Reben von Händlern, Seefahrern, Söldnern und Siedlern in andere Länder gebracht. Von Rom aus breitete sich der Weinbau auf die Iberische Halbinsel, in die gallischen Provinzen (Frankreich) und in die Länder nördlich der Alpen aus. Auch an Rhein und Mosel tauchten erste

Reben auf. Diese fanden in ihrer neuen Heimat ganz andere Wachstumsbedingungen vor als in ihrer alten Heimat: ein anderes Klima, andere Böden, andere Krankheiten. Viele Reben gingen ein, einige passten sich an und überlebten.

Erste Blüte.

Am Ende des 4. Jahrhunderts n. Chr. erlebte der Weinbau in Europa seine erste Bütezeit. Das Holzfass wurde erfunden und verdrängte die Amphore als Aufbewahrungsgefäß für Wein. Durch die Einfälle der Vandalen kam es in den darauf folgenden Jahrhunderten allerdings wieder zum Erliegen des Weinbaus. Die Eroberung der Iberi-

schen Halbinsel durch die Araber führte im 8. Jahrhundert zur Islamisierung Spaniens und zum Verbot der Weinerzeugung. Erst die Zisterzienser- und Benediktinermönche waren es, die die Weinkultur neu belebten. Sie legten planvoll Weinberge an und erforschten die Grundlagen der Weinerzeugung. So entdeckten sie etwa die besondere Eignung Burgunds als Weinanbaugebiet. Die Epoche des aromatisierten Weins ging damit zu Ende.

Karl der Große.

Schon vorher hatte der Frankenkaiser Karl der Große den Weinbau in seinem Riesenreich nach Kräften gefördert, etwa in Bordeaux und in der Champagne. Später breitete sich der Weinbau auch nach Osten aus. Bis nach Königsberg reichten die Rebkulturen. Die Kelter wurde erfunden und man begann, die verschiedenen Rebsorten voneinander zu unterscheiden. 817 n. Chr. werden die ersten Weinberge im Rheingau urkundlich erwähnt. Um 1000 herum beginnt der organisierte Handel mit Wein. Vor allem die Holländer erwarben sich den Ruf, »Fuhrleute zur See« zu sein. Mit ihrer Handelsflotte versorgten sie fortan das nördliche Europa mit Wein aus dem Süden.

0
Die Römer bringen die Reben ins Rhônetal und an den Rhein

300 n. Chr.
Das Holzfass verdrängt die Amphore

400 n. Chr.
Niedergang des Weinbaus im Weströmischen Reich durch Barbareneinfälle

800 n. Chr.
Niedergang des Weinbaus in Spanien und im Vorderen Orient durch die Islamisierung. Bordeaux und Champagne werden mit Reben bepflanzt

1000 n. Chr.
Zisterzienser-Mönche beginnen, planvoll Weinberge im Burgund, Benediktiner in der Toskana anzulegen

Die langsame Entdeckung der Qualität

Die heutige Weinbergfläche Europas ist klein im Vergleich zu der im 17. Jahrhundert. Pest, Kriege und eine »kleine Eiszeit« haben dazu geführt, dass die Rebfläche schrumpfte. Dafür ist die Qualität des Weins kontinuierlich gestiegen. Lange Zeit war er nur flüssige Nahrung. Inzwischen ist er zum festen Bestandteil des Lebensgenusses geworden. Mehr noch: ein Kulturgut, ohne das unsere Landschaft und unsere Zivilisation nicht dieselben wären.

Das Spätmittelalter. Ab dem späten Mittelalter breitete sich der Weinbau in Europa rapide aus. Die Gascogne (mit Bordeaux), Aquitanien (mit dem Périgueux), Languedoc und Burgund (mit dem Rhônetal) waren Großlieferanten. Süditalien war ein einziger großer Rebengarten. Auf der Iberischen Halbinsel reichte der Rebengürtel von Andalusien über Kastilien bis nach Katalonien. Und in Mitteleuropa war Weinbau schon lange nicht mehr auf Rhein und Mosel beschränkt, sondern hatte sich bis nach Thüringen und Schlesien ausgebreitet. Wein war ein Lebensmittel geworden. Wo keine Reben wuchsen, sorgten venezianische, englische, holländische und Hanse-Kaufleute dafür, dass niemand auf ihn verzichten musste. Besonders geschätzt waren damals die Süßweine Kretas und Malagas. Im 14. Jahrhundert begann der Aufstieg des Sherrys, im 16. Jahrhundert der des Madeiras.

Jean Antoine Belleteste, Der Herbst (1770)

Wein als Genussmittel. Zu Beginn der Neuzeit war die europäische Weinbaufläche dreimal so groß wie heute. Erst der Dreißigjährige Krieg (1618–1648) und die Pest beendeten diese Blütezeit. Doch die Weinberge wurden schnell wieder neu bestockt. Wein war ab jetzt mehr ein Genuss- als ein Lebensmittel, und er kam aus jenen Gebieten, die besonders für den Weinbau geeignet waren. Die »kleine Eiszeit«, die schon seit 1250 die Temperaturen unmerklich sinken ließ, sorgte dafür, dass wieder Kartoffeln und Getreide angebaut wurden, wo die Trauben nicht ausreiften und der Wein sauer blieb. Nach dem Frostwinter 1739/1740 befahl der Preußenkönig Friedrich II. den Winzern der Mark Brandenburg zum Beispiel, die Weinproduktion einzustellen und stattdessen Korn anzubauen. Nur im Garten seines Potsdamer Schlosses Sanssouci blieben die Reben stehen.

Ab 1100
Venezianische Kaufleute importieren Wein aus Kreta, holländische Wein aus der Gascogne und aus Aquitanien, englische Kaufleute den Sherry

1152
Bordeaux wird englisches Kronland. Weinbau und Weinhandel florieren

1300
Die Florentiner Familie Frescobaldi tritt als Weinhändler in Erscheinung, etwas später auch Antinori

1402
Heinrich III., König von Asturien, verbietet die Rodung von Reben in Spanien

1600
Größte Ausdehnung der europäischen Weinbergsfläche

1668
Dom Pérignon wird Abt in Hautvillers und verfeinert den Champagner

Ab 1620
Champagner wird Modegetränk in London

Bacchus von Caravaggio (Ölgemälde, 1593)

Epoche des modernen Weins.

Ende des 16 . Jahrhunderts wurde der Schwefel als Konservierungsmittel entdeckt. Damit begann die Epoche des modernen Weins. Englische Industrielle entwickelten eine stabile Glasflasche – Voraussetzung für den Champagner moderner Prägung, der dringend ein druckfestes Gefäß für die Flaschengärung benötigte. Der Mönch Dom Pérignon, der seit 1668 der Abtei Hautvillers vorstand, perfektionierte die Herstellung des schäumenden Weins. Englische Kaufleute entdeckten den Portwein. In Italien legte der Großherzog der Toskana erstmals Grenzen für vier wichtige Weinanbaugebiete fest: Chianti, Carmignano, Pomino, Val d'Arno di Sopra. In Frankreich entstanden nach der Trockenlegung der Sümpfe von Bordeaux die ersten Châteaux. Ende des 18. Jahrhunderts verschließt man wertvolle Flaschen mit Korken. Wein ist zu einem Statussymbol für die Reichen und Mächtigen geworden. Bordeaux, Champagner, ungarischer Tokajer und deutscher »Hock« (Riesling) waren die Modeweine der Epoche. Anlässlich der Weltausstellung in Paris 1855 gab Napoleon III. die Order, eine Klassifikation der Châteaux von Bordeaux zu entwickeln. Wenig später entschlüsselte ein französischer Gelehrter namens Louis Pasteur das Rätsel der Gärung.

Der Weinbau in Übersee.

In Südamerika waren es die christlichen Missionsstationen, die die ersten Weine kelterten: in Chile seit dem 16., in Mexiko seit dem 18. Jahrhundert. 1652 landete der holländische Seefahrer Jan van Riebeeck an der Südspitze Afrikas und pflanzte die ersten Reben. Zwei Jahrhunderte später sollte der süße Wein von Constantia eine auch in Europa hoch geschätzte Spezialität werden. 1790 waren erste Rebstöcke nach Australien gelangt und wurden im Garten des englischen Kommandeurs in Sydney gepflanzt. 1841 begannen schlesische Auswanderer im australischen Barossa Valley großflächig mit dem Weinbau. In Neuseeland hatte der Missionar Samuel Marsden bereits 1819 den ersten Weinberg angelegt. Im 19. Jahrhundert erlebte Kalifornien, das seit 1849 nicht mehr zu Mexiko, sondern zu den Vereinigten Staaten gehörte, goldene Zeiten, die erst durch die Reblauskatastrophe beendet wurden.

Reblauskatastrophe.

1863 tauchte in Frankreich erstmals die Reblaus auf, eingeschleppt durch zurückkehrende Amerikareisende. Sie vernichtete in den folgenden Jahren nicht nur alle Weingärten Frankreichs, sondern wütete zeitversetzt auch in Spanien, Italien und Deutschland. Erst gegen Ende des Jahrhunderts fanden Forscher ein wirksames Mittel gegen die schlimme Kalamität: amerikanische Wurzelstöcke. Doch da war es bereits zu spät: Europas Weinwirtschaft lag bereits am Boden. Die folgenden zwei Weltkriege und die Wirtschaftskrisen dazwischen verzögerten die Wiederbepflanzung der Weinberge. Erst ab 1945 erholte sich der Weinbau langsam wieder.

1681
In England wird der Korkenzieher erfunden

Ab 1720
Trockenlegung der Sümpfe des Médoc. Wohlhabende Bürger und Politiker gründen immer mehr Châteaux

Ab 1700
Entdeckung des Schwefels als Konservierungsmittel für Weinreben

1844
Der Echte Mehltau (Oidium) verwüstet viele Weinberge in Bordeaux

1863
Erstes Auftreten der Reblaus in Südfrankreich. In den folgenden 50 Jahren zerstört das Insekt fast den gesamten Rebbestand Europas

Ab 1883
Beginn der Neubepflanzung der Weinberge mit veredelten, gegen die Reblaus resistenten Reben

1935
Beginn der AOC-Gesetzgebung in Frankreich nach heutigem Vorbild

1971
Neues deutsches Weingesetz: Abschaffung der Kleinlagen, Einführung der Prädikate

Der feinste Wein gedeiht in kühlen Zonen

Wenn Sonne der wichtigste Qualitätsfaktor wäre, würden die besten Weine am Äquator wachsen. Tatsächlich sind kühle Temperaturen für guten Wein mindestens genauso wichtig wie Wärme. Deshalb konzentriert sich der Weinbau auf zwei schmale Gürtel: einer auf der nördlichen, der andere auf der südlichen Hälfte der Erdkugel.

Zwei Rebengürtel. Weinbau findet aus klimatischen Gründen nur auf zwei schmalen Gürteln statt. Der größere befindet sich auf der nördlichen Erdhalbkugel und verläuft zwischen dem 50. und 40. Breitengrad. Auf ihm befinden sich die großen europäischen Weinanbaugebiete sowie die nordamerikanischen Anbauzonen. Der kleinere Gürtel zieht sich wie ein schmales Band zwischen dem 45. und 30. Breitengrad um die südliche Hälfte der Erde. Er umfasst Weinbauländer wie Chile, Argentinien, Südafrika, Australien und Neuseeland. Dazwischen ist Weinbau praktisch nicht möglich: Die Temperaturen sind zu hoch, um Reben anzubauen, die Niederschläge zu gering und zu unregelmäßig (Monsun). Den wenigen Weinen, die dort wachsen, fehlt es an Feinheit und Frische.

Grenzen des Weinbaus. Nördlich des 50. Breitengrades fehlt es meist an Licht und Wärme, um die Reben gedeihen zu lassen. Es besteht die Gefahr, dass die Trauben nicht reif werden, der Wein sauer bleibt. Dort ist Weinbau nur noch in besonders begünstigten Hang- oder Tallagen möglich. Winzer sprechen von ökologischen Nischen. In Deutschland gibt es solche Nischen zum Beispiel im Tal der Ahr, am Mittelrhein zwi-

schen Bonn und Rüdesheim oder in den nördlichen Ausläufern des Steigerwaldes (Franken). 1300 Sonnenstunden im Jahr sind das Minimum, das nötig ist, damit die Trauben reif werden. Das entspricht etwa einer Jahresdurchschnittstemperatur von 9 °C (Berlin zum Vergleich: 8,5 °C).

Risikofaktor Spätfrost. In der Vegetationsphase (März bis Juli) sind wenigstens 20 000 Lux vonnöten, damit die Rebe assimilieren kann. In der Nähe von Gewässern, die das Licht reflektieren, wird dieser Wert auch bei bedecktem Himmel erreicht. Die häufigen Spätfröste (etwa während der Eisheiligen) und die kalten Winter (die europäischen Reben halten Minustemperaturen bis 20 °C aus) stellen für den Weinbau nördlich des europäischen Rebengürtels ein zusätzliches Risiko dar. Durch die Züchtung frosthaleter Sorten (z. B. Kerner) sollte dieses Risiko gemindert werden. Die meisten dieser Sorten haben sich jedoch nicht durchgesetzt.

Vorteile der Peripherie. Bemerkenswert ist, dass gerade am Rand des Rebengürtels oftmals besonders interessante Weine wachsen. So verdankt der Champagner seine Feinheit nicht zuletzt der Tatsache, dass

er nahe der Rebengrenze am 47. Breitengrad wächst. Dort ist es zwar tagsüber warm, aber nachts sinken die Temperaturen stark ab. Die großen Temperatursprünge sorgen dafür, dass die Säure erhalten bleibt. Sie gibt dem Champagner das, was ihn gegenüber vielen anderen Schaumweinen auszeichnet: Finesse. Die Temperatur liegt dort bei nur 10 °C im Jahresdurchschnitt, gerade einmal ein Grad über dem Minimum. Die Leichtigkeit des deutschen Rieslings und seine hohe Säure sind ebenfalls eine Folge der nördlichen Grenzlage der Weinberge an Mosel und Rhein (50. Breitengrad). Ähnlich auf der südlichen Erdhalbkugel:

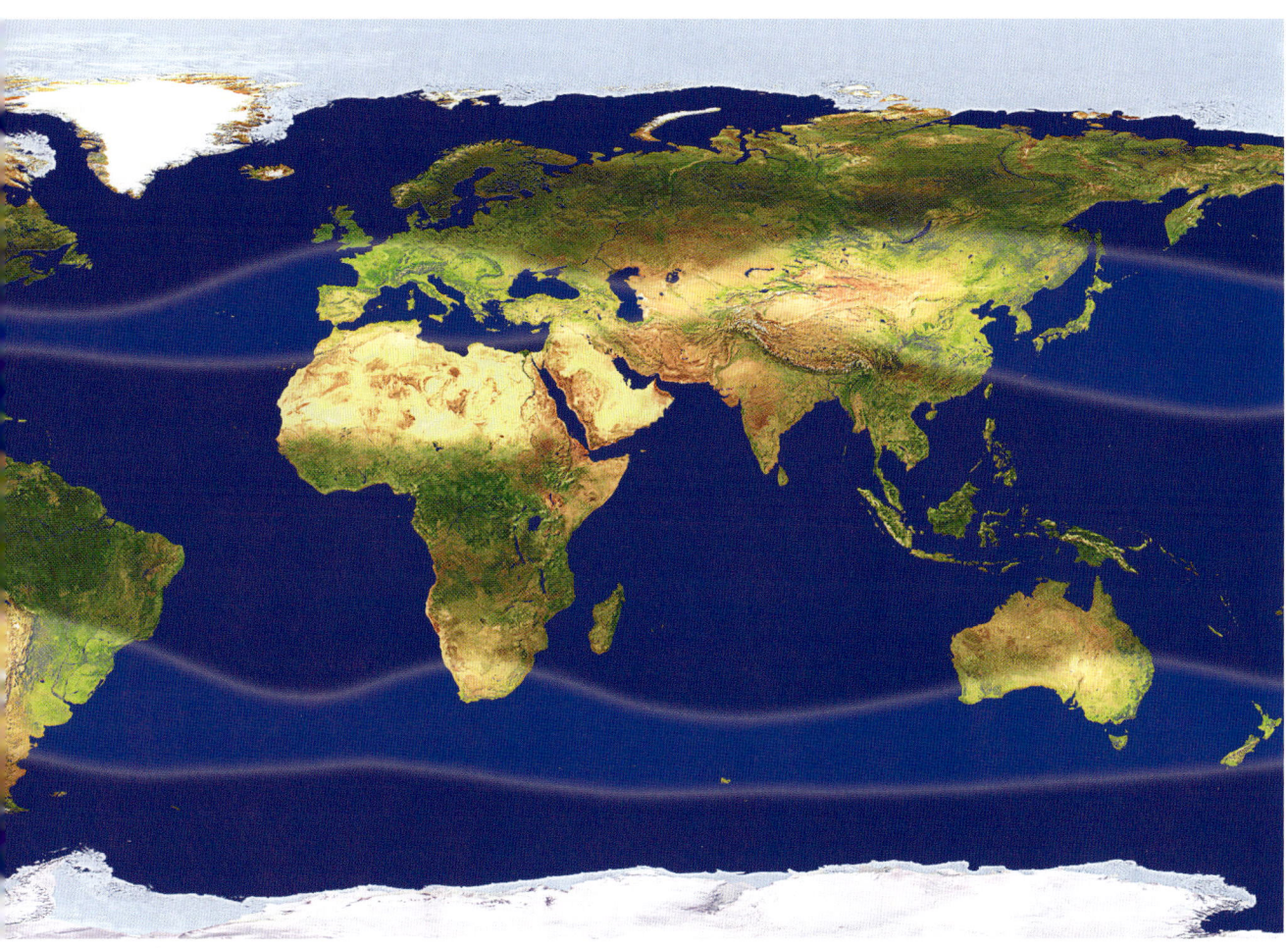

In Australien verlagert sich der Weinbau zunehmend an den kühleren Rand des Rebengürtels nach Süden. In Neuseeland kommen die feinsten Weißweine von der kühleren Südinsel: *cool climate areas.*

Global Warming. Mit der Erderwärmung verschieben sich auch die Rebengürtel. Der Weinbau wandert zu den Polen hin – also zur Kühle. Ob in 50 Jahren in der Champagne noch derselbe finessereiche Schaumwein wie heute erzeugt werden wird, ist ungewiss. Und es gibt Szenarien, denen zufolge der beste Pinot Noir im Jahre 2050 aus Polen kommen wird. Doch auch die neuen politischen Realitäten haben ihren Einfluss auf die Landkarte des Weins. Mit dem Aufstieg der Weltmacht China und seiner Nachbarn etabliert sich der Weinbau zunehmend auch in subtropischen Gebieten außerhalb der Rebengürtel: Wein möchte dicht an den Märkten sein.

Die größten Wein produzierenden Nationen der Welt
(Anteil an der Weltproduktion*)

1. Italien	17,9 %	11. Russland	2,5 %
2. Frankreich	17,1 %	12. Portugal	2,3 %
3. Spanien	12,5 %	13. Rumänien	2,1 %
4. USA	7,7 %	14. Brasilien	1,3 %
5. China	4,6 %	15. Griechenland	1,3 %
6. Argentinien	4,5 %	16. Ungarn	1,2 %
7. Australien	4,3 %	17. Österreich	0,9 %
8. Chile	3,7 %	18. Bulgarien	0,7 %
9. Südafrika	3,7 %	19. Ukraine	0,7 %
10. Deutschland	3,4 %	20. Neuseeland	0,5 %

* Stand 2009; Quelle: OIV

Neuer Personalausweis des Weins

Wein existiert nicht im rechtsfreien Raum. Es gibt genaue Vorschriften, wie er deklariert und etikettiert werden muss. Die Vorschriften sind ein Versuch, Ordnung in das Chaos zu bringen. Das ist auch bitter nötig, um Namen und Herkünfte zu schützen. Für die Verbraucher ist das neue Gesetz über die geschützten Ursprungsbezeichnungen leider auch nicht klarer als das alte Weingesetz.

geschützte Ursprungsbezeichnung (früher Qualitätswein)

geschützte geografische Angabe (früher Landwein)

ohne Ursprungsbezeichnung (früher Tafelwein)

Die neue Hierarchie des Weins: je kleiner das Anbaugebiet, desto strenger die Qualitätskriterien

die Weine in zwei große Kategorien eingeteilt: die einfachen Tafelweine und die besseren Qualitätsweine bestimmter Anbaugebiete.

In der Praxis nicht bewährt. In der Praxis hat sich allerdings gezeigt, dass diese Einteilung bald nicht mehr der Realität in den einzelnen Weinbauländern entsprach. In Frankreich existierten beispielsweise nur 30 Prozent Qualitätsweine, in Deutschland dagegen 95 Prozent. Der Verbraucher musste daraus den Schluss ziehen, dass französische Weine im Durchschnitt schlechter sind als deutsche. Tatsächlich waren (und sind) die Mindestanforderungen an Qualitätsweine in Deutschland niedriger als bei seinem Nachbarn.

Verwirrung komplett. Auf Wunsch Frankreichs wurde daraufhin die Unterkategorie Landwein eingeführt. Landweine müssen nicht den hohen Anforderungen an Qualitätsweine genügen (in Frankreich: AOC-Weine), sind aber oberhalb der Tafelweine angesiedelt. Damit sollten viele einfache Weine aufgewertet werden. Deutschland hat dagegen für sich in Anspruch genommen, seine Qualitätsweine noch einmal zu unterteilen in Qualitätsweine bestimmter Anbaugebiete und solche mit Prädikat: also Kabinett, Spätlese, Auslese etc. Auch Italien, Spanien und Portugal haben ihre Qualitätsweine noch einmal dif-

Das alte Gesetz. Jedes Weinbauland braucht Gesetze, um den Verbrauchern mehr Sicherheit und Klarheit zu geben über Bezeichnungen, Herkunft, Typizität, Rebsorten – und möglichst auch über die Qualität des Weins. Die europäischen Weinbauländer haben sich bereits 1992 zusammengetan und gemeinsame Gesetze formuliert. Danach wurden

ferenziert in solche mit »kontrollierter« (DOC bzw. DO) und solche mit
»kontrollierter und garantierter Ursprungsbezeichnung« (DOCG bzw.
DOCa). Schließlich baute Frankreich
in die enge Lücke zwischen Landweinen und AOC-Weinen noch den
Vin Délimité de Qualité Supérieure
(VDQS) ein – von der allerdings praktisch kein Gebrauch gemacht wurde.

Chaos für Verbraucher.
Viele ita-
lienische Erzeuger gingen, weil die
gesetzlichen Anforderungen an Tafelweine geringer als die für Qualitätsweine sind, sogar dazu über, ihre
besten Weine bewusst als Tafelwein
auf den Markt zu bringen. So konnten sie leichter mit neuen Rebsorten
und alternativen Ausbaumethoden
experimentieren. Ein Chaos für Handel und Verbraucher, die nicht mehr
sicher sein konnten, dass der Inhalt
der Flasche auch der Kategorie entsprach, die das Etikett vorgab.

Nur die Herkunft zählt.
Im Jahre
2006 hat die Europäische Union
dann endlich ein neues Gesetz be-
schlossen, das nicht auf Qualität,
sondern ausschließlich auf Herkunft
basiert (es gilt übrigens für alle landwirtschaftlichen Produkte). Das bedeutet: Jedes Land unterscheidet
seine Weine nur noch nach den verschiedenen Herkünften. Diesen entsprechend können dann die Rebsorten festgelegt werden, aus denen der
Wein erzeugt werden darf. Es werden
Ertragsbeschränkungen definiert, der
Mindestalkoholgehalt fixiert und die
Kriterien formuliert, denen der Wein
sensorisch genügen muss. Dabei gilt
dem Sinn nach die Formel: je kleiner
das Herkunftsgebiet, desto strenger
die Maßstäbe. Indirekt impliziert die
neue Kategorisierung also auch gewisse Qualitätsmerkmale.

Neue Nomenklatur.
Das neue
Gesetz sieht konkret zwei Kategorien
von Weinen vor. Die oberste bilden
die Weine mit »geschützter Ursprungsbezeichnung« (g. U.). Gemeint sind
damit Weine, die aus einem eher
engen als weiten Bereich kommen.
Allerdings ist es »in Ausnahmefällen«
auch erlaubt, ein ganzes Land als
g. U. anzuerkennen. Damit wird die
Logik der neuen europäischen Ge-
setzgebung konterkariert. Die Konsumenten können von der Her-
kunftsangabe auf dem Etikett keine
Schlüsse mehr ziehen auf die Stellung des Weins in der Qualitätspyra-
mide – und damit auch nicht mehr
auf seine Qualität.

Unlogische Logik.
Unter den Wei-
nen mit »geschützter Ursprungsbezeichnung« stehen die Weine mit
»geschützter geografischer Angabe«
(g. g. A.). Ihr Einzugsbereich sollte
weiter gefasst sein als bei der g. U. –
muss es aber nicht zwangsläufig.
Der Unterschied zwischen beiden
Ursprungsbezeichnungen sollte
nach Vorstellung des Gesetzgebers
vielmehr in der Intensität der Be-
ziehung zwischen Herkunft und
Produkt bestehen.

Bewährung steht noch aus.
Aller-
dings kann das neue Gesetz erst in
Kraft treten, wenn jedes Land eine
Liste seiner verschiedenen Herkünfte erarbeitet und die Grenzen der
jeweiligen Wein-Herkunftsgebiete
genau festgelegt hat. Das kann frü-
hestens 2012 der Fall sein. Außerdem verlangen viele Mitgliedsländer
Sonderrechte. Sie wollen auf einge-
führte Bezeichnungen und Vorrechte
nicht verzichten. Ob am Ende nur die
Weinjuristen oder auch die Verbraucher mehr Klarheit haben, wird sich
erst nach Jahren zeigen.

Unterscheidung nach Herkunft: Der Wein nach dem neuen Gesetz

Geschützte Ursprungsbezeichnung
*Oberste Kategorie der Weinhierarchie. Die
g. U. kann ein zusammenhängendes Anbaugebiet (z. B. Wachau), aber auch eine
einzelne Lage sein (z. B. Chambertin) sein.
Die Trauben müssen zu 100 Prozent aus
dem Gebiet stammen. Die Güte oder die
Eigenschaften des Weins müssen einen
engen Bezug zu seiner Herkunft haben.*

Geschützte geografische Angabe
*Weine mit der g. g. A. müssen zu 85 Pro-
zent aus dem Anbaugebiet stammen, das
eine Gegend (Piemont, aber auch ein Dorf),
in Ausnahmefällen auch ein ganzes Land
sein kann (Schweiz). Die Eigenschaften
oder das Ansehen des Weins müssen einen
Bezug zur Herkunft haben.*

Weine ohne Siegel
*Ein Wein, der weder das g. U.-Siegel noch
das g. g. A.-Siegel trägt, kommt einfach als
»Deutscher Wein«, »Österreichischer Wein«,
»Europäischer Gemeinschaftswein« oder
ähnlich auf den Markt. Jahrgang und Rebsor-
te können auf dem Etikett angegeben wer-
den. Der Wein darf aber auch ohne diese
Spezifikation in Verkehr gebracht werden.
Ein Herkunftssiegel trägt dieser Wein nicht.*

20 Begriffe, die man kennen muss

Wer gern Wein trinkt, möchte auch gern über Wein mitreden können. Vor allem möchte er verstehen, was und wie andere über Wein reden. Zwar vollzieht sich die Kommunikation über Wein nicht selten in einer absonderlichen Fachsprache. Aber immer wieder fließen umgangssprachliche Ausdrücke und Redewendungen, aber auch neue Wortschöpfungen in sie ein.

Barrique
Ein 225 Liter fassendes Gebinde aus Eichenholz, in dem der Wein reift. Barriques werden nur durchschnittlich drei Jahre benutzt und dann entsorgt, weil sie kein Holztannin und keinen Geschmack mehr an der Wein abgeben.

Blindprobe
Eine Weinprobe, bei der die Flaschen verhüllt sind, sodass niemand genau weiß, welchen Wein er im Glas hat. Alternativ kann der Wein auch aus schwarzen Gläsern serviert werden.

Blockbuster
Trendige Bezeichnung für einen schweren, konzentrierten Wein, wie er vor allem in den 90er-Jahren in Mode kam.

Claret
Von den Engländern im 17. Jahrhundert geprägte Bezeichnung für einen Bordeaux-Wein.

Cuvée
Ein Wein, der aus verschiedenen Rebsorten komponiert ist (oder aus gleichen Weinen verschiedener Weinberge).

Erste Lage
Die besten Lagen (Weinberge) Deutschlands nach Klassifikation des Verbands Deutscher Prädikatsweingüter (VDP),

dem Eliteclub deutscher Weingüter. Sie tragen ein entsprechendes Logo auf dem Etikett. Ein trocken schmeckender Wein aus einer Ersten Lage darf sich Großes Gewächs (GG) nennen.

Etikettentrinker
Menschen, die dazu neigen, nur bekannte oder berühmte Weine zu trinken.

Fassprobe
Degustation eines jungen, noch nicht gefüllten Weins aus dem Fass. Wird der unfertige Wein zu Degustationszwecken auf die Flasche gezogen, spricht man ebenfalls von einer Fassprobe. Fassproben tragen ein provisorisches Etikett.

Internationaler Stil

Durch Globalisierung der Weinmärkte entstandene Stilistik, mit der Erzeuger versuchen, den Geschmack von möglichst vielen Weintrinkern in der Welt zu treffen. Dabei werden säurearme, konzentriert fruchtige Rotweine mit weichem Tannin angestrebt. Bei Weißweinen hat sich ein internationaler Stil nicht herauskristallisiert.

Jahrgangschampagner

Besonders hochwertige und teure Champagner, die nur aus Weinen eines einzigen Jahrgangs gewonnen sind (normalerweise sind Champagner aus mehreren Jahrgängen komponiert). Voraussetzung: Der Jahrgang war gut.

Kirchenfenster

Die Bögen, die beim Ablaufen des Weins entstehen, nachdem man ihn im Glas hat kreisen lassen. Je weiter die Bögen sind, desto weniger Alkohol weist der Wein auf. Je spitzer sie sind, desto mehr Alkohol hat er.

Kultwein

Inflationäre, weil nicht genau geregelte Bezeichnung für bekannte, allgemein geschätzte Weine, die eine gewisse Publizität genießen.

Magnumflasche

Eine Weinflasche mit 1,5 Liter Inhalt (das Doppelte von zwei Normalflaschen). In der Magnumflasche reift der Wein besser – noch besser in der Jeroboam (5 Liter). Große Bordeaux werden gern in Großflaschen gefüllt.

Nervig

Kein nervender, sondern ein junger, lebhafter, säurebetonter Weißwein.

Parker-Punkte

Abgekürzt: PP. Bewertungen des amerikanischen Weinkritikers Robert Parker, der 1978 die 100-Punkte-Skala einführte und als einflussreichster Weinkritiker der Welt gilt. Die Punkte, die er vergibt und die er in seinem Newsletter »The Wine Advocate« publiziert, entscheiden vor allem in Bordeaux über Erfolg oder Misserfolg eines Weins.

Secco

Nach dem Erfolg des italienischen Prosecco sind viele deutsche Erzeuger dazu übergegangen, aus eigenen Trauben einen ähnlichen Perlwein zu erzeugen, den sie Secco nennen.

Subskription

Vorverkauf des Weins. Vor allem in Bordeaux praktiziertes Verkaufsmodell, bei dem der Kunde den Wein schon wenige Monate nach der Ernte »blind« kauft und sich dafür Preisvorteile sichert. Zu diesem Zeitpunkt dämmert der Wein noch im Fass seiner Reife entgegen.

Toasten

Das Anrösten eines Fasses von innen durch offenes Feuer. Die getoastete Oberfläche des Holzes verhindert, dass später zu viel Fasstannin in den Wein übergeht. Je schwächer der Toast ist, desto holzbetonter schmeckt der Wein.

Vertikale

Degustation eines Weins über mehrere Jahrgänge zurück, um zu sehen, wie er sich im Laufe der Jahre entwickelt hat.

Winzersekt

Ein zu 100 Prozent aus den eigenen Trauben des Winzers erzeugter und per Flaschengärung hergestellter Schaumwein. Gute Winzersekte sind besser als mittelmäßige Champagner.

Rebenkunde

Biologie eines ungewöhnlichen Gewächses:
Rebsorten, Rebstock, Anatomie der Traube

Bester Zuckersammler der Welt

Die Rebe ist der beste Zuckersammler unter den Pflanzen. Aus diesem Grunde wird Wein seit 7000 Jahren vorzugsweise aus Trauben gewonnen und nicht aus Apfelsinen, Kiwis, Bananen oder Möhren. Gleichzeitig ist die Rebe selbstgenügsam. Wo andere Pflanzen verhungern würden, holt sie mit ihren ausgeprägten Wurzeln tief aus dem Boden, was die Oberfläche nicht bietet: Wasser, Mineralien, Stickstoff.

1 Die Knospen

An den Trieben des letzten Jahres bilden sich im Frühjahr zwei Knospen. In der Winzersprache heißen sie »Augen«. Aus dem einen Auge entwickelt sich der Sommertrieb, an dem später die Traube hängt. Das andere Auge bleibt im Knospenstadium. Es überwintert und bildet im nächsten Jahr den Sommertrieb (blatttragender Trieb). »Winterauge« heißt es in der Winzersprache.

2 Die Gescheine

Die Rebe weist keine Einzelblüten auf, sondern Blütenstände. Diese werden Gescheine genannt. Aus jedem Geschein mit seinen 100 bis 150 Einzelblüten entwickelt sich später eine Traube mit entsprechend vielen Beeren – vorausgesetzt, alle Blüten werden befruchtet. Schlechte Witterung und Nährstoffmangel können die vollständige Befruchtung verhindern. In diesem Fall trägt die Traube später nur wenige Beeren. »Durchrieseln« sagt der Winzer dazu.

3 Die Blüten

Die europäischen Kulturreben sind zweigeschlechtig. Das heißt: Sie weisen männliche Staubgefäße und einen weiblichen Fruchtknoten auf. Damit sind sie in der Lage, sich selbst zu befruchten. Die alten, amerikanischen Reben sind dagegen eingeschlechtig. Sie brauchen Insekten oder den Wind zum Bestäuben.

4 Die Trauben

An jedem Sommertrieb wachsen bis zu vier Trauben. Ein guter Winzer reduziert sie durch Anschnitt auf durchschnittlich zwei. Die Trauben bestehen aus einem holzartigen Stielgerüst, den Rispen, und den Beeren. Die Beeren, auch die roten, bleiben bis in den Hochsommer hinein grün und hart. Erst in den letzten zwei Monaten vor der Lese färben sie sich und werden weicher.

5 Die Blätter

Sie sind das Atmungsorgan der Rebe, das auch der Ernährung dient. Das Blattgrün zieht das Kohlendioxid aus der Luft und wandelt es in Hexose um, eine Zuckerart, die für die Ernährung der Rebe unverzichtbar ist. Diese Fotosynthese vollzieht sich tagsüber unter dem Einfluss von Licht. Guter Laubwuchs ist daher ebenso wichtig wie ausreichende Helligkeit im Anbaugebiet. Nachts scheiden die Blätter Wasser aus – ca. 1,5 Liter pro 200 Blätter. So wird das Mikroklima des Weinbergs reguliert und neues Wasser aus der Wurzel nach oben gezogen.

6 Die Ranken

Die Ranken sind die Greiforgane der Rebe. In der Wachstumsphase (März bis Juni) suchen sie mit kreisenden Bewegungen nach Halt. Dabei sind ihre Spitzen sehr reizempfindlich. Sie klammern sich an alles, was ihnen Halt bietet. Mit einer schraubenförmigen Drehbewegung umwickeln sie Drähte oder Baumäste, sodass sich die Rebe aufrichten kann.

7 Einjähriges Holz

Aus den Knospen gehen grüne Triebe hervor, die rasch verholzen. Sommertriebe oder einjähriges Holz heißen sie in der Winzersprache. Ihnen gilt das Hauptaugenmerk des Winzers. An ihnen wachsen nämlich Blätter, Ranken und die Blüten, aus denen sich später die Trauben entwickeln sollen.

8 Die Geiztriebe

An jedem Sommertrieb bilden sich auch mehrere Geiztriebe aus. Sie sind kürzer als die Sommertriebe und tragen in der Regel keine Trauben. Solange sie nicht überhandnehmen, lässt der Winzer sie stehen: Ihre Blätter dienen der Zuckerbildung in der Rebe und fördern damit indirekt die Traubenreife.

9 Zweijähriges Holz

Nach der Lese werden 90 Prozent des einjährigen Holzes abgeschnitten. Der Winzer lässt nur eine oder zwei Ruten stehen, und die kürzt er auch noch mehr oder minder stark ein (Anschnitt). Aus den Winterknospen, die sich an ihnen befinden, wächst im nächsten Frühjahr der neue Sommertrieb. Der alte wird dann zum zweijährigen Holz.

10 Der Rebstamm

Der Rebstamm (auch altes Holz genannt) dient vor allem zum Nährstofftransport. Im inneren Teil wird das Wasser von den Wurzeln nach oben, in seinen äußeren Bereichen Nährstoffe nach unten transportiert, um die Wurzeln zu versorgen.

11 Die Tag- oder Tauwurzeln

Haardünne Wurzeln wachsen schon wenige Zentimeter unter der Erdoberfläche. Sie dienen vor allem der Wasseraufnahme. Eine ein Jahr alte Rebe weist bereits 5000 solcher Tagwurzeln auf.

12 Die Fußwurzeln

Sie verankern den Rebstock in der Tiefe und transportieren Nährstoffe nach oben. Sie sind bis zu zehn Meter lang.

6 Ranken

8 Geiztriebe

3 Blüten

5 Blätter

2 Gescheine

4 Trauben

1 Knospen

7 Einjähriges Holz

9 Zweijähriges Holz

10 Rebstamm

11 Tag- oder Tauwurzeln

12 Fußwurzeln

Kühle Nächte, heiße Tage – so mögen es die roten Trauben

Wie viele Rebsorten es gibt, kann kein Mensch genau angeben. Wissenschaftler schätzen ihre Zahl auf über 5000. Allerdings machen die 20 am weitesten verbreiteten Sorten über 80 Prozent der Weltweinproduktion aus. Jede dieser Sorten schmeckt anders. Mehr noch: In verschiedenen Ländern und auf anderen Böden angebaut, ergibt dieselbe Sorte stets einen unterschiedlichen Wein.

Blaufränkisch/Lemberger

Vermutlich aus Ungarn stammende Sorte (dort Kékfrankos genannt), die heute in Österreich (vor allem im Burgenland) und in Württemberg (wo sie Lemberger heißt) weit verbreitet ist. Sie ergibt kirschfruchtige, säurebetonte Weine mit feinwürzigem Aroma und kräftigem, manchmal etwas ruppigem Tannin. Sie liefert teilweise langlebige Weine, die Ecken und Kanten aufweisen und denen eine gewisse Rustikalität nicht abzusprechen ist.

Cabernet Sauvignon

Viele halten Cabernet Sauvignon für die edelste Rotweinsorte der Welt. Aus einer Kreuzung von Cabernet Franc und Sauvignon Blanc hervorgegangen, wird sie heute in der ganzen Welt angebaut. In Bordeaux, ihrer Heimat, ergibt sie strenge, tanninbetonte Weine, in Kalifornien Weine mit weichen Tanninen, in Italien solche mit süßerer Frucht, in Südafrika leichtere, delikate und früher trinkbare Weine, in Chile sehr feine, aber nicht ganz so komplexe Weine, in Australien hat die Frucht einen Minzeton. Die Grundcharakteristik aller Cabernets Sauvignons ist jedoch ähnlich: späte Reife, kräftiges Tannin, dunkle Farbe.

Cabernet Franc

Alte, wuchskräftige Sorte, die eine Woche früher als die Cabernet Sauvignon reift und dem Wein einen würzigen Geschmack verleiht, allerdings selten die Noblesse des Cabernet Sauvignon erreicht. Sie wächst in Bordeaux (besonders in St-Émilion), an der unteren Loire, in der Provence, in Südafrika, Chile, Kalifornien. Reinsortig wird sie fast nirgendwo gekeltert, sondern meist mit anderen Sorten verschnitten.

Malbec

Ende des 19. Jahrhunderts in Bordeaux noch allgegenwärtige, mittlerweile dort fast verschwundene Sorte. Dafür triumphiert sie heute umso stärker in Argentinien, besonders im heißen Mendoza am Fuße der Anden. Dort kann sie voll ausreifen und liefert sehr fruchtige, aber auch langlebige und tanninbeladene Rotweine, die als die besten des Landes gelten. In Frankreich wird sie nur noch in Cahors angebaut. Dort nennt man sie Côt und verschneidet sie meist mit Merlot.

Pinot Noir

Anspruchsvolle, das kühle Klima liebende Rebsorte, die zwar häufig angebaut wird, aber nur an wenigen Stellen edle Weine liefert. Die besten kommen von den Kalkböden Burgunds (Côte de Beaune, Côte-de-Nuits). In Deutschland heißt sie Spätburgunder und wächst am Kaiserstuhl, in der Pfalz, an der Ahr. In Österreich (Leithaberg), Südtirol und in der Schweiz (Graubünden) heißt sie Blauburgunder. Auch in Kalifornien und Neuseeland wird sie angebaut.

Merlot

Die internationale Erfolgsrebe wird weltweit angebaut – von Kalifornien, wo sie eine Modesorte geworden ist, über Spanien (Navarra), Bordeaux (vor allem St-Émilion und Pomerol), dem Tessin, Nord- und Mittelitalien bis nach Australien. Die sehr ertragsstarke Sorte, die gute oder Spitzenqualitäten nur auf mageren, nicht zu trockenen Böden bringt, wird oft reinsortig gekeltert, aber auch zum Verschneiden benutzt.

Sangiovese

Die typische Chianti-Rebsorte ist in der Toskana in verschiedenen Spielarten weit verbreitet. Aus ihr werden (neben dem Chianti) auch der Brunello di Montalcino, der Vino Nobile di Montepulciano sowie der Carmignano gewonnen. Darüber hinaus wird die Sorte in Umbrien (Torgiano) und der Emilia-Romagna angebaut. Sie bringt sowohl fruchtig-delikate als auch tanninreiche und lagerfähige Weine hervor.

Nebbiolo

Die spät reifende, autochthone Spitzensorte aus dem Piemont zählt zu den nobelsten italienischen Trauben. In ihrer Heimat Langhe, den Hügeln rund um die Stadt Alba, bringt sie drei bedeutende tanninreiche Weine hervor, die ein großes Reifepotenzial besitzen: Barolo, Barbaresco und Roero. Im Norden des Piemont werden aus ihr (man nennt die Sorte dort Spanna) der Ghemme, der Boca, der Lessona und der Gattinara erzeugt.

Syrah

Klassische Rebsorte der Rhône, die in den Anbaugebieten Hermitage, St-Joseph, Cornas, Côte Rôtie die Hauptrebsorte darstellt, aber im gesamten Süden Frankreichs weit verbreitet ist. Sie gilt als hitzebeständig und ergibt tanninreiche Weine mit würzigem Beerenaroma. Außerhalb Frankreichs ist sie in Kalifornien und Australien (dort heißt sie Shiraz), zunehmend auch in Chile und Südafrika, neuerdings auch in Griechenland und Sizilien vertreten.

Weiße Trauben lieben es cool. Ihr größter Feind ist die Hitze

Während guter Rotwein an vielen Stellen der Erde wächst, findet man gute Weißweine nur in wenigen Nischen. Weiße Trauben brauchen zwar auch Licht und Wärme, um reif zu werden. Aber noch mehr brauchen sie Kühle, damit die Säure in den Beeren erhalten bleibt. Das gelingt am besten in den Grenzregionen des Weltrebengürtels, wo es zwar tags warm, nachts aber so kühl ist, dass die Säure nicht veratmet wird. Säure ist das wichtigste Element eines guten Weißweins.

Chenin Blanc

Die aus Frankreich stammende Sorte wird mittlerweile weltweit angebaut, ist aber dennoch nicht sonderlich bekannt. In Vouvray an der unteren Loire werden aus ihr feine trockene und halbtrockene Weine gewonnen, in Saumur vor allem Schaumweine, in Anjou süße, in den Coteaux du Layon edelsüße Weine. Aus Südafrika, wo sie die am häufigsten angebaute weiße Rebsorte war, kommen auch gute Chenin Blancs.

Grüner Veltliner

Diese alte Sorte ist der Stolz Österreichs. Sie bedeckt etwa ein Drittel der Landesrebfläche und bringt charaktervolle Weine mit pfeffriger Würze hervor. Früher wurden sie gern jung mit einem Schuss Wasser (Gespritzter) getrunken. Heute trifft man sie in allen Variationen an. Ihr Hauptanbaugebiet ist das Weinviertel. Berühmt sind die wuchtigen Weine aus Krems und dem Kamptal sowie die Smaragde aus der Wachau.

Chardonnay

Die noble Rebsorte aus dem Burgund hat ihren Siegeszug rund um die Welt angetreten. Von allen weißen Rebsorten verzeichnete sie in den letzten Jahrzehnten die größten Zuwächse. Dabei bringt sie ebenso feine wie gewöhnliche Weißweine hervor. Die besten Qualitäten ergibt sie auf den Kalkböden ihrer Heimat (Montrachet, Corton-Charlemagne, Meursault, Chablis). In der Champagne wird die Chardonnay zur Herstellung des Champagners verwendet. Außerhalb Frankreichs wird die Sorte vor allem in den überseeischen Ländern Kalifornien, Südafrika, Australien und Neuseeland angebaut.

Müller-Thurgau

Die am zweithäufigsten in Deutschland angebaute weiße Sorte wurde 1882 an der Weinbauschule Geisenheim von dem Schweizer Rebenforscher Hermann Müller aus der Kreuzung Riesling x Madeleine Royale gezüchtet. Sie stellt keine großen Ansprüche an die Lage, ergibt meist aber auch nur einfache, nie wirklich große Weine mit oftmals recht kräftigem Muskatton. In Österreich und Italien wird sie Riesling x Silvaner genannt.

Riesling

Eine der weltweit besten weißen Rebsorten, die in Deutschland (vor allem Mosel, Rhein, Nahe und Franken), aber auch im Elsass und in Teilen Österreichs (Wachau, Kremstal) Spitzenqualitäten ergeben kann. Da die Sorte hohe Ansprüche an die Lage stellt (sonnenzugewandte Steillagen), sind die Möglichkeiten ihres Anbaus stark begrenzt. Sie liefert aromatische Weine mit rassiger Säure, die ausgesprochen langlebig sind.

Pinot Blanc

Mutation des Pinot Gris mit hellen Beeren, die früher mit Chardonnay verwechselt wurde, jedoch eine eigenständige Sorte darstellt. In Südtirol ist sie hoch angesehen und bringt sehr gute, apfel- und birnenfruchtige Weine hervor. Auch in Norditalien wird sie sehr gepflegt. Im Elsass steht sie im Schatten der Pinot Gris. In Österreich und vor allem in Deutschland, wo sie Weißburgunder heißt, ergibt sie Spitzenqualitäten.

Sauvignon Blanc

Als eine der wenigen Weißweinsorten ist sie in der ganzen Welt verbreitet. Aus ihr werden die besten Loire-Weine (Sancerre und Pouilly-Fumé) sowie in Bordeaux (mit Sémillon verschnitten) die trockenen Graves-Weine und die edelsüßen Sauternes erzeugt. Große Qualitäten kommen auch aus Österreich, speziell aus der Steiermark. Sauvignon-Weine sind würzig und haben meist einen hohen Alkoholgehalt.

Pinot Gris

Zwittriger Abkömmling der Pinot Noir mit kupferfarbenen Beeren. Ergibt im Elsass stoffige, körperreiche Weine von höchster Qualität. In Deutschland heißt die Sorte Grauburgunder. Aus ihr entstehen kräftige, säurebetonte Weine. In Baden wird die Sorte oft als Ruländer bezeichnet und mit Restsüße ausgebaut. Die Italiener keltern sie zu einem leichten, spritzigen Weißwein, der als Pinot Grigio ein internationaler Bestseller ist. Auch in Oregon gibt es viel Pinot Gris.

Silvaner, Sylvaner

Aus Österreich stammende, heute vor allem im Elsass und in Deutschland sowie im Südtiroler Eisacktal und im Wallis (unter dem Namen Johannisberg) angebaute Sorte. Sie kann, wenn der Ertrag begrenzt wird, kräftige, dichte Weine mit viel Feinheit hervorbringen. Doch sind, gerade im Elsass und in Rheinhessen, auch viele beliebig-moderne Silvaner auf dem Markt, während man in Franken noch viele behäbige, »erdige« Silvaner findet.

Dicke Schale, weicher Kern: Auf die Beeren kommt es an!

Für die Qualität des Weins, speziell des Rotweins, kommt es auf die Beeren an. Genauer gesagt: auf die Schale, die das Fruchtfleisch umhüllt. Sie schützt nicht nur den Inhalt der Beere. In ihr sitzt auch alles, was den späteren Geschmack des Weins bestimmt. Die besten Weine kommen fast immer von Beeren mit dicker Schale. Deshalb bezeichnen sich viele Winzer als »Schalenproduzenten«.

Der frisch gepresste Saft der weißen und der roten Trauben hat die gleiche Farbe. Er ist hell und trüb. Rot färbt sich der Wein nur dann, wenn die Schalen mitvergoren werden. Deshalb spricht man bei Rotweinen von der Maischegärung. In den Schalen sitzen nämlich die Farbstoffe. Wird der Most roter Beeren ohne Schalen vergoren, entsteht Weißwein.

Die Beeren. An jeder Traube hängen zwischen 50 und 150 Beeren – je nach Sorte. Doch nicht ihre Zahl bestimmt die Qualität des Weins, sondern die Beschaffenheit der Beeren selbst. Viel Schale und wenig Saft – das ist die Erfolgsformel für hochwertige Weine. Trauben mit großen Beeren eignen sich dagegen eher zum Essen als zur Weinbereitung. Die Schale schützt das Fruchtfleisch so lange, bis die Beeren reif sind. Danach wird sie dünn und porös. Durch das dünner werdende

Gewebe kann Luft in das Innere der Beere eintreten. Die Folge: Der Saft beginnt langsam zu verdunsten. Die Beeren werden weich und schrumpeln – Zeit für die Lese.

Die Schale. In der Schale sitzen vor allem die Phenole. Das sind die Farbstoffe, das Tannin und ein großer Teil der Geschmacksstoffe. Auf der Schale befinden sich zudem Millionen von kleinen Pilzsporen, die Hefen. Sie gehen, wenn die Trauben abgepresst werden, in den Most über

Ein Querschnitt durch die Beere

Butzen: Verbindung zwischen Stiel und Fruchtfleisch

Traubenmark: der saftreichste Teil des Gewebes

Inneres Mark: Es enthält 37 % des Zuckers und 31 % der Säure

Gewebe um die Kerne: Hier sitzen 30 % des Zuckers und 52 % der Säure

Stiel: Er enthält 22 % aller Polyphenole

Schale: Sie ist mit einer Wachsschicht überzogen, dem sogenannten »Duft«

Kerne: die Samen der Beeren, in einem festen, saftarmen Gewebe eingebettet

Schale: Hier befinden sich 13 % der Polyphenole

Kerne: Sie enthalten 65 % aller Polyphenole

Äußeres Mark: Hier befinden sich 33 % des Zuckers und 17 % der Säure

und wandeln den Zucker in Alkohol um. Sie heißen deshalb auch Gärhefen. Außerdem ist die Schale von einer Wachsschicht umgeben. Dieser »Duft« sieht wie Bereifung aus, schützt die Schale jedoch vor dem Eindringen von schädlichen Pilzsporen und enthält wichtige Nährstoffe.

Das Innere der Beere. Es besteht aus dem um die Kerne liegenden Mark (Butzen) und dem äußeren Fruchtfleisch. Dort, zwischen Mark und Schalen, ist nicht nur der größte Teil des Saftes eingelagert. Es ist auch der Saft mit dem höchsten Zuckergehalt, der höchsten Säure und den meisten Spurenelementen. Wenn die Trauben in der Kelter sind, müssen sie nur schwach angepresst werden, damit dieser Saft abläuft. Vorlaufmost heißt dieser beste Teil des Saftes bei den Winzern.

Die Farbe. Der Saft der Weinbeere ist immer strohgelb bis glanzhell – auch der der roten Trauben. Die blauroten Farbpigmente sitzen ausschließlich in den Schalen. Erst beim Kontakt von Schale und Most färbt sich dieser rot. Weiße Trauben werden sofort nach Anlieferung im Keller gepresst und der ablaufende Most ohne Schalen vergoren. Der Wein behält daher die helle Farbe des Mostes. Rotweine werden dagegen mit den Schalen vergoren. Schon nach einer Stunde Schalenkontakt beginnt sich der Most rot zu färben. Am Ende der mehrtägigen Gärung sind die Schalen fast farblos. Alle Farbpigmente sind ausgelaugt.

Das Tannin ist die zweite wichtige Substanz, die sich in der Schale befindet. Tannin (oder Gerbstoff) ist eine geruchlose phenolische Verbindung, die leicht bitter schmeckt und die Zunge zusammenzieht. Es ist in jedem Wein, aber besonders konzentriert in Rotweinen enthalten. Im Vergleich zu Weißweinen besitzen Rotweine ein Vielfaches an Tannin. Man kann sogar sagen: Die Güte eines Rotweins hängt entscheidend von der Menge und der Qualität des Tannins ab. Rotwein ist mehr als nur ein rot gefärbter Weißwein.

Roséwein. Er ist keine Mischung aus Weiß- und Rotwein, sondern wird ausschließlich (oder überwiegend) aus roten Trauben hergestellt. Der Kellermeister lässt den Most nur wenige Stunden – nicht etwa Tage – auf der Maische stehen. In dieser Zeit färbt sich der Most hellrot. Danach werden die Schalen abgezogen und der Most gärt ohne Schalen weiter – wie ein Weißwein.

49

Tannin – die unsterbliche Seele des roten Weins

Tannin ist jenes Element, das den Rotwein vom Weißwein unterscheidet. Es sitzt in der Schale der Beeren und geht während der Gärung in den Wein über. Tannin ist das Rückgrat des Rotweins. Es sorgt dafür, dass der Wein aromentiefer, komplexer, manchmal auch etwas rauer wird.

granatrot

ziegelrot

Die Farbe eines Rotweins lässt Rückschlüsse auf Rebsorte, Vinifikation und Alter eines Weins zu. Über die Qualität sagt sie wenig aus.

Das Tannin. Tannin ist ein pflanzlicher Gerbstoff. Er kommt in Blättern, Baumrinden, im Holz und in vielen Früchten mit dicker Schale vor. Gerbstoff ist geruchsneutral, schmeckt aber bitter. Außerdem hat er die Eigenschaft, den Mund trocken und stumpf zu machen. Ein pelziges Gefühl stellt sich ein. Auch in Weintrauben ist Tannin enthalten, besonders viel in roten Trauben. Dieses Tannin geht während der Gärung in den Rotwein über. Es ist eines der wichtigsten qualitätsbildenden Elemente des Weins. Manche behaupten, Tannin sei der wichtigste Bestandteil des Rotweins überhaupt: Er gäbe den Weinen »Rückgrat«. Auch Weißweine enthalten übrigens Tannin. Aber dessen Menge beträgt nur ungefähr zehn Prozent der des Rotweins.

Das Schalentannin. Tannin findet man in mehreren Teilen der Weinbeere: in der Schale, in den Kernen, im Stiel. Das für die Qualität des Rotweins beste Tannin kommt aus der Schale. Sie ist das verhärtete Abschlussgewebe der Beere. Die Zellstruktur der Schale stellt, biologisch gesehen, eine Zwischenform dar: nicht mehr weiches, saftiges Fruchtfleisch, aber auch noch nicht trockenes, holziges Gewebe wie zum Beispiel die Stiele. Das Schalentannin macht ungefähr 20 bis 30 Pro-

zent des insgesamt vorhandenen Tannins aus. Durch den Alkohol, der während der Gärung entsteht, wird es aus der Schale extrahiert und geht in den Wein über.

Die Tanninreife. Die Qualität der Tannine – und damit die des Rotweins – hängt von ihrem Reifezustand ab. Die Tanninreife ist unabhängig vom Mostgewicht der Trauben. So kann es durchaus passieren, dass der Zuckergehalt der Trauben hoch ist, während die Tannine noch unreif sind. Würden die Trauben in diesem Zustand gelesen, blieben sie hart und gäben dem Wein einen unreifen, »grünen« Geschmack. Den Reifezustand der Tannine prüft der Winzer durch Probieren der Trauben. Sind die Schalen dünn und weich und krachen die Kerne unter dem Druck der Zähne, ist das Tannin reif. Sind dagegen die Schalen noch dick und die Kerne hart und grün, müssen die Trauben weiter reifen. Äußerlich erkennt man die Reife auch daran, dass die Stiele sich braun zu färben beginnen.

Die Qualität des Tannins. Das Schalentannin ist der hochwertigste Gerbstoff. Er schmeckt, wenn das Tannin reif ist, nicht bitter, sondern eher süß. Deshalb ist es so sehr erwünscht im Rotwein. Das Tannin aus den Stielen und Kernen ist dagegen eher hart und bitter. In der Regel werden die Trauben deshalb vor der Maischegärung entrappt: die Beeren von den Stielen getrennt. Die Kerne hingegen bleiben in der Maische und werden mitvergoren. Wer deren Tannin nicht im Wein haben möchte, muss die Maische später vorsichtig abpressen, damit die Kerne nicht zerdrückt werden und das harte Tannin nicht in den Wein übergeht. In tanninschwachen Jahren kann es allerdings passieren, dass der tanninreiche Presswein dem Hauptwein zugegeben wird. Manche Rotweinwinzer vergären die Trauben sogar mit den Stielen, um tanninreichere Weine zu bekommen.

Die Funktion des Tannins.
Gerbstoff ist eine reaktionsfreudige Substanz. Sie verbindet sich schnell mit anderen Inhaltsstoffen des Weins. Konkret heißt das: Tannin bindet auch Duft- und Geschmacksstoffe, die sich sonst leicht verflüchtigen würden. Deshalb sprechen Winzer auch davon, dass das Tannin den Rotwein zusammenhält. Vor allem bindet es Sauerstoff. Tannin hat somit eine Schutzwirkung für den Wein, durchaus vergleichbar mit dem Schwefel. Tanninreiche Weine sind daher besser gegen Alterung geschützt als tanninarme Weine.

Polyphenole.
Tannin ist, chemisch gesprochen, eine phenolische Verbindung. Zu den Polyphenolen zählen auch die Farbstoffe. Sie sind für die dunkle Farbe des Rotweins ver-

antwortlich. Die Farbstoffe sitzen, wie das Tannin, in der Schale der Beeren und werden während der Gärung extrahiert. Allerdings enthalten nicht alle roten Trauben gleich viel Farbstoffe und gleich viel Tannin. Die Pinot-Noir-Traube (Spätburgunder) ist relativ farb- und tanninarm. Die Nebbiolo-Traube, aus der Barolo und Barbaresco gewonnen werden, ist zwar tanninreich, aber farbarm. Cabernet Sauvignon, Merlot, Syrah sowie die spanischen Garnacha- und Tempranillo-Trauben wiederum besitzen eine dicke Schale mit einem hohen Anteil an Polyphenolen. Bordeaux- und Riojaweine sind darum meist dunkelrubinrot, sehr tanninreich und lagerungsfähig.

Das Holztannin.
Rotweine reifen meist in Holzfässern. Auch sie geben Tannin an den Wein ab: große, alte Holzfässer weniger Tannin, neue, kleine Holzfässer, sogenannte Barriques, mehr Tannin. Genau gesagt: Bis zu 20 Prozent des Tannins eines Rotweins kommt aus dem Holz des Fasses. Diese Tanninzufuhr von außen ist erwünscht. Denn das Holztannin verbindet sich mit dem Schalentannin zu höhermolekularen Verbindungen: Sie bewirken, dass das Schalentannin seine Härte und Pelzigkeit verliert und weicher wird. Allerdings ist das Holztannin nicht geschmacksneutral. Es gibt dem Wein einen süßen, vanilligen Geschmack, der eigentlich nicht gewollt ist. Im ungünstigsten Fall überlagert das Holztannin den Eigengeschmack.

purpurrot

rubinrot

schwarzrot

Vollreife, Überreife oder Edelfäule – das ist die Frage für alle Weißweinwinzer

Die Festlegung des Lesezeitpunkts ist die wichtigste Entscheidung im Jahr eines Winzers. Wann die Trauben geerntet werden, hängt nämlich nicht nur vom Klima ab, sondern von der Definition der Traubenreife. Soll gelesen werden, wenn die Trauben genügend Zucker gebildet haben? Oder ist es besser, auf die Geschmacksreife zu warten?

glanzhell

strohgelb

Je dunkler das Gelb eines Weins, desto reifer waren die Trauben. Auch mit zunehmendem Alter des Weins wird die Farbe tiefer.

Reifezeitpunkt. September und Oktober sind die wichtigsten Monate für den Winzer. Holz und Blätter der Rebe sind ausgewachsen, die Pflanze kann ihre ganze Kraft in die Trauben stecken. Wann die Trauben reif sind, hängt vom Zuckergehalt ab – und damit von der Wärme und von der Lichtmenge in den Wochen vor der Lese. Aber es kommt nicht nur auf den Zucker an. Viel wichtiger ist die phenolische Reife: die Reife der geschmacksbildenden Substanzen. Bei Rotweinen ist das vor allem das Tannin (Gerbstoff), bei Weißweinen sind es Hunderte von Flavonoiden und Estern. Sie geben dem Wein Harmonie, sie sorgen für das Aroma. Nur durch Probieren der Trauben kann der Winzer feststellen, ob diese reif sind.

Vollreife. Normalerweise werden die Trauben gelesen, wenn sie vollreif sind. Vollreife ist, wenn Zucker und Säure in den Beeren im Gleichgewicht sind und sich möglichst viel reife, weiche Weinsäure im Saft befindet. Durch Probieren einzelner Beeren aus verschiedenen Teilen seines Weinbergs stellt der Winzer fest, ob dieser Zustand schon erreicht ist oder er noch warten muss. Äußerlich ist die Vollreife auch zu fühlen: Die Schalen der Beeren werden immer weicher. Auch mit dem

bloßen Auge ist die Vollreife zu erkennen: Die Grüntöne verschwinden, die Farbe der Schale tendiert ins Gelbliche. Diese Farbe wird später auch der Wein annehmen, obwohl Weißweine ohne Schalen vergoren werden. Die Farbstoffe gehen nämlich schon während des Reifeprozesses am Rebstock in den Saft über. Ein Wein hat deshalb eine strohgelbe oder zitronengelbe Farbe, je nach dem Grad der Vollreife der Trauben. Trauben, die vor der Vollreife gelesen werden, ergeben sogar einen glanzhellen Wein.

Überreife. Manche Winzer lassen jedoch einen Teil der Trauben auch nach der Vollreife weiter am Rebstock hängen. Zwar verlangsamt sich dann die Zuckerproduktion der Trauben (oder sie stagniert gar). Da aber das Wasser in den Beeren durch die immer dünner werdenden Schalen noch schneller verdunstet, nimmt die Zuckerkonzentration in Wirklichkeit zu. Auf diese Weise entstehen überreife Trauben. Die Mostausbeute ist zwar nach dem Pressen geringer als bei vollreifen Trauben, aber dieser Most ist konzentriert. So entstehen hochwertige Spätlesen und Auslesen. Auch die Farbe der Beeren und des späteren Weins ändert sich: Sie tendiert deutlich ins Goldgelbe.

Edelfäule. Mancher Winzer lässt die Trauben sogar noch länger hängen. Dann beginnen diese zu schrumpeln. Kommt zu dem mild-warmen Herbstklima noch Feuchtigkeit dazu (etwa durch Frühnebel), werden die Trauben von einem Pilz befallen, der lateinisch *Botrytis cinerea* heißt. Dieser Pilz löst eine Trockenfäule aus, die bei den Winzern hochwillkommen ist. Denn es ist eine edle Fäule, die die Voraussetzungen für edelsüße Weine wie Beeren- und Trockenbeerenauslesen schafft. Die Sporen des Pilzes durchdringen nämlich die Schalen und perforieren sie wie ein Haarsieb: Der Saft in den Beeren verdunstet noch schneller. Die Beeren schrumpeln zu Rosinen. Die Konzentration steigt weiter an – sowohl die der Säure als auch die des Zuckers, wobei Glukose stärker abgebaut und gleichzeitig mehr süßere Fruktose gebildet wird. Der spätere Wein ist von beinahe öliger Konsistenz und zeigt einen mehr oder minder ausgeprägten, bitter-süßen Botrytis-Ton. Außerdem entstehen durch die höhere Reife Flavonoide wie das Resveratrol und Catechine oder Flavonole wie das Quercetin – gesundheitlich wertvolle Inhaltsstoffe. Altgolden leuchten solche Beeren- und Trockenbeerenauslesen dann, ähnlich wie alte, lang gelagerte Weißweine.

Regen. Ob es überreife oder edelfaule Trauben gibt, hängt natürlich vom Wetter ab. Ist der Herbst kühl und regnerisch, bleibt die erhoffte Reife aus. Vor allem Regen schadet. Die Trauben saugen sich voll mit Wasser, werden prall – und platzen. Die auf der Beerenhaut befindlichen Hefen wandeln den Zucker spontan in Wein um, der seinerseits sofort zu Essig wird. Trauben mit einen Essigstich müssen aussortiert werden.

Größer noch ist die Gefahr, dass die Beeren faulen. Diese Fäule ist aber nicht von der edlen, trockenen Art. Im Gegenteil: Es entsteht eine Nassfäule, die angesichts der nur noch dünnen Haut, die das Fruchtfleisch umspannt, im schlimmsten Fall die Beeren richtiggehend auswäscht. Folge: Totalverlust der Ernte.

Risiko. Natürlich muss der Winzer erst einmal die Entscheidung treffen, die Trauben über die Vollreife hinaus am Stock zu belassen. Wer dieses Risiko scheut, hat keine Chance, höhere Qualitätsstufen, gar edelsüße Weine zu bekommen. In manchen Jahren haben Winzer sogar Schwierigkeiten, vollreife Trauben zu ernten. Wer keine Toplagen besitzt, wird in solchen Jahren nur bescheidene Qualitäten erhalten. Und wer zu viel Trauben hängen gelassen hat, wird seine Trauben in kühleren Jahren ebenfalls nicht zur Vollreife bringen.

Frühe Reife. In den meisten Weinanbaugebieten der Welt beklagen sich die Winzer jedoch nicht über mangelnde Reife. Vor allem auf der südlichen Erdhalbkugel haben sie eher das gegenteilige Problem: eine zu frühe Zuckerreife der Trauben. Diese Winzer stehen vor der Entscheidung, die Trauben zu ernten, um die (noch unreife) Säure zu erhalten. Oder sie hängen zu lassen, um auch die Säure noch reif zu kriegen – mit der Konsequenz, dass die Weine später alkoholisch werden, weil in den Trauben ja weiter Zucker gebildet wird, die Öchsle-Werte also steigen. Oft wählen sie die erste Option. Sie fürchten, dass sich die Säure zu stark absenkt. Heraus kommen Weine, die einerseits frisch und knackig sind, andererseits von unreifer Säure durchzogen werden.

zitronengelb

goldgelb

altgolden

Der Weinberg

Die Mutter der Qualität: der Weinberg
und wie darin gearbeitet wird

Der Untergrund des Weins

Der Boden besitzt eine große Bedeutung für den Wein. Er sorgt für die richtige Ernährung der Rebe und regelt teilweise auch den Stoffwechsel. Von ihm hängt die Vitalität der Pflanze ab. Die Vitalität beeinflusst wiederum maßgeblich die Qualität der Trauben. Wenn die Rebe auch grundsätzlich auf nahezu allen Böden gedeiht, so ergibt sie doch nur auf wenigen gute Weine.

Fette Böden, schlechte Weine.
Auf schwerem, feuchtem Untergrund bringt die Rebe Massenerträge. Der Wein wird flach, es mangelt ihm an Charakter. Auf humushaltigen, stickstoffreichen Böden steckt die Rebe einen großen Teil ihrer Energie in das Holz und in das Blattwerk statt in die Frucht. Dem Wein fehlt es an Tiefe und Gehalt. Alle bedeutenden Weine wachsen darum auf trockenen Böden mit mäßigem bis geringem Nährstoffangebot. Weder Kartoffeln noch Getreide oder Obstbäume würden dort wachsen.

Felsige und sandige Böden. Mal sind diese Böden grobsteinig, mal feinsandig. Mal bestehen sie aus blauem Schiefer, mal aus rotem Porphyr. Anderswo können sie auch aus durchlässigen Kreideböden oder aus hartem Sandstein bestehen. Entscheidend ist: Die Böden sind

Kiesschicht, mit Sand durchmischt

Sand

Sandschicht, mit Kies durchmischt (alle Schwemmlandböden der Gironde)

mineralhaltige Sandschicht, Wasser speichernd

Pauillac (Bordeaux): Das linke Ufer der Gironde besteht aus mehreren Metern dicken Kies- und Sandschichten.

Lössboden, mit Kies durchmischt

Belemnitkreide, vor 64 Millionen Jahren durch Ablagerung von Algen entstanden

Einlagerung von Braunkohle

Reims (Champagne): Die Kreide gibt dem Champagner seinen unvergleichlichen Geschmack.

Humusschicht, mit Sand
durchmischt

kalkhaltiger Sandstein
(Galestro), teils felsig,
teils feinsteinig

grauer, tonhaltiger Mergel

älterer Galestro
marinen Ursprungs

kalkhaltiger Lehm

Galestro

*Chianti Classico (Toskana): Galestro und Alberese sind der beste
Untergrund für die tanninreichen Sangiovese-Weine.*

Humus, vermischt
mit kleinschotterigem
Verwitterungsgestein

grobsteiniger, teilweise
felsiger Quarzit aus
dem Taunus-Gebirge

*Rüdesheim (Rheingau): Urgestein mit Schiefer und sandigem
Lehm geben kristallinklare Weißweine.*

trocken – dann muss sich die Rebe das Wasser in tieferen Bodenschichten suchen. In dieser Mangelsituation steckt sie ihre ganze Kraft zuerst in die Trauben, nicht in das Holz oder in das Blattwerk. Dabei ist die physikalische Beschaffenheit des Bodens (Partikelgröße, Steingehalt) oft wichtiger als die chemische Struktur (mineralische Zusammensetzung). Denn der Boden prägt nicht den Geschmack (z. B. die Frucht), sondern den Charakter des Weins (körperreich oder leicht, feingliedrig oder plump).

Boden oder Klima? Anfang der 80er-Jahre gab es einen erbitterten Streit zwischen kalifornischen Weinmachern und Wissenschaftlern der Universität Bordeaux über die Rolle, die der Boden für die Qualität des Weins spielt. Die Amerikaner waren überzeugt, dass dem Klima die entscheidende Bedeutung für die Qualität zukomme. Beide hatten recht, aber jeder nur für sein eigenes Anbaugebiet: Innerhalb von Bordeaux sind die klimatischen Schwankungen relativ gering, die Bodenunterschiede hingegen groß. In Kalifornien herrschen dagegen gewaltige Temperaturunterschiede zwischen dem heißen Central Valley und den Küstenregionen. Die Bodenunterschiede fallen dort nicht so stark ins Gewicht. Da der Stoffwechsel der Rebe sowohl über die Wurzeln als auch über die Blätter gesteuert wird, sind Temperatur und Licht (also Klima) ebenso wichtig für die Bildung von Zucker wie die Nahrung aus dem Boden. Inzwischen hat sich das Qualitätsempfinden der Amerikaner verfeinert. Allein im Napa Valley wurden 33 Bodentypen festgestellt. Sie herauszuarbeiten ist der hohe Ehrgeiz der Weinmacher.

Die »Architektur« des Weinbergs

Weinbauern haben bei der Wahl ihrer Weinberge von jeher die natürliche Gestalt der Landschaft ausgenutzt. Der Luftdurchzug und die Drainage müssen ebenso stimmen wie die Ausrichtung zur Sonne. Außerdem muss ein Weinberg rationell zu bewirtschaften sein. Sonst steigen die Arbeitskosten. Erst das Zusammenspiel aller Faktoren macht, dass ein Weinberg »eine gute Lage« ist.

Reben im Weitstand: Vor fünfzig Jahren, als die Qualität des Weins noch keine so große Rolle spielte wie heute, wurden die Reben im Weitstand gepflanzt. Wichtig war, dass die Gassen breit genug waren, um mit dem Traktor hindurchzufahren.

Wärme ausnutzen. In den kühlen und moderat warmen Weinanbaugebieten Europas stehen die Weinberge meist am Hang. Am besten in Südwestausrichtung: Dort haben die Reben am längsten Sonne. Durch die Hangneigung wird die Sonnenkraft optimal ausgenutzt – ähnlich wie bei Sonnenkollektoren auf dem Dach. »Bacchus amat colles« hieß es schon im alten Rom. Zu Deutsch: Bacchus liebt die Hügel. In den warmen Anbaugebieten Südeuropas und in Übersee ist die Sonnenausrichtung nicht so wichtig. Die Trauben werden auch so reif. Deshalb findet man Weinbau dort oft in Flachlagen. Sie sind kostengünstiger, weil leichter mit Maschinen zu bewirtschaften.

Hang- und Flachlagen. Weinberge mit bis zu 30 Prozent Neigung gelten in Deutschland als Hanglagen. Darüber hinaus spricht man von Steillagen. In Österreich beginnen die Steillagen bereits bei 27 Prozent Neigung. Als Flachlage gilt dagegen alles, was einen Neigungswinkel von unter 16 Prozent aufweist. Andere Länder definieren ihre guten Lagen

Reben im Dichtstand: Die enge Bestockung fördert die Nahrungskonkurrenz der Reben.

Enge Bestockung. Um die Qualität des Weins zu garantieren, ist es nötig, den Ertrag durch entsprechenden Beschnitt der Rebe im Winter zu reduzieren. Allerdings reicht der Winterschnitt oft nicht aus, um den Ertrag auf das gewünschte Niveau zu drücken. Deshalb werden im Sommer oftmals noch überzählige Trauben von Hand entfernt (Grünlese). Nach Erkenntnissen der modernen Weinbaukunde steigt die Qualität eines Weins (vor allem eines Rotweins) nämlich nicht mit sinkenden Hektar-erträgen, sondern mit sinkender Traubenzahl pro Rebstock. Aufgrund der größeren Nahrungskonkurrenz wird er gezwungen, darum zu kämpfen, die wenigen Trauben, die an ihm hängen, reif zu bekommen. Um ohne Grünlese auf diesen Wert zu kommen, werden moderne Weinberge heute im Dichtstand angelegt. Statt 2500 Stöcke werden 6000 oder gar 10 000 Stöcke pro Hektar gepflanzt. Durch die größere Nahrungskonkurrenz der Reben untereinander ist der Behang entsprechend geringer.

nicht über die Hangneigung, sondern über die Bodenzusammensetzung, also über das Terroir. Gute Weinbergsböden sollten trocken und mineralisch sein. Granit, Urgestein, Schiefer, Kalk, Porphyr oder andere eisen- und mineralhaltige Böden eignen sich gut für den Weinbau – egal ob sie als Sand, Lehm oder Verwitterungsgestein auftreten.

Moderne Weinbergsarchitektur.

In den meisten Hanglagen laufen die Rebzeilen vertikal zum Hang: also von oben nach unten. Dadurch ist es möglich, sie mit Traktoren oder Raupenfahrzeugen zu bearbeiten, in Steillagen mit Seilzügen. Der Nachteil ist, dass es durch Wind und Starkregen zu Erosionen kommen kann: Wertvoller Weinbergsboden wird zu Tal geschwemmt oder verweht. Früher waren viele Hänge aus diesem Grunde terrassiert. Dadurch war es möglich, Reben quer zum Hang zu pflanzen. Die Quer-Terrassierung ist ökologisch verträglicher (Trockenmauern festigen den Hang und bilden ein Habitat für viele Kleinlebewesen). Durch die Flurbereinigung sind allerdings die meisten Terrassen verschwunden. Der Erhaltungsaufwand ist vielen Winzern zu hoch.

Vorteil Dichtstand: viele Reben, wenig Trauben

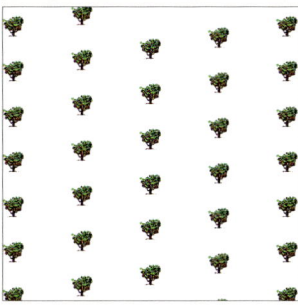

1100 Reben pro Hektar

Viele spanische Weinberge sind noch im traditionellen Weitstand angelegt. Der Abstand von Rebe zu Rebe beträgt 2,5 Meter, die Breite des Zwischenraums zwischen den Rebzeilen 3,5 Meter. Das bedeutet: wenige Reben pro Hektar Land, aber jede Rebe trägt viele Trauben. Das mag gut für Tafel- und Landweine sein, Spitzenweine werden dagegen kaum aus solchen Weinbergen im Weitstand kommen.

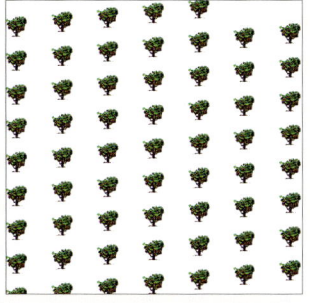

3500 Reben pro Hektar

Die Weinberge in zahlreichen Qualitätswein-Anbaugebieten der Welt sind so angelegt, dass sie mit herkömmlichen Maschinen bearbeitbar sind. Die Anzahl der Rebstöcke schwankt zwischen 2300 und 3500. Das heißt: Die Reben stehen in einem Abstand von 1,5 Meter, die Wegbreite beträgt 1,9 Meter. In solchen Weinbergen werden gute bis sehr gute Weine erzeugt.

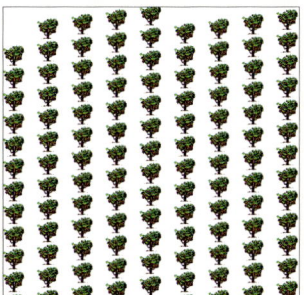

10 000 Reben pro Hektar

Typischer Dichtstand-Weinberg: Der Abstand der Reben voneinander beträgt nur 1 Meter, die Breite der Wege zwischen den Zeilen ebenfalls nur 1 Meter. Der Dichtstand zwingt die Reben, tief zu wurzeln und ihre Trauben dicht am Stamm zu bilden, damit die Transportwege für die Nahrung kurz bleiben. Für die Bearbeitung solcher Weinberge werden schmalspurige, hochrädrige Traktoren (»enjambeurs«) benutzt.

Wenig Trauben, aber hohe Mostgewichte

Wie gut ein Wein ist, hängt in erster Linie von der Lage und vom Jahrgang ab. Aber auch der Mensch spielt eine große Rolle. Er muss schon im Winter dafür sorgen, dass im Herbst nicht zu viele Trauben an der Rebe hängen. Sonst schmeckt der Wein später dünn und unreif. Deshalb beschneidet er die Rebe so, dass sie im Frühjahr nur wenige Triebe bilden kann. Und zur Erntezeit trägt jeder Trieb nur eine Traube oder zwei. Der Rebschnitt ist darum das A und O der Qualitätsweinproduktion.

Menge-Güte-Relation. Es gibt nur wenige Gesetze im Weinbau, die überall auf der Welt gelten. Die Menge-Güte-Relation gehört dazu. Sie besagt: Wer guten Wein produzie- ren will, muss dafür sorgen, dass die Rebe wenig Trauben trägt. Dies geschieht, indem er sie beschneidet. Das alte Triebholz, an dem die Trau- ben gehangen haben, wird mit der Rebschere abgeschnitten und ent- fernt. Nur der Stamm bleibt stehen sowie ein oder zwei seitliche Reb- arme. Aus deren Knospen (in der Weinfachsprache »Augen« genannt)

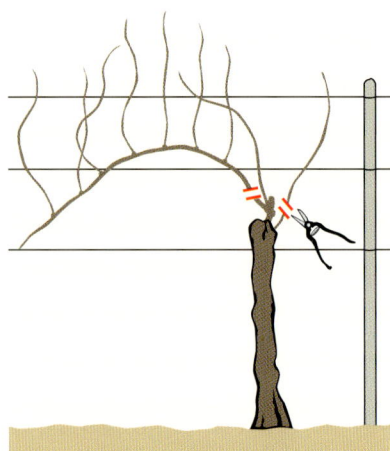

Guyot-Erziehung I: der Winterschnitt

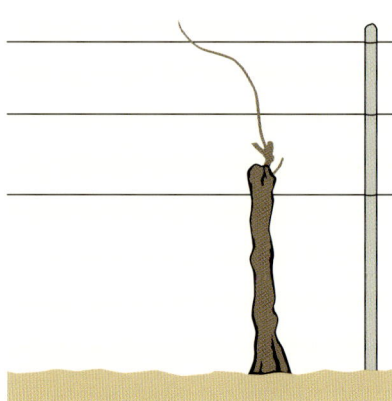

Guyot-Erziehung II: die Rebe im Winter

Guyot-Erziehung III: eine Traube pro Trieb

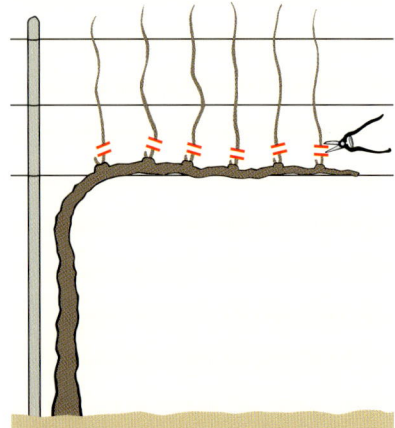

Cordon-Erziehung I: der Winterschnitt

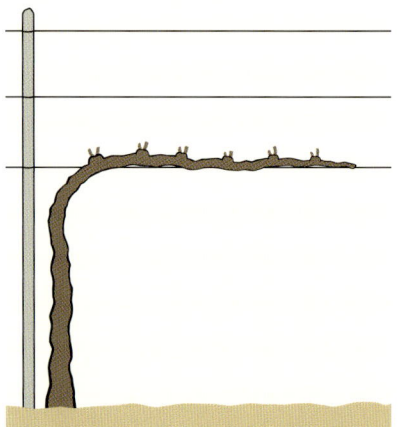

Cordon-Erziehung II: die Rebe im Winter

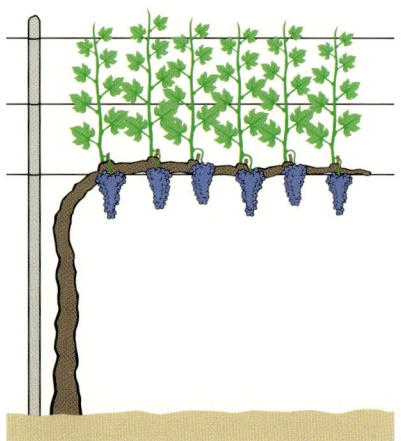

Cordon-Erziehung III: eine Traube pro Trieb

entstehen dann im Frühjahr die neuen Triebe. Der Wirkungsmechanismus des Beschnitts ist einfach: Statt viele Triebe mit Nährstoffen zu versehen, kann die Rebe ihre ganze Kraft in wenige Triebe, später in wenige Trauben stecken. Das Resultat: Die Mostgewichte sind höher. Die Weinsäure (bei den Weißweinen) und die Gerbstoffe (in den Schalen roter Trauben) sind reifer. Der einzige Nachteil ist, dass die Winzer im Herbst weniger ernten. Die Quantität leidet, aber die bessere Qualität ermöglicht es, höhere Preise zu erzielen. So können Mengeneinbußen wettgemacht werden.

Kalter Job. Der Rebschnitt findet meist im Januar und Februar statt, wenn die Rebe »schläft«. Einige Winzer beginnen aber auch schon im Dezember mit dem Beschneiden der Reben. Es ist eine anstrengende Arbeit, weil sie in gebückter Stellung verrichtet wird. Außerdem ist es zu dieser Jahreszeit oft sehr kalt. Die Weinbergsarbeiter tragen dicke, wattierte Jacken und warme Handschuhe. Früher benutzten sie ein Rebmesser, um die Triebe von der Rebe zu trennen, heute haben sie oft pneumatische Scheren. Bei bestimmten Rebenerziehungssystemen erfolgt der Rebschnitt auch mit Spezialtraktoren, die das alte Holz automatisch abschneiden. Die abgeschnittenen Triebe werden entweder gleich im Weinberg verbrannt oder gebündelt und als Feuerholz für Kamin oder Küche verwendet. Umwelt- und qualitätsbewusste Weingüter häckseln das Holz und silieren es danach, um es im Frühjahr als organischen Dünger auszubringen. Auf diese Weise werden die weinbergseigenen Hefe- und Bakterienkulturen erhalten.

Erziehungssysteme. Die Art des Rebschnitts richtet sich nach dem Rebenerziehungssystem. Das heißt: wie die Reben am Draht ranken. Jede Region hat diesbezüglich ihre Präferenzen. Die weltweit am stärksten verbreiteten Rebenerziehungssysteme sind Guyot und Cordon. Bei beiden ranken die Reben an Drähten. Beim Guyot-System, das es in zahlreichen Varianten gibt, bleibt im Winter nur ein einziger alter Trieb stehen (eventuell ein zweiter als »Reserve«). Er wird gekürzt (in der Fachsprache: angeschnitten) und horizontal (oder halbbogenförmig) auf den Draht gebunden. Aus den Augen dieses alten Triebs, der jetzt Fruchtrute heißt, entwickeln sich später die neuen Triebe – je nach Anschnitt acht, zehn oder zwölf. Jeder Trieb bringt in der Regel zwei, manchmal sogar vier Trauben hervor. Wer Menge produzieren will, lässt die sich im Juni bildenden Gescheine stehen. Wer auf Qualität setzt, bricht sie im Juli oder August von Hand heraus. Grünschnitt heißt diese Maßnahme. Die Guyot-Erziehung findet man zum Beispiel in Bordeaux und – in modifizierter Form – in Deutschland. Das Cordon-Erziehungssystem, das in den Mittelmeerländern und in Übersee weit verbreitet ist, besteht dagegen aus einem festen Rebarm mit acht bis 15 Zapfen, die jeweils mehrere Triebe bilden würden, wenn sie nicht beschnitten werden. Auf diese Weise können auch beim Cordon die Erträge reduziert werden.

Grünlese

Die Menge der Trauben, die ein Rebstock im Herbst trägt, hängt nicht nur vom winterlichen Rebschnitt ab. Durch Spätfröste im April und Mai können junge Triebe erfrieren. Regen während der Blütezeit erschwert die Bestäubung, sodass am Ende nur wenige Blüten befruchtet und nur kleinere Trauben gebildet werden. Im Sommer können schließlich Hagelschlag und Trockenheit die Erntemenge dezimieren. Doch wenn alles regulär verläuft, legen qualitätsbewusste Winzer ihre Hände nicht etwa in den Schoß und warten, bis die Lese kommt.

Für den Fall, dass sie sicherheitshalber zwei Fruchtruten stehen gelassen haben, entfernen sie nach Ende der Frostgefahr eine und halbieren so die potenzielle Erntemenge. Andere gehen Ende Juli oder Anfang August noch einmal durch die Rebzeilen und dünnen die Trauben aus: Sie brechen jede zweite der noch grünen Trauben, die an einem Trieb hängen, heraus. Grünlese heißt diese Maßnahme. Sie ist unverzichtbar, um hochklassige Weine zu bekommen. Allerdings reden mehr Winzer von Grünlese, als sie sie dann tatsächlich praktizieren.

Grünlese: Im Juli und August wird ein Teil der noch grünen Trauben (oft mit Blättern) herausgebrochen.

Vollzeitpflege für die Rebe

Der Winzer lebt mit der Natur wie kaum ein anderer Beruf. Von den zwölf Monaten, die ein Jahr zählt, braucht die Rebe mindestens zehn Monate intensive Pflege und Beobachtung. Selbst im Winter, wenn die Rebe »schläft«, muss der Winzer in die Kälte hinaus und die alten, verholzten Triebe entfernen. Daneben wartet die Arbeit im Keller auf ihn. Auch der Wein braucht ständige Pflege.

Vegetationszyklus: Im Frühjahr treiben die Reben aus. Schon nach vier Wochen sind die ersten Blätter voll entwickelt. Nach weiteren 60 Tagen beginnt die Blüte.

Reifezyklus: Der Reifezyklus beginnt im Sommer mit dem langsamen Gelbwerden der Weißweintrauben und der Färbung der Rotweintrauben.

Frühling

Ab März, in Südeuropa teilweise schon ab Ende Februar, fließt wieder Saft in den Reben. Die ersten Knospen brechen auf. Die Arbeit im Weinberg beginnt. Im April und Mai hat der Winzer viel zu tun. Und im Keller ruht die Arbeit nie.

- Durchpflügen der Rebzeilen
- Aufbinden der neuen Triebe
- Düngung des Bodens und erste Schädlingsbekämpfung (wenn nötig)
- Abfüllen der jungen Weißweine
- Umziehen und Auffüllen der Fässer für die Rotweine

Sommer

Der Sommer ist eine ruhige Zeit für den Winzer. Ende Mai / Anfang Juni blühen die Reben. Erste Mini-Beeren entwickeln sich. Im Juli werden die Triebspitzen gekappt und überzählige Trauben herausgebrochen. Im August gehen die meisten Winzer in Urlaub.

- Herausbrechen überzähliger Gescheine
- Toppen der Triebspitzen
- Schädlingsbekämpfung (wenn nötig)
- Mähen und Mulchen zwischen den Rebzeilen
- Abfüllen der ersten Rotweine und der letzten Weißweine
- Grünlese

Die Natur bestimmt den Rhythmus des Weinjahres. Nach ihr muss sich der Winzer richten. Allerdings ist die Natur nicht immer leicht berechenbar. Mal hat sie es eilig und lässt die Reben früh austreiben oder früh blühen. Mal lässt sie sich Zeit – mit der Folge, dass sich der gesamte Vegetations- und Reifezyklus nach hinten verschiebt. Ein ganzes Jahr im Voraus zu planen ist für einen Winzer nur schwer möglich. Jedes Jahr hat seinen eigenen Verlauf. Kein Jahr gleicht dem anderen. Permanente Beobachtung des Wachstumsverlaufs, des Wetters und Intuition sind unerlässlich. Altgediente Winzer mit der Erfahrung von 30 oder 40 Lesen bekennen am Ende, dass jede Lese anders war. Der wahre Chef ist und bleibt die Natur.

Herbst

Der Herbst ist die arbeitsreichste Zeit des Winzers. Die Lese beginnt je nach Region und Rebsorte im September, und sie kann sich bis in den November hinziehen.

- Abfüllen des letzten Weins, Reinigen der Holzfässer, Säubern der Stahltanks
- Vorbereitung der Lese: Geräte reinigen, Lesemannschaft zusammenstellen, permanente Kontrolle des Reifezustands der Trauben
- Lese: Kontrolle und Verarbeitung des Leseguts, täglich Wettermeldungen abhören

Lesezeit: Wenn die Haut der Beeren dünn wird, die Stiele der Trauben langsam verholzen und das Laub sich zu färben beginnt, ist der Zeitpunkt der Lese gekommen.

Winter

Im Winter ruht die Rebe, aber nicht der Winzer. Bis die Gärung des Weins beendet ist, muss er täglich im Keller stehen, umpumpen, pressen und Analysen machen. November und Dezember sind die Monate, in denen die Weine des Vorjahres (oder Vorvorjahres) präsentiert und verkauft werden müssen. Erst im Januar kehrt Ruhe ein. Doch spätestens im Februar muss der Winzer wieder hinaus in den Weinberg.

- Zusammenstellung erster Cuvées
- Umziehen des Jungweins in Fässer
- Schönung des Vorjahres-Rotweins
- Erster Rebschnitt im November
- Ende des Rebschnitts im Februar

Winterruhe: Wenn die Blätter abgefallen sind und die Temperaturen sich dem Gefrierpunkt nähern, sinkt die Rebe in den Winterschlaf.

Der Höhepunkt im Jahr eines Winzers: die Weinlese

Die Ernte der Weintrauben wird Lese genannt. Im warmen Südeuropa beginnt sie bereits im August, in den mitteleuropäischen Anbaugebieten kann sie sich bis in den November hinein erstrecken. In Argentinien, Chile, Südafrika, Australien und Neuseeland wird dagegen von Ende Januar bis in den April hinein gelesen. Dann ist Herbst auf der südlichen Erdhalbkugel.

Traditionelle Handlese im Burgund: Die Trauben können schon am Stock verlesen werden. Die unreifen Trauben bleiben hängen.

Zeitpunkt der Lese. Der genaue Zeitpunkt der Lese hängt davon ab, wann die Trauben reif sind. Er variiert zunächst einmal von Sorte zu Sorte. Bei früh reifenden Sorten tritt er eher ein als bei spät reifenden Sorten. Entscheidender noch aber hängt der Zeitpunkt der Lese von der Witterung ab. So kann sich bei ungünstiger Witterung die Vollreife erst 14 Tage später einstellen, manchmal auch gar nicht. Bei weißen Sorten wartet man in den warmen Regionen die Vollreife gar nicht ab, weil die Trauben zu viel Säure verlieren würden.

Was ist Vollreife? Wärme und Licht führen zu einer ständig steigenden Ansammlung von Zucker in den Beeren. Nachts wird ein Teil dieses Zuckers von der Rebe wieder abgebaut. Dieser Verlust muss tagsüber ausgeglichen werden. Wenn die tägliche Neuproduktion an Zucker geringer ist als die nächtlichen Verluste, spricht man von Vollreife. Bei roten Trauben kommt es aber weniger auf den Zucker als darauf an, dass die Schalen der Beeren dünn sind und die Stiele verholzen: eindeutige Indizien dafür, dass das Tannin reif ist. Man spricht von physiologischer Reife.

Die Handlese. Traditionell wird von Hand gelesen. Die reifen Trauben werden mit einer Rebschere vom Stiel geschnitten, in Körben (oder Bütten) gesammelt und schnellstmöglich zum Keller gebracht. Dort werden sie gekeltert. Handlese ist kostspielig, ermöglicht aber ein genaues Verlesen der Trauben am Stock.

Die Maschinenlese. Die Alternative heißt Maschinenlese. Sie ist schneller und billiger: Pro Hektar werden etwa 300 Arbeitsstunden gespart. Der Nachteil ist, dass die Lesemaschine unterschiedslos alle Trauben erntet: die vollreifen und die unreifen, die gesunden und die faulen (allerdings können die Trauben vor der Kelterung auf dem Leseband von Hand sortiert werden). Außerdem lassen sich Lesemaschinen nur in flachem oder hängigem Gelände einsetzen. Dabei fährt der Vollernter – so heißt die Lesemaschine – auf hohen Rädern über die Rebzeilen. Rotierende Nylontaue, die an senkrechten Walzen befestigt sind, schlagen in einem genau festgelegten Rhythmus gegen die Rebpflanze. Die Trauben fallen ab und werden aufgefangen.

Organisation der Lese. Nicht nur durch schlechte Witterung, sondern auch durch schlechte Organisation leidet die Qualität des Weins. Wichtig ist, dass die Trauben schnell in den Keller kommen und nicht stundenlang in der Sonne auf den Abtransport warten. Es besteht sonst die Gefahr, dass der Saft vor dem Pressen zu gären beginnt. Qualitätsorientierte Winzer lassen deshalb in kleinen Körben lesen, damit die Trauben durch ihr Eigengewicht nicht zerdrückt werden und der Saft ausläuft. Außerdem lesen sie nicht zur heißesten Tageszeit, denn Hitze fördert die spontane Gärung. In Kalifornien und Australien wird sogar nachts unter Flutlicht gelesen, damit die Trauben kühl vergoren werden können.

Das Verlesen. Die wichtigste Qualitätsmaßnahme ist das Verlesen der Trauben. Es dürfen nur gesunde und reife Trauben geschnitten werden, faule Trauben werden vorher ausgesondert. Unreife Trauben kann der Winzer in der Hoffnung hängen lassen, dass sie nachreifen. Die Lesehelfer müssen dann mehrmals durch den Weinberg laufen. Gestaffelte Lese lautet der Fachausdruck.

Mit der Rebschere werden die Trauben vom Stiel geschnitten.

Das Leseband: Faule oder unreife Trauben werden von Hand ausgelesen.

Der Reifegrad der Trauben

Vollreife Trauben: Die Beeren haben ein Maximum an Zucker gebildet. Die Weine, die aus ihnen gekeltert werden (in Deutschland QbA, Kabinett, Spätlesen), gären durch, wenn der Winzer nicht eingreift.

Edelfaule Trauben: Trauben mit rosinenartigen Beeren, die schon so trocken sind, dass nur noch wenig Most abfließt, wenn man sie mit der Hand ausdrückt. Aus ihnen werden edelsüße Beerenauslesen gewonnen.

Trockenbeeren: Um an ihren Saft zu kommen, ist ein Druck von 4 bar nötig. Sie werden einzeln aus der Traube gezupft oder mit der Rebschere herausgeschnitten und ergeben den höchstmöglich konzentrierten Most.

Zurück zur Natur: Bio-Wein boomt

Immer mehr Menschen greifen zu Weinen, die ein Bio-Siegel tragen. Dabei gibt es streng genommen nur »Wein aus ökologisch angebauten Trauben«. Was im Keller passiert, regelt kein Gesetz. Bio-Wein ist daher weder gesünder noch schmeckt er besser als vergleichbare Weine aus konventionellem Anbau. Trotzdem wiegt das Argument eines naturschonenden Weinbaus schwer.

Die Biodiversität im Weinberg zu fördern ist eine Grundvoraussetzung des ökologischen Weinbaus. An jedem Gräslein, das zwischen den Rebzeilen wächst, hängen Hunderte von Klein- und Kleinstlebewesen.

Er muss die Schädlinge »vernichten«. Diese Art von Pflanzenschutz ist nicht nur teuer. Sie ist auch nicht sehr nachhaltig. Denn mit jeder Intervention wird die Eigenabwehr der Rebe geschwächt. Deshalb sind viele Winzer dazu übergegangen, das Ökosystem Weinberg neu zu überdenken und nach Auswegen aus der Spirale der Interventionen zu suchen.

Integrierter Weinbau. Die Interventionen werden auf ein Minimum begrenzt. Insektizide werden nicht mehr vorbeugend gespritzt, sondern nur im Schadensfall ausgebracht. Die Schadensschwelle wird hoch gehalten. Düngergaben werden reduziert und so dosiert, dass dem Boden nur wiedergegeben wird, was die Rebe ihm entnommen hat. Auch steht nicht die kurzfristige Produktivität im Vordergrund, sondern die nachhaltige Sicherung der Bodenfruchtbarkeit. Ein wichtiges Ziel ist die Schadensvermeidung. Sie beginnt bereits bei der Anlage des Weinbergs und der Planung alternativer Kulturen, um die Biodiversität des Systems Weinbergs zu erhöhen. Für gute Winzer ist der integrierte Weinbau der Mindeststandard. Chemisch-synthetische Agrarchemikalien dürfen im Schadensfall allerdings eingesetzt werden.

Reben-Monokultur. Wenn ganze Landschaftsstriche mit Reben-Monokulturen überzogen sind, ist das natürliche Gleichgewicht der Natur bedroht. Die Artenvielfalt nimmt ab, Nützlinge verschwinden aus dem Weinberg. Um das Gleichgewicht zu erhalten, muss der Mensch intervenieren. Er ist gezwungen, die Rebe vor ihren Feinden zu schützen: vor Pilzen, tierischen Schädlingen, Viren.

Ökologischer Weinbau. Seit 2001 EU-weit zertifizierter Standard, bei dem die Betriebe sich verpflichten,

Im Herbst vergraben Biodynamiker Kuhhörner gefüllt mit einem Hornmist-Präparat, ...

... um dieses im Frühjahr mit Wasser zu dynamisieren und im Weinberg auszubringen.

Biodynamischer Weinbau. Der Übergang vom ökologischen zum biodynamischen Weinbau ist fließend. Die Biodynamiker konzentrieren sich auf die Entwicklung einer gesunden Bodenfauna. Dabei berufen sie sich auf die Lehren Rudolf Steiners (1861–1925), der im gestörten Gleichgewicht der Natur die Ursache für alle Pflanzenkrankheiten sah. Steiner entwickelte Rezepturen für acht biodynamische Präparate, mit deren Hilfe der Boden gesunden und die Rebe vitalisiert werden soll. Eines dieser Präparate ist der Hornmist. Dafür wird fein gemahlener Bergkristall in ein Kuhhorn gefüllt und im Frühherbst im Boden vergraben. Im folgenden Frühjahr wird er wieder ausgegraben und mit Wasser dynamisiert. Im Weinberg ausgebracht, verbessert er die Fotosynthese-Aktivität der Pflanzen und die Aktivität der Kleinstlebewesen im Boden. Nicht alle Steinerschen Theorien halten einer wissenschaftlichen Überprüfung stand, decken sich aber häufig mit alten Bauernregeln. So leitete Steiner beispielsweise aus Mondphasen und Planetenkonstellationen ab, wann die Reben am besten zu beschneiden sind und wann der Wein abgefüllt werden muss.

keine mineralischen Düngemittel und keine chemisch-synthetischen Fungizide (Pilzvernichtungsmittel) einzusetzen sowie auf Insektizide (Insektenvernichtungsmittel) und Herbizide (Unkrautvertilgungsmittel) praktisch völlig zu verzichten. Auch genmanipulierte Reben sind verboten. Schwierig ist die Einhaltung der ökologischen Prinzipien vor allem in Gebieten mit einem erhöhten Befall von Pilzkrankheiten, gegen die normalerweise chemisch-synthetische Mittel gespritzt werden. Der Echte Mehltau *(Oidium)* kann im ökologischen Weinbau zwar erfolgreich durch naturverträglichen Netzschwefel oder Backpulver bekämpft werden. Doch gegen den Falschen Mehltau *(Peronospora)* muss Kupfer gespritzt werden. Kupfer ist ein Schwermetall und reichert sich im Boden an. Alternative Präparate gibt es nicht. Noch schwieriger ist die Bekämpfung der Graufäule. Naturverträgliche Botrytizide stehen im ökologischen Weinbau überhaupt nicht zur Verfügung. Durch rechtzeitige Ausdünnung der Trauben lässt sich das Risiko einer Graufäule lediglich verringern. Öko-Winzer müssen also Ertragsverluste einkalkulieren.

Die wichtigsten Öko-Siegel

Bio-Siegel nach der EU-Öko-Verordnung

Ab 2012 obligatorisches Siegel für Weine, die nicht nur aus biologisch angebauten Trauben, sondern auch nach den neuen Richtlinien für Kellerarbeit erzeugt worden sind. Wer nur im Weinberg biologisch arbeitet (d. h. ohne Spritzmittel), darf weiterhin das sechseckige Bio-Siegel verwenden. Minimalstandard.

Ecovin

Zusammenschluss ökologisch arbeitender Winzer. Strengere Regeln als die EU-Öko-Verordnung. Gehobener Standard.

Naturland

Naturland wurde 1982 gegründet und fördert weltweit den Ökolandbau. Es gibt Richtlinien zur Erzeugung und Verarbeitung von Trauben.

Bioland

Bedeutendste Organisation des organisch-biologischen Landbaus. Schärfere Anbauregeln als die EU-Öko-Verordnung und spezifische Vorgaben für die Verarbeitung der Trauben.

Demeter

Verband für biodynamische Wirtschaftsweise. Strenge Vorschriften für den Weinbau, lockere für Kellerarbeit.

Die Kellerarbeit

Menschen, Tanks und Traditionen:
Wie aus Saft Wein wird

Was lange gärt, wird endlich gut

Unter Weinbereitung, auch Vinifikation genannt, versteht man die Umwandlung der Trauben zu Most und anschließend des Mostes zu Wein. Physikalisch betrachtet heißt das: das Abpressen der Trauben und die Vergärung des Traubensaftes. Chemisch gesehen geht es um die Verwandlung des Traubenzuckers in Alkohol. Dabei unterscheidet sich die Weißweinbereitung deutlich von der Bereitung des Rotweins.

1 Die Kelterung

Rote Trauben werden nicht gepresst, sondern gemahlen. Das heißt: Sie werden nur leicht angequetscht, sodass die Beerenhaut aufspringt und ein Teil des Saftes austritt. Meist werden sie dabei gleich entrappt (die Stiele entfernt). Saft, Fruchtfleisch, Schalen und Traubenkerne – Maische genannt – kommen zusammen in große Stahltanks oder Holzbottiche, wo sie vergoren werden.

2 Die Maischegärung

Bei Temperaturen um 10 °C beginnen sich die Gärhefen zu vermehren. Ihre Aufgabe ist es, den Zucker in Alkohol umzusetzen. Der Alkohol löst die Farbpigmente aus den Beerenhäuten. Der Wein färbt sich langsam rot. Leichte Rotweine gären nur drei Tage auf der Maische, schwere können 15 oder gar 30 Tage auf den Schalen stehen.

3 Die Temperaturkontrolle

Während der Gärung steigt die Temperatur im Gärbehälter stark an. Sie erreicht 30 °C, kann sogar bis 37 °C gehen. Normalerweise verträgt ein Wein solch hohe Temperaturen nicht, ohne an Aroma und Duft zu verlieren. Deshalb werden die Behälter, in denen die Maische gärt, gekühlt. Mit Wärmefühlern wird ständig die Gärtemperatur gemessen. Ein Computer sorgt dafür, dass die sich erwärmende Maische immer wieder heruntergekühlt wird.

4 Das Umwälzen

Ein- bis zweimal am Tag wird der gärende Wein unten im Behälter abgezogen und mit einem Schlauch nach oben auf den Tresterkuchen gepumpt, sodass dieser wieder nach unten gedrückt wird. Dadurch wird die Extraktion verbessert.

5 Das Abziehen von der Maische

Wenn genug Tannin und Farbstoff aus den Schalen extrahiert ist, lässt man den Wein ablaufen und pumpt ihn in ein anderes Fass. Der Zeitpunkt des Abziehens richtet sich nach dem Tanningehalt der Schalen, aber auch nach den Vorstellungen des Winzers.

6 Der Presswein

Die im Gärbehälter zurückbleibenden Schalen und das Fruchtfleisch werden ausgepresst. Der Wein, der dabei abläuft, heißt Presswein. Er ist ein Wein zweiter Qualität. In ihm finden sich zahlreiche harte Tannine, weshalb er dem Hauptwein in der Regel nicht oder nur in geringen Mengen zugeführt wird, um ihm mehr Farbe und Gerbstoff zu verleihen. Viele Winzer verkaufen Presswein offen.

7 Die malolaktische Gärung

Der bereits durchgegorene Wein kann im Frühjahr erneut zu gären beginnen. Auslöser dieser malolaktischen Gärung sind Bakterien. Diese fressen die harte Apfelsäure auf und produzieren weiche Milchsäure. Den Rotweinen tut das gut. Während sie vor der malolaktischen Gärung kaum trinkbar waren, verlieren sie nun ihre Härte, werden weich, rund und geschmeidig. Deshalb müssen alle Rotweine unbedingt diese zweite Gärung (Milchsäuregärung) durchmachen. Viele Kellermeister erwärmen ihre Keller nach dem Ende der alkoholischen Gärung und leiten damit die malolaktische Gärung bewusst ein.

8 Die Schwefelung

Der Wein wird nach dem Abstich leicht geschwefelt. Der Schwefel bindet und neutralisiert das Acetaldehyd, ein Gärungsnebenprodukt, das auch junge Weine alt und müde schmecken lässt.

9 Die Reifung

Durch die Poren des Fassholzes gelangt Sauerstoff an den Wein. Die Kunst des Kellermeisters ist es, den Sauerstoffzutritt zu dosieren. Das geschieht durch die Wahl des Fasses. Kleine Fässer bieten mehr Fläche für den Sauerstoff, große weniger.

10 Der Ausbau

Wegen des erhöhten Tanningehalts kommt der Reifung beim Rotwein eine besondere Bedeutung zu. Sie wird Ausbau genannt. Insbesondere körperreiche, kräftige Rotweine brauchen Zeit, um harmonisch zu werden. Die meisten Rotweine werden im großen Holzfass ausgebaut.

11 Die Stabilisierung

Damit der Wein später nicht wieder eintrübt, muss er stabilisiert bzw. geschönt werden. Als Schönungsmittel dienen je nach Weintyp Bentonit (Tonerde), Gelatine oder Eiweiß von frisch aufgeschlagenen Hühnereiern. Diese Substanzen binden Trübteile im Wein, die als Flocken auf den Boden des Fasses sinken.

12 Die Filterung

Viele Rotweinwinzer filtern den Wein, um ihn von letzten Schwebeteilchen zu befreien. Beim Filtrieren gehen jedoch

13 Abfüllung

12 Filterung

1 Kelterung

2 Maischegärung

9 Reifung

7 Malolaktische Gärung

6 Presswein

immer auch wichtige Geschmackspartikel verloren. Spitzenwinzer filtern nur grob – oder verzichten ganz auf eine Filterung, zumindest bei Weinen, die lange im Fass gelegen haben und dort bereits durch mehrmaliges Umziehen klar gemacht wurden.

13 Die Abfüllung

Nach dem Filtern wird der Wein abgefüllt. In modernen Abfüllanlagen werden die Flaschen erst einmal mit warmem, destilliertem Wasser gewaschen. Dann werden sie getrocknet und mit Stickstoffgas befüllt. Erst danach wird der Wein eingefüllt.

Er drückt den Stickstoff aus der Flasche. Nur im Flaschenhals bleibt ein kleiner Rest Stickstoff zurück, der dafür sorgt, dass der Wein vor Sauerstoff geschützt ist. Nach dem »Füllschock« ruht der Wein noch ein paar Wochen, bevor er in den Verkauf kommt.

Sich einfach fallen lassen ...

Weißwein ist empfindlicher als Rotwein. Er besitzt wenig Tannin und ist auch im Moststadium schon sehr oxidationsanfällig. Er muss daher sehr sorgfältig vinifiziert werden. Um ihn während der Weinbereitung möglichst schonend zu behandeln, sind moderne Weißweinkeller ebenso wie moderne Rotweinkeller vertikal konstruiert. Der Wein fällt durch Schwerkraft in den Gärtank und muss nicht durch Pumpen auf die nächste Arbeitsebene bewegt werden.

1 Die Traubenannahme

Der Traktor bringt die Trauben zur Kelterhalle. Meistens wird die Ladung mit einem Kippanhänger in eine große Aluminiumwanne geschüttet. Von dort werden die Trauben zum Rebler transportiert, wo sie entrappt werden. Besser ist es, die Trauben bei der Ernte in kleine Kistchen zu legen, wo sie nicht gequetscht werden können. Die Kistchen werden dann auf ein Lesebrett (oder Leseband) geschüttet, wo sie noch einmal von Hand aussortiert werden.

2 Das Entrappen

Die Trauben kommen in den Rebler, der die Beeren mechanisch von den Stielen löst. Die Stiele werden auf der einen Seite entsorgt, die oft noch intakten Beeren auf der anderen Seite in die Presse gepumpt.

3 Das Pressen

Weißweintrauben müssen schonend gepresst werden. Die alten Spindelpressen wurden deshalb ausrangiert und durch moderne pneumatische Pressen ersetzt. Diese Pressen bestehen aus einer Trommel, in der sich die Beeren befinden. In ihr ist ein Luftsack installiert, der sich aufbläst und die Beeren sanft an die perforierte Wand der Trommel presst. Der auslaufende Saft wird in einer Wanne unter der Presse aufgefangen und in die Gärtanks befördert.

4 Die Klärung des Mosts

Der Most wird noch einmal geklärt, bevor er vergoren wird. Das geschieht durch eine Zentrifuge mit bis zu 5000 Umdrehungen pro Minute. Sie sondert so alle festen Bestandteile des Mostes aus (Stielreste, Blätter, Erdkrumen usw.). Schonender ist es allerdings, den Most im Tank auf 0 °C herunterzukühlen. Die groben Bestandteile setzen sich dann automatisch am Boden des Tanks ab. Der geklärte Most wird in einen anderen Tank gepumpt, wo er wieder auf Umgebungstemperatur gebracht und vergoren wird.

5 Die Vergärung

Ab einer Temperatur von etwa 15 °C beginnt der Most zu gären. Das heißt: Die im Most befindlichen Hefen werden aktiv und wandeln den Zucker in Alkohol um. Durch die dabei entstehende Wärme vermehren sich die Hefen umso schneller, je höher die Temperatur steigt. Weißwein muss jedoch langsam vergären, um seine Aromen nicht zu verlieren. Deshalb kühlt der Kellermeister den Wein ab 20 oder 22 °C herunter, um die Gärung zu zügeln. Wenn er die Gärung nicht stoppt (etwa durch Zugabe von Schwefel), gärt der Wein durch, bis kein Zucker mehr vorhanden ist.

6 Das Abziehen

Ist die Gärung beendet, fallen die abgestorbenen Hefen auf den Boden des Tanks. Der durchgegorene Wein wird in einen anderen Tank »umgezogen«, in dem er dann noch ein paar Wochen (oder Monate) reifen kann.

7 Das Hefelager

Wird der durchgegorene Wein nicht gefiltert, ist er noch trüb. Die Trübung machen feinste Hefepartikel aus, die sich noch in ihm befinden. Gute Winzer lassen ihren Weißwein gern noch ein paar Wochen (oder Monate) auf der Feinhefe liegen. Sie hält ihn frisch und gibt ihm zusätzliche Geschmacksnuancen.

8 Vergärung im Holzfass

Statt im Stahltank kann der Weißweinmost auch in Holzfässern vergoren werden. Der Ablauf ist der gleiche. Allerdings lassen Holzfässer keine Temperaturkontrolle zu. Der gesamte Keller muss entweder gekühlt werden oder naturkühl sein.

9 Ausbau in Barriques

Einige hochklassige Weißweine werden in kleinen Fässern auf Eichenholz ausgebaut. Der Wein nimmt in diesem Fall den Geschmack des Eichenholzes an. Wird er in diesen Barriques sogar vergoren, muss er nach dem Ende der Gärung nicht einmal abgezogen werden, sondern liegt mehrere Monate auf der Hefe. Große Burgunderweine werden zum Beispiel auf diese Art vergoren und ausgebaut.

10 Die Stabilisierung

Als Stabilisierung bezeichnet man alle Maßnahmen der physischen, biologischen und chemischen Behandlung des Weins nach der alkoholischen Gärung. Ist der Wein schon weitgehend klar, muss er nur noch säurestabil gemacht und haltbar werden. Durch Zugabe von Metaweinsäure (beziehungsweise durch Kühlung des Weins im Tank) wird überschüssige Säure in Form von kleinen Salzkristallen (Weinstein) ausgeschieden, durch Zugabe von schwefliger Säure wird der Wein danach haltbar und stabil gemacht.

1 Traubenannahme

12 Abfüllung

2 Entrappen

3 Pressen

11 Filterung

5 Vergärung

8 Vergärung im Holzfass

11 Schwefelung und Filterung

Der Ausbau im Stahltank oder in den Holzfässern kann wenige Wochen, aber auch viele Monate dauern. Je kräftiger der Wein, desto mehr Ausbauzeit muss ihm zugestanden werden. Gegen Ende der Reifephase wird der Weißwein geschwefelt (mit schwefliger Säure) und anschließend gefiltert, um ihn von den letzten Trübstoffen zu befreien. Fast jeder Weißwein muss gefiltert werden. Etwaige spätere Trübungen gelten bei Weißweinen als Fehler.

12 Die Abfüllung

Gleich nach der Filterung wird der Wein auf die Flasche gefüllt und mit Korken, Synthetikstopfen oder Schraubdeckeln verschlossen. Danach wird der Wein nur noch verpackt. Die Auslieferung beginnt.

Das Fass – der Mutterleib des Weins

Wein wird traditionell im Holzfass gelagert. Während es früher keine Alternative zum Holz gab, wählt man dieses natürliche Material heute ganz bewusst, um den Wein darin auszubauen, teilweise auch darin zu vergären. Fass ist allerdings nicht Fass, und die Herkunft des Holzes spielt für die Weinerzeuger eine große Rolle. Bevor es zum Fass wird, muss das Holz gelagert und getoastet werden.

Hölzerne Gärständer (»cuves«) für die Fermentation des Rotweins, kleine Barriques für den Ausbau des Weins in einem Bordeauxkeller

Beste Eiche. Während man früher für den Fassbau das Holz verwendete, das gerade an dem Ort wuchs, an dem der Keller stand, wird heute fast ausschließlich Eiche verwendet. Die Eiche ist ein besonders langsam wachsendes Holz. Entsprechend fest und feinporig ist es. Ein Fass aus Eichenholz ist nicht nur sehr stabil, in ihm reift der Wein auch am besten. Eichenholz ist nicht so grobporig wie Akazie, nicht so gerbstoffarm wie Kirsche, nicht so bitter wie Kastanie. Ein Fass aus Eichenholz verleiht dem Wein eine würzig-süße Note. Die Verdunstungsrate ist niedrig, die Mikrooxidation (wie die Önologen den Sauerstoffzutritt durch das Fassholz nennen) gering. Allerdings gibt es große Unterschiede zwischen Eichenhölzern – je nachdem, auf welchen Böden und in welchem Klima die Eiche wächst. Und beim Fassbau kommt es auf viele Details an, die beachtet werden müssen, damit das hölzerne Behältnis am Ende seine segensreiche Wirkung auf den Wein ausübt.

Bevor der Küfer die Barriques verschließt, toastet er sie über offenem Feuer. Das Holz bräunt, die Dauben lassen sich leichter biegen.

Herkunft der Eiche.

Schon vor hundert Jahren benötigten die Bordeaux-Châteaux eine riesige Anzahl von Fässern für die Reifung ihres Weins. Sie hatten das Geld, sich das beste Holz zu kaufen und von weither kommen zu lassen. Das beste Fassholz liefern die Stieleiche *(Quercus robur)* und die Traubeneiche *(Quercus petraea)*. Sie wuchsen damals vor allem in Russland, Estland, Lettland und Litauen. Nach der Machtübernahme durch die Kommunisten schlief der Handel mit dem Eichenholz jedoch ein. Frankreich begann selbst, große Forste anzulegen: vor allem im Zentralmassiv, aber auch an der Loire, in den Vogesen, im Jura. Heute ist Eiche aus den Staatsforsten im Tronçais, Nevers und Allier das teuerste Fassbaumaterial. Dort wird das Eichenholz plantagenmäßig produziert. Allerdings kommt nur ein kleiner Teil des Fassholzes von dort. Andere Herkünfte sind Kroatien, Rumänien, Ungarn und neuerdings wieder die Länder der ehemaligen Sowjetunion. Kleinere Mengen kommen auch aus Österreich und Deutschland.

Spezialfässer.

Jedes Weinanbaugebiet hat seine eigene Fasstradition. In Italien sind große Holzfässer mit 25 und mehr Hektoliter Inhalt weit verbreitet. Deutschland benutzt für seine Weißweine traditionell das Fuder (1000 Liter) sowie das Stückfass (1200 Liter). In Frankreich hat jeder Wein sein Spezialfass. In Chablis benutzt man die Feuillette (132 Liter), in Bordeaux das Barrique (225 Liter), im Burgund die Pièce (228 Liter). In Australien reifen die Weine in Hogsheads (300 Liter) oder in Puncheons (450 bis 500 Liter). Portwein und Madeira werden traditionell in Pipes von 550 Liter Inhalt gelagert. Daneben gibt es unzählige Spezialanfertigungen.

Industrialisierter Fassbau.

Der Bedarf an Eichenholzfässern hat sich in den letzten 25 Jahren vervielfacht. Vor allem bei Barriques ist die Nachfrage stark gestiegen. Während große Holzfässer bis zu 30 Jahre lang in Gebrauch sind, werden Barriques nach drei Jahren ausrangiert (oder nur noch für zweit- oder drittrangige Weine verwendet). Der Effekt des neuen Holzes ist dann verpufft. Auch hat sich, bedingt durch die gestiegene Nachfrage, das Handwerk des Fassbaus stark industrialisiert. Statt drei Jahre unter freiem Himmel zu liegen, lagert das Holz heute nur noch drei Monate in Hitzekammern, wo es künstlich beregnet und getrocknet wird. Früher wurde es danach mit einem Meißel gespalten, um die Faserstruktur zu erhalten. Heute werden die Dauben gesägt. Und bevor das Fass geschlossen wird, wird es noch über offenem Feuer getoastet – damit sich die Dauben besser biegen lassen und damit es dem Wein einen spezifischen Röstton mitgibt.

Fassholzverarbeitung: Sägen versus Spalten

Zwei Schulen. Nach der alten, europäischen Schule wird das Holz mit einem Meißel gespalten. Nach der amerikanischen Schule wird das Stammholz gesägt. Das Sägen ist die rationellere Methode. Es geht schneller, ist ergiebiger und produziert weniger Abfall. Das Spalten des Holzes ist dagegen arbeitsaufwendiger und teurer, weil aus einem Stamm weniger Dauben gewonnen werden. Dafür sind Dauben aus gespaltenem Holz robuster.

Das Prinzip. Figur 1 zeigt den Eichenstamm, der zunächst von seinen Rinden befreit werden muss. Figur 2 zeigt das Schema, nach dem ein Stamm gespalten wird. Von den dreieckigen Bohlenstücken, die entstehen, müssen noch Teile abgespalten werden, damit Dauben entstehen. Figur 3 zeigt einen in vier Teile gespaltenen Stamm, aus dem danach Bohlen gesägt worden sind. Figur 4 zeigt, wie ein Stamm gesägt werden muss, um möglichst viel Daubenholz aus ihm herauszuholen. Auch europäische Fassbauer sind längst dazu übergegangen, Fassholz zu sägen.

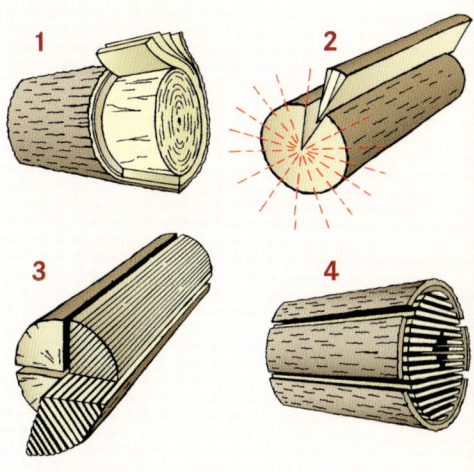

Wein »machen«: Wie die Natur ausgetrickst wird

Die Weltweinproduktion steigt. Der Weinkonsum sinkt. Der Wettbewerb um den Konsumenten wird härter. Das bedeutet für die Weinindustrie: Kosten senken und Weine nach dem Geschmack des Publikums machen. Mostkonzentration, gentechnisch veränderte Hefen, Entalkoholisierung, künstliche Holzung – viele Weintrinker ahnen nicht, was sie schon heute trinken.

Eichenholzchips: Sie werden wie ein Teebeutel in den Stahltank gehängt, um den Wein zu aromatisieren. Chips gibt es in allen Geschmacksvarianten.

Wirtschaftlicher Druck. Die wachsende Konkurrenz auf dem Weltmarkt hat zu einem scharfen Wettbewerb unter den Weinbauländern geführt. Anfang der 1990er-Jahre drängten die überseeischen Länder mit Weinen zu Dumpingpreisen auf den Markt, die in mancherlei Hinsicht nicht der europäischen Norm entsprachen. Europa, seinerseits von Überproduktion geplagt, fühlte sich bedroht. Die hiesige Weinindustrie forderte, die strengen heimischen Richtlinien zu lockern und neue önologische Techniken zuzulassen, um Kosten zu sparen und ihre Marktanteile zu sichern. Die Weinbehörden in Europa beugten sich dem Druck – mal zähneknirschend, mal bereitwillig. Neue Techniken haben so Eingang in die Weinwirtschaft gefunden.

Lästige Natur. Heute verläuft die Front nicht mehr zwischen Europa und Übersee, sondern zwischen handwerklichen und industriellen Weinerzeugern diesseits und jenseits des Atlantiks. Die Industrie sieht in der Zulassung vieler neuer önologischer Techniken einen Fortschritt, der sie unabhängig macht von den Launen der Natur. Diese lasse die Erträge von Jahr zu Jahr schwanken, klagen ihre Repräsentanten. Liefere mal zu geringe, mal zu hohe Mostgewichte, verlange einen großen Aufwand an Arbeitskraft, um die erforderlichen Traubenqualitäten und Mengen zuverlässig bereitzustellen. Zu den neuen Techniken gehören zum Beispiel die Konzentrierung von Mosten, um höhere Mostgewichte zu erhalten, die Entalkoholisierung des Weins sowie Vereinfachungen beim Ausbau und bei der Reifung des Weins.

Konzentration. Kühle, regnerische Jahrgänge liefern magere Weine. Um zu verhindern, dass sie zu dünn werden, kann dem Most Wasser entzogen werden: mittels Vakuumverdampfung oder Umkehr-Osmose. Beide Verfahren sind hochtechnisch. Sie steigern die Konzentration des Weins und führen automatisch zu höheren Alkoholgehalten. In Europa war die Mostkonzentration verboten, wurde aber erlaubt. Praktiziert wird sie aber nur selten bis gar nicht. Denn dünne Weine gibt es kaum noch. Und schlechte Weine werden durch Konzentration noch schlechter.

Dealkoholisierung. Die Vermeidung immer höherer Alkoholgehalte ist die größte Herausforderung für den Weinbau des 21. Jahrhunderts. Weißweine mit 13 Vol.-% und Rotweine mit 13,5 Vol.-% sind fast schon die Regel. Spitzenweine liegen oft noch ein Grad höher. Ursache ist weniger die globale Klimaerwärmung als die späte Lese, die die Weingüter bewusst eingeführt haben, um reifere Trauben zu erhalten. Zwangsläufige Folge: höhere Alkoholgehalte. Durch technische Verfahren *(spinning cone)* ist es nach der Vergärung möglich, ein oder zwei Prozent Alkohol wieder aus dem Wein »herauszuschleudern«. Nicht nur in Übersee, auch in Europa ist die Dealkoholisierung inzwischen erlaubt. Allerdings ist die Maßnahme aufwendig. Hemdsärmelige Kellereien verdünnen den Wein einfach mit Wasser. Das ist zwar illegal, aber doppelt effektiv: der Alkohol sinkt, die Weinmenge steigt.

Eichenholzchips. Fast alle wichtigen Rotweine werden heute in Barriques ausgebaut. Sie geben dem Wein einen würzig-vanilligen

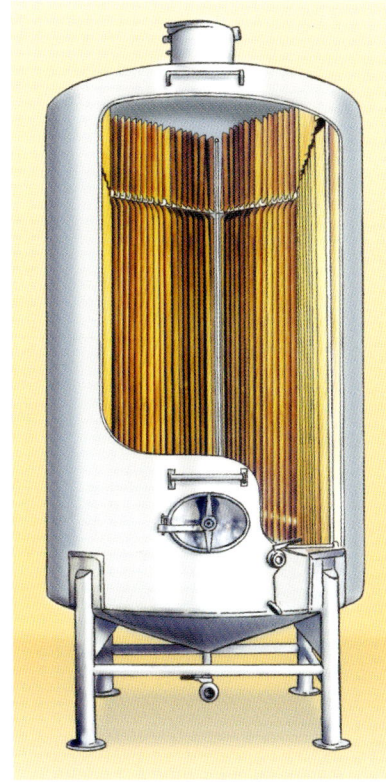

Stave-Technologie: Dünne Eichenholzbretter werden in einen Stahltank montiert.

Ton. Die kleinen Holzfässer sind jedoch teuer und unrentabel für einfache Rotweine, die preiswert angeboten werden sollen. So begnügen sich viele Kellereien damit, Eichenholzschnitzel, sogenannte Chips, wie Teebeutel in den Stahltank zu hän-

gen, in dem der Wein vergärt bzw. ausgebaut wird. Nach kurzer Kontaktzeit nehmen die Weine das Aroma des Eichenholzes an. Sie täuschen somit einen Barrique-Ausbau vor, der gar nicht stattgefunden hat. Chips gibt es in allen möglichen Geschmacksvarianten: ohne Toast, mittel getoastet, stark getoastet. Seit 2002 sind Chips auch in Europa erlaubt. Während der Ausbau im Barrique den Wein um mindestens zwei Euro verteuert, kostet die Aromatisierung mit Chips nur wenige Cent pro Flasche.

Die Stave-Technologie. Noch preiswerter ist eine andere Form der Aromatisierung: die Stave-Technologie. Staves sind schmale Eichenholzbohlen, die beim Fassbau abfallen. Sie werden auf ein metallenes Gestell montiert, das in dem Stahltank, in dem der Wein gärt, platziert wird. Sie geben den Holzgeschmack an den Wein ab. Dabei ist die Holzoberfläche, mit der der Wein Kontakt hat, wesentlich größer als bei den Chips. Entsprechend kräftiger ist das Eichenholzaroma. Stave-Weine sind geschmacklich von Barrique-Weinen kaum zu unterscheiden, zumindest nicht solange sie jung sind. Das Holzaroma verflüchtigt sich jedoch schnell.

Gentechnik: Braucht das Land neue Reben?

Noch ist es verboten, gentechnisch modifizierte Reben in Ertragsweinbergen auszupflanzen. Doch in Versuchsweingärten stehen sie längst. Ihr Erbgut ist so verändert worden, dass sie gegen Rebkrankheiten resistent und gegen Trockenstress unempfindlich sind. Auch die gleichmäßige Verteilung von Zucker in den Beeren einer Traube lässt sich durch Eingriffe in das Erbgut ge-

währleisten. Noch weiter fortgeschritten ist die Entwicklung von genmodifizierten Weinhefen. Sie verhindern, dass sich Histamin im Wein bildet, das Kopfschmerzen verursacht. Sie blockieren den biologischen Säureabbau. Sie können den Most vergären, ohne dass dabei viel Trub entsteht, der später durch Klärung oder Filtern mühsam wieder entfernt werden muss.

Schäumen, perlen, prickeln

Der Champagner ist der König der Schaumweine. Er war der erste Wein, der in der Fasche vergoren wurde. Schon im 18. Jahrhundert war er das Getränk der Reichen und Mächtigen. Heute werden auch andere Weine nach der Champagnermethode hergestellt. Einzigartig ist der Champagner aber durch seinen mineralisch-cremigen Geschmack. Den macht ihm kein anderer Schaumwein nach.

Weißwein zum Schäumen bringen können nicht nur die Franzosen. Aber einen Schaumwein wie den Champagner zu produzieren, gelingt nur ihnen.

Champagner – was das ist.

Champagner ist ein schäumender Weißwein. Würde er nicht Champagner heißen, könnte man ihn auch als Sekt bezeichnen. Allerdings weist Champagner fünf Besonderheiten auf, die ihn von allen anderen Sekten unterscheidet. Erstens kommt der Wein, aus dem er hergestellt wird, aus einem genau definierten Anbaugebiet in Frankreich. Zweitens wird kein anderer Schaumwein der Welt in so großen Mengen produziert wie er. Drittens war Champagner, trotz der großen Mengen, zumindest in der Vergangenheit immer teurer als vergleichbare andere Schaumwcine. Viertens wird der Champagnermarkt von großen Marken beherrscht, nicht von Winzern oder Kellereien. Und fünftens schmeckt er anders als alle anderen schäumenden Weine der Welt. Besser? Nun, nicht alle Champagner sind besser als ihre internationale Konkurrenz. Aber die besten sind unvergleichlich, nicht nur, was die Qualität, sondern auch den Geschmack angeht. Man mag die mineralisch-cremige Note, die alle guten Champagner aufweisen, mögen oder nicht mögen – sie ist einzigartig und verleiht ihm eine Sonderstellung unter den großen Schaumweinen der Welt. »Ich trinke Sterne«, soll der Mönch Dom Pérignon bei seinem ersten Schluck schäumenden Weins begeistert ausgerufen haben. Er hat den Champagner perfektioniert.

Champagner im Rüttelpult: Die Hefe ist in den Flaschenhals gerutscht.

Die Champagne.
Das Anbaugebiet für den Champagner liegt nordöstlich von Paris um die Stadt Reims. Nur dort hat der Wein das Recht, sich Champagner zu nennen. Die Grenzen des Anbaugebiets wurden bereits 1927 nach ausgiebigen Bodenuntersuchungen festgelegt. Typisch für die Champagne sind die weißen Kreideböden, die schon 40 Zentimeter unter der Deckererde beginnen. Diese Kreideböden bestehen aus lockerem Belemnitgestein und festem karbonathaltigem Kalkgestein. Sie sind es, die dem Wein seinen besonderen mineralischen Geschmack verleihen. Entstanden ist die Kreide im Tertiär, als Nordfrankreich noch von Meer bedeckt war und der Meeresboden sich durch Schiebung und Faltung aus dem Wasser erhob. Im Laufe der Jahrmillionen ist aus dem Krill, der den Boden bedeckte, Kreide geworden. Allerdings ist die Kreide nicht an allen Stellen des 34 000 Hektar großen Anbaugebiets gleichmäßig stark ausgeprägt: Das ist die Ursache für die Geschmacksunterschiede zwischen preiswerten und teuren Champagnern.

Die Traubensorten.
Die Herstellung des Champagners ist streng geregelt. Das gilt vor allem für die Traubensorten, aus denen er produziert wird. Zugelassen sind die Sorten Chardonnay und zwei rote Sorten: Pinot Noir und Pinot Meunier. Letztere werden nach dem Pressen ohne Schalen vergoren, sodass auch aus ihnen ein Weißwein entsteht. Die meisten Champagner bestehen aus einer Cuvée aller drei Weine, wobei sich die Zusammensetzung von Jahr zu Jahr ändern kann. Es heißt, Pinot Meunier gäbe dem Champagner die Frucht, Pinot Noir den Körper und Chardonnay die Finesse. Es gibt aber auch Champagner, die nur aus Chardonnay (Blanc de Blancs) beziehungsweise nur aus roten Trauben erzeugt werden (Blanc de Noirs). Übrigens: Auch Rosé-Champagner wird praktisch immer aus Weinen der drei Sorten komponiert.

Markenprodukt.
Insgesamt werden jährlich zwischen 300 und 400 Millionen Flaschen Champagner produziert. Zwei Drittel davon sind »Markenchampagner«. Bekannte Marken sind Moët & Chandon, Veuve Clicquot, Piper-Heidsieck, Bollinger, Lanson, Pommery zum Beispiel. Jede dieser Marken hat ihren eigenen Stil, der unabhängig von Jahrgangsschwankungen durchgehalten wird – im Gegensatz zu »Winzerchampagnern«. Die meisten Champagner tragen keinen Jahrgang auf dem Etikett, weil sie aus mehreren Jahrgängen zusammengestellt wurden. Ausnahme sind die wenigen, meist teuren Jahrgangschampagner. Sie werden nur in sehr guten Jahren abgefüllt, verfeinern sich dann aber problemlos zehn Jahre und mehr auf der Flasche. Sie sind die Krönung des Champagners.

Die Champagnermethode

Ein Champagner muss in der Flasche zweitvergoren werden. Das bedeutet: Der Wein wird nicht etwa in großen Drucktanks versektet wie die meisten einfacheren Schaumweine, sondern mit einer kleinen Menge Zuckerlösung und speziellen Champagnerhefen in Flaschen gefüllt, die mit einem Kronenkork verschlossen werden und mindestens 15 Monate im Keller bleiben. So lange (oder länger) liegt der Champagner »auf der Hefe«, wie es im Fachjargon heißt. In dieser Zeit wird der zugefügte Zucker in Alkohol umgewandelt, wobei das gleichzeitig entstehende Kohlendioxid nicht entweichen kann. Es bleibt im Wein gelöst. Gegen Ende des Hefelagers werden die Flaschen »gerüttelt« (kopfüber in Stellagen gehängt und nach einem bestimmten System gedreht, heute meistens automatisch). Die am Flaschenboden festsitzende Hefe löst sich und rutscht in den Flaschenhals. Am Ende werden die Flaschen im Eisbad »entheft« *(dégorgement)* und verkorkt. Vorher wird dem Wein allerdings noch eine kleine Menge Zuckerlösung *(liqueur d'expédition)* zum Abrunden hinzugefügt. Die Franzosen nennen diese Art der Flaschengärung *Méthode classique* oder *Méthode traditionelle*.

Kellermeister am Rüttelpult

Andere Schaumweine: temperamentvoll, prickelnd, überschäumend

Neben dem Champagner gibt es eine große Vielfalt von Sekten, deren beste den Champagnern qualitativ nicht nachstehen, manchmal auch preislich nicht. Nahezu jede Weinbaunation erzeugt irgendwelche Schaumweine, weil Wein schäumend einfach besser schmeckt. Und wenn er nicht schäumt, dann sollte er wenigstens prickeln. Der berühmteste Prickler ist der Prosecco.

Sekt, Cava, Spumante, Crémant, Prosecco – jede Weinnation hat ihre eigenen Schaumweine. Nicht alle, aber die besten sind flaschenvergoren.

Crémant, Prosecco oder andere Prickler – sind zuerst Weine, die Duft verströmen und einen Geschmack entwickeln wie ein stiller, nicht-schäumender Wein. Dennoch stimmt: Man soll nicht nur schmecken, sondern die Bläschen am Gaumen auch spüren. Sie vermitteln Frische. Sie machen, dass der Wein leichter über die Zunge gleitet. Sie geben dem Wein einen neuen, komplexeren Geschmack, weil sie – im Gegensatz zu Stillweinen – mehrere Monate, manchmal auch Jahre, auf der Hefe gelegen haben.

Die Schaumweine. Unter die Kategorie Schaumwein fallen Weine, die mindestens 3 Atmosphären (Bar) Überdruck in der Flasche ausüben (bei Qualitäts-Schaumweinen mindestens 3,5 Bar). Der Druck stammt von der Kohlensäure, die beim Vergären jeden Weins entsteht. Solange sie nicht entweichen kann (etwa weil der Gärbehälter oder die Flasche hermetisch geschlossen sind), bleibt sie im Wein gelöst. Erst wenn der Wein mit Sauerstoff in Berührung kommt (also wenn die Flasche geöffnet wird), entweicht das CO_2. Das passiert besonders beim Einschenken. Der Wein schäumt auf, der Schaum (Fachausdruck: die Mousse oder das Mousseux) hält sich ein paar Sekunden, um dann wieder zusammenzufallen. Es bleiben die

Nicht nur Schaum. Das Beste an Schaumweinen sei, dass man nichts im Mund habe außer Schaum – hat ein berühmter amerikanischer Schauspieler einmal gesagt. Wirklich? Wenn man nichts riecht und nichts schmeckt vor lauter Schaum, hätte der Kellermeister mit Sicherheit etwas falsch gemacht. Denn Schaumweine – egal ob Sekt, Cava,

Perlen, die vom Boden des Glases aufsteigen, wie an einer Schnur gezogen. Perlage nennt man dieses Perlenspiel. Je kleiner die Perlen und je intensiver die Perlage, desto feiner ist der Schaumwein. Eine Obergrenze für den Kohlensäureüberdruck in der Flasche gibt es von Gesetz wegen übrigens nicht. Der Kellermeister ist jedoch bestrebt, nicht mehr als 6 Bar Druck zu erzeugen. Erstens besteht das Risiko, dass die Flasche bricht, und zweitens würde man bei höherem Druck tatsächlich nur noch Schaum im Mund wahrnehmen.

Typische Schaumweine. Neben den Champagnern sind fast alle Sekte Schaumweine nach der gesetzlichen Definition. Dazu gehören die französischen Crémants und die spanischen Cavas ebenso wie der italienische Franciacorta und der Trentodoc. Auch Marken- und Winzersekte aus Deutschland und Österreich sind fast ausschließlich Schaumweine. In Übersee gibt es die Sparkling Wines, die den europäischen Schaumweinen entsprechen. Dabei spielt es keine Rolle, ob sie wie ein Champagner in der Flasche oder nach der einfacheren Charmat-Methode im Stahltank vergoren wurden. Entscheidend für die Einordnung ist nur, wie viel Druck in der Flasche herrscht. Für Schaumweine gilt nämlich die Sektsteuer. Sie wurde von 1902 von Kaiser Friedrich Wilhelm II. in Deutschland eingeführt und verteuert den Schaumwein bis heute um einen Euro pro Flasche.

Perlweine. Die Alternative zum Schaumwein ist der Perlwein. Er darf nicht mehr als 2,5 Atmosphären Überdruck haben und schäumt nur leicht. Frizzante sagen die Italiener dazu. Sie sind die Könige des Perlweins. Ihr berühmtester Perlwein ist der Prosecco. Aber auch der Moscato d'Asti und die deutschen Seccos sind Perlweine. Der Grundwein, aus dem sie erzeugt wurden, wird hinterher in großen, hermetisch abgeschlossenen Enklaven versektet, um danach unter Druck und ohne Luftzutritt direkt in die Flasche gefüllt zu werden. Das in ihnen gelöste Kohlendioxid hat also keinen Sauerstoffkontakt. Für Perlweine wird übrigens keine Sektsteuer erhoben.

Die wichtigsten Schaumweine, Sekte und Perlweine

Markensekte. Einfache Schaumweine, die aus Riesling oder anderen Traubensorten und Sortengemischen hergestellt werden – fast immer nach der preiswerten Charmat-Methode.

Winzersekte. Aus den besten Grundweinen einzelner Weingüter hergestellte Schaumweine, die nach der Methode der klassischen Flaschengärung versektet wurden und oft jahrelang auf der Hefe gelegen haben.

Cava: Überwiegend industriell hergestellter spanischer Schaumwein aus den traditionellen weißen Rebsorten Parellada, Xarel·lo und Macabeo sowie der Chardonnay- und Pinot-Noir-Traube. Immer Flaschengärung.

Franciacorta: Hochwertiger, teurer Schaumwein aus dem gleichnamigen norditalienischen Anbaugebiet um die Stadt Brescia, erzeugt aus Pinot Bianco, Chardonnay und Pinot Noir. Flaschengärung vorgeschrieben.

Trentodoc: Edler Schaumwein aus Chardonnay-, Pinot-Bianco- und Pinot-Noir-Trauben, gewachsen im Trentino um die norditalienische Stadt Trient. Flaschengärung vorgeschrieben.

Crémant: Teils einfache, teils hochwertige Schaumweine aus verschiedenen Anbaugebieten Frankreichs außerhalb der Champagne (z. B. Elsass, Burgund, Limoux, Bordeaux, Jura und Loire). Flaschengärung vorgeschrieben.

Prosecco: Meist schlichter Perlwein aus der gleichnamigen Prosecco-Rebe, die in Norditalien angebaut wird. Es gibt aber auch hochklassige Prosecco aus den Ursprungsgebieten Valdobbiadene und Conegliano, die als Schaum-

Heute wird Champagner nicht mehr von Hand, sondern von Gyropaletten gerüttelt.

weine (Spumante) auf den Markt kommen. Immer Charmat-Methode.

Moscato d'Asti: Süßer, fast noch traubig schmeckender Perlwein aus Weißer-Muskateller-Trauben, die im Piemont angebaut werden. Charmat-Metode.

Asti: Billiger, industrieller Schaumwein der süßen Geschmacksrichtung aus dem Piemont, erzeugt aus Muskateller-Trauben. Charmat-Methode.

Süßer Schweiß der Engel

Süße Weine gehören zum Edelsten, was Menschenhand aus Trauben zu machen imstande ist. Vorausgesetzt, die Weine sind natursüß und werden nicht künstlich gezuckert. Die besten sind so gut, dass es nur wenige Speisen gibt, die ihnen standhalten – am wenigsten übrigens Desserts. Kenner behaupten, am besten schmeckt ein großer Süßwein zu Musik oder zu einem guten Gedanken.

Stumme Etiketten. Für Weintrinker, die sich nicht genau auskennen in der Weinnomenklatur, ist es manchmal schwierig, trockene von süßen Weinen zu unterscheiden. Denn »süß« steht fast nie auf dem Etikett und »trocken« nur bei deutschen Weinen. Weintrinker müssen wissen, dass französische, spanische, italienische, österreichische Weine immer trocken sind, wenn nichts anderes vermerkt ist. Aber wie lautet der Etikettenhinweis dafür, dass der Wein süß ist? Es gibt so einen Hinweis praktisch nie. Der Konsument muss also wissen, dass der rote Portwein immer süß ist, weil er sonst nicht Portwein hieße. Der schäumende Asti, ein toskanischer Vin Santo, ein griechischer Samos, ein österreichischer Schilfwein – alles süße Weine, ohne dass der Ausdruck »süß« auf dem Etikett auftaucht. Bei Trockenbeerenauslesen, Eisweinen und dem berühmten französischen Sauternes wissen die meisten wohl, dass es sich um süße Weine handelt. Aber auch bei den Grains Nobles aus dem Elsass? Bei einem Recioto di Soave? Bei einer österreichischen Spätlese?

Geschminkt oder natursüß. Noch weniger sagen die Etiketten der Weine etwas darüber aus, ob ein Wein natursüß oder gezuckert ist. Natursüße Weine gehören zum Feinsten, ja Edelsten, was Menschenhand geschaffen hat. Zu ihnen gehören

Château d'Yquem: einer der rarsten, teuersten, aber auch der faszinierendsten edelsüßen Weine der Welt

»fruchtsüße« Qualitäts- oder Prädikatsweine aus Deutschland, Trockenbeerenauslesen und gute Likörweine. Von gezuckerten Spätlesen, lieblichem Dornfelder Rotwein, kalifornischem Zinfandel Rosé und anderen geschminkten Weinlimonaden sollten man lieber Abstand nehmen. Leider fällt der größte Teil der süßen Weine in diese Kategorie.

Woher die Süße kommt. Natursüß bedeutet, dass der im Wein gelöste Zucker aus dem Most stammt und nicht zugesetzt wurde. Der Wein schmeckt süß, weil der Zucker nur teilweise vergoren wurde und der unvergorene Teil noch in ihm enthalten ist. Dabei handelt es sich zum größten Teil um Fruktose (Fruchtzucker). Da Fruktose eine um 20 Prozent höhere Süßkraft als industrieller Rohrzucker besitzt, reicht eine relativ geringe Restzuckermenge aus, um den gewünschten Süße-Wert zu erreichen (außerdem vertragen Diabetiker Fruktose besser als Normalzucker).

Wie der Gärstopp funktioniert. In der Regel stoppt der Kellermeister bewusst die Gärung, um zu verhindern, dass der Wein trocken wird. Dies kann auf verschiedene Weise geschehen. Die gängigste Methode ist, den gärenden Wein zu schwefeln. In diesem Fall sterben die Hefen sofort ab. Danach wird der Wein gefiltert und alle Hefereste werden aus ihm entfernt. Viele deutsche Weißweine werden auf diese Weise restsüß gehalten. Beim Portwein und beim (süßen) Sherry wird dem noch nicht durchgegorenen Wein destillierter Alkohol hinzugefügt. Auch in diesem Fall stoppt die Gärung sofort. Es gibt praktisch keinen Hefestamm, der bei Alkoholgehalten von über 16 Vol.-% arbeiten kann.

Die Hefen. Die dritte Möglichkeit, einen natursüßen Wein zu bekommen, ist die eleganteste: Der Kellermeister sorgt dafür, dass die Gärung an einem bestimmten Punkt von selbst stehen bleibt. Genauer gesagt: Er arbeitet gezielt darauf hin, dass die Hefen ihre Arbeit einstellen, sodass der noch unvergorene Zucker im Wein verbleibt. Dazu muss er seine Hefen natürlich kennen. Wenn sie bis zu 14 Vol.-% Alkohol umsetzen können, er aber sehr viel zuckerreichere Moste hat, kann er sich leicht ausrechnen, wann die Gärung stoppt und wie viel Restzucker danach in dem Wein noch enthalten sein wird.

Alkohol und Restsüße. Auf diese Weise werden alle Beeren- und Trockenbeerenauslesen einschließlich des französischen Sauternes erzeugt. Während letztere wegen der extrem zuckerkonzentrierten Moste bis zu 14 Vol.-% Alkohol und obendrein noch eine hohe Restsüße aufweisen, bleiben die entsprechenden Weine von Mosel, Rhein, Main und Nahe aufgrund leistungsschwächerer Hefen oft schon bei 7,5 Vol.-% Alkohol stehen. Entsprechend hohe Restzuckergehalte weisen sie dann auf. Für Eisweine gilt dasselbe. Ein Nachteil ist das nicht: Die deutschen Weine sind trotz hoher Restsüße leichter, Sauternes & Co. trotz starker Süße schwerer.

Die verschiedenen Klassen von Süßweinen

Fruchtsüß: Gebräuchliches Süße-Prädikat, das vor allem in Deutschland für einfache restsüße Weine verwendet wird. Die Trauben für diese Weine werden vollreif und gesund geerntet, der Most aber nur teilvergoren. So entstehen natursüße Qualitäts- und Kabinettweine sowie Spätlesen, die zwischen 18 und 50 Gramm Restzucke und Alkoholgehalte zwischen 9,5 und 11,5 Vol.-% aufweisen. Die Süße ist fruchtig und frisch.

Vollsüß: In den warmen südeuropäischen Gegenden ist es riskant, die Trauben spät zu lesen. Sie werden deshalb vollreif und gesund gelesen, dann aber auf Strohmatten, unter Plastikfolien oder unter freiem Himmel getrocknet, bis sie schrumpeln. Erst dann werden sie gekeltert. So erhält man vollsüße Moste, aus denen Weine gewonnen werden, die hoch im Restzucker und zugleich hoch im Alkohol sind (bis 15 Vol.-%). Vin Santo, Moscato Passito, Recioto di Soave sowie die Likörweine von den griechischen Inseln, aus Zypern und von der Insel Pantelleria gehören in diese Kategorie. Sie haben meist einen karamellig-süßen Geschmack.

Edelsüß: Trauben, die so lange hängen gelassen wurden, bis sie teilweise oder ganz von der Edelfäule befallen sind, ergeben zuckerreiche Moste, die von den Gärhefen nicht mehr verarbeitet werden können. Der im Wein verbleibende Restzucker liegt dann zwischen 50 Gramm (Auslesen) und 400 Gramm (Trockenbeerenauslesen, Eisweine). Typisch edelsüße Weine sind neben den deutschen und österreichischen Prädikatsweinen vor allem die französischen Sauternes, insbesondere der berühmte Wein vom Château d'Yquem. Sie sind extrem langlebig und haben einen bittersüßen Geschmack mit Noten von tropischen Früchten. »Schweiß der Engel« sagen die Fachleute.

Alkoholisch-süß: In diese Kategorie gehören Portweine, Madeiras und süße Oloroso-Sherrys, die aufgespritet werden, sodass die Gärung zum Erliegen kommt und der im Most befindliche Zucker teilweise erhalten bleibt. Gleiches gilt für die südfranzöschen Vins Doux Naturels wie den Rivesaltes, Banyuls, Maury, Rasteau. Um einen zuckerreichen Most zu bekommen, werden die Trauben in der Sonne getrocknet.

In der goldgelben Farbe spiegelt sich die hohe Reife der Süßweine wider. Die Trauben dafür werden spät gelesen, wenn die Beeren bereits ins Bräunlich-Gelbe tendieren.

Wein für Kenner und Lebenskünstler

Es gibt Weine, denen begegnet man häufiger als der Lottofee im Fernsehen. Und es gibt Weine, die trifft man selten. Auf den Weinkarten der Restaurants tauchen sie so gut wie nie auf. In den Regalen der Weinhändler findet man sie auch nur gelegentlich. Sie führen ein Leben abseits populärer Trinkmoden, worüber Kenner gar nicht traurig sind. Einer dieser Weine ist der Port.

Late Bottled Vintage (LBV) ist nur eine, allerdings sehr feine Kategorie der Portweine.

Was Port ist. Port ist ein Rotwein, aber kein gewöhnlicher. Mindestens in drei Punkten unterscheidet er sich von normalen Rotweinen. Er ist süß. Er ist schwer. Und er kann alt werden, sehr alt sogar. Gute Jahrgangsports halten sich durchaus 100 Jahre lang. In den ersten 20 Jahren probiert man sie. Spaß hat man mit ihnen nach ungefähr 25 Jahren. Doch das richtige Vergnügen beginnt nach 50 Jahren. Alter Port gehört übrigens zu den Weinen, die man nach der Meinung des Meisterkochs Paul Bocuse wenigstens einmal im Leben getrunken haben sollte.

Die Engländer und der Port. Port ist ein altmodischer Wein, der von den Engländern erfunden und vor 300 Jahren als »Ersatz« für den Bordeaux importiert wurde. Die Engländer sind bis heute seine größten Liebhaber geblieben. Mehr noch: Die meisten Portweinhäuser wurden von ihnen gegründet. Viele sind noch heute in ihrem Besitz. Genau genommen ist Port für die Engländer gar kein Wein. Er ist eine Lebenseinstellung. Sie trinken mittags ein Glas, nachmittags zwei und abends vor dem Kamin den Rest der Flasche. »Wer einer geregelten Arbeit nachgeht oder keinen Kamin besitzt, wird die Größe eines Port nie erfassen«, hat ein gewisser Lord Jonathan Swanfield einmal in unnachahmlicher Arroganz gesagt. Und wer keinen Stilton mag, den berühmten englischen Blauschimmelkäse, ist eines Portweins nach seiner Ansicht sowieso nicht würdig. Es reicht also nicht, Kenner zu sein, um Portwein zu verstehen. Man muss auch ein Lebenskünstler sein.

Wozu man Port trinkt. Festlandseuropäer sehen den Portwein entspannter. Cheddar, reifer Parmesan und andere Blauschimmelkäse als der Stilton sind ebenfalls angenehme Begleiter. Junger Portwein passt außerdem zu Schokoladen-, älterer zu Nougatdesserts. Ansonsten knabbert man Nüsse oder lässt ihn sich zu getrockneten Aprikosen und Früchtebrot schmecken. Weiteren Tafelfreuden verweigert sich ein Port allerdings hartnäckig.

Warum Port so heißt. Port ist nach der Hafenstadt Oporto benannt, zu deutsch: Porto. In dieser Stadt an der Mündung des Douro-Flusses sind die meisten der großen Portweinhäuser ansässig. Der Wein selbst wächst 60 Kilometer weiter flussaufwärts an den steilen, terrassierten Hängen des Flusses. Dort ist es im Winter kalt, während die Landschaft im Sommer unter der Hitze ächzt. So entstehen Weine von undurchdringlicher, dunkelrubinroter Farbe, die während der

An den steilen, terrassierten Hängen des Douro-Flusses wachsen die Portwein-Trauben: eine der imposantesten Weinlandschaften der Welt.

trinkt man Portwein aus speziellen Portweingläsern, die wie eine Biertulpe im Miniaturformat aussehen. Und man genießt ihn in kleinen Schlucken. Eine angebrochene Flasche Portwein hält sich leicht einen Monat lang.

Die Portwein-Trauben. Für die Portweinherstellung sind 48 verschiedene Traubensorten zugelassen – rote und weiße. Die fünf wichtigsten heißen Touriga Nacional, Touriga Francesca, Tinta Barroca, Tinta Roriz und Tinta Cão. Früher wurden sie in großen, gemauerten Bassins *(lagares)* mit den Füßen gestampft und vergoren. Heute besorgen Maschinen diese Arbeit (außer bei Jahrgangsportweinen). Nach der Gärung und dem Aufspriten wird Portwein meist in zigarrenförmigen 500-Liter-Fässern *(pipes)* gelagert. Je nach Qualität und angestrebtem Stil wird er dann verschnitten.

Gärung mit 77-prozentigem Alkohol aufgespritet werden. Der Alkohol stoppt die Gärung, sodass der bis dahin noch nicht vergorene Traubenzucker im Wein erhalten bleibt – daher der süße Geschmack. Und: Sein Alkoholgehalt erhöht sich durch den Eingriff auf etwa 20 Vol.-%. Übrigens

Breite Palette von Portwein-Stilen: vom herzhaften Ruby bis zum Vintage Port

Ruby: Der einfachste Port heißt Ruby. Ein junger, tiefdunkler, süßer Wein, der kaum mehr als zehn Euro kostet und intensiv nach schwarzen Johannisbeeren schmeckt. Er wird kühl getrunken zu trockenem Gebäck, Sorbets und Eisdesserts. Er besteht, wie die meisten Ports, aus verschiedenen Jahrgängen.

Tawny Port. Die nächste Stufe des Genusses ist der Tawny Port: ein Blend verschiedener Jahrgänge, die lange in Holzfässern gereift sind. Auf dem Etikett ist angegeben, ob es zehn, 20 oder 30 Jahre waren. Tawny Ports sind mahagonifarben, schmecken nach Mandeln und Rosinen und sind abgeklärt wie ein reifer Wein. Je nach Lagerzeit und Produzent kosten sie zwischen zehn und 40 Euro.

Es gibt aber einfache, kommerzielle Tawnys, die gar nicht im Holz gewesen sind. Ihre blasse Farbe verdanken sie farbschwachen Trauben zweiter Wahl.

Colheita. Eine Sonderform des Tawny Port ist der Colheita. Das ist ein Port, der acht, zehn oder mehr Jahre Holzfassreife hinter sich hat, aber nur aus einem einzigen Jahrgang stammt. Colheita-Ports werden nur in sehr guten Jahren abgefüllt. Und auch nach dem Kauf kann man sie noch jahrzehntelang aufbewahren.

Vintage Port. Zu deutsch: Jahrgangsport. Sie sind die edelsten Portweine. Die Trauben für sie kommen aus einem einzigen Jahrgang, werden mit den Füßen gestampft und schon nach zwei Jahren

Fassreife auf die Flasche gefüllt. Resultat: extrem dunkle, konzentrierte Weine mit intensivem Cassis-Aroma, die sich jahrzehntelang in der Flasche verfeinern – beste Jahrgänge auch 100 Jahre. Sie kosten zwischen 30 und 100 Euro.

Single Quinta Vintage. Diese spezielle Form der Jahrgangsports ist kein Verschnitt der besten Lagen, sondern stammt aus einer einzigen guten Quinta. Quinta bedeutet Weingut.

LBV. Die Buchstaben stehen für Late Bottled Vintage und bedeuten, dass der Jahrgangsport nicht schon nach zwei Jahren, sondern erst nach fünf oder sechs Jahren abgefüllt wurde. Unfiltrierte, traditionelle LBV sind fantastisch.

Schweres Parfum des Südens

Sherry ist ein trockener Likörwein. Im Süden Spaniens, seiner Heimat, wird er wie ein normaler Weißwein zum Essen getrunken. Außerhalb Spaniens genießt man ihn eher als Aperitif. In den letzten Jahren ist er bei Weintrinkern in Ungnade gefallen – leider. Denn in seinen besten Qalitäten ist Sherry ein raffinierter, einzigartiger Wein. Auch in seiner süßen Version.

Was Sherry ist. Sherry ist ein trockener Weißwein aus Andalusien. Das Besondere an ihm ist sein Geschmack und der Umstand, dass er mit destilliertem Branntwein »verstärkt« wurde. Sein Alkoholgehalt bleibt deshalb nicht bei den ursprünglichen 11 oder 12 Vol.-%, sondern steigt auf 15 Vol.-%, bei einigen Sherry-Typen auch über 20 Vol.-%. Er wächst in dem Städtedreieck Jerez de la Frontera, Sanlúcar de Barrameda und El Puerto de Santa María. Die Andalusier selbst trinken ihn wie einen normalen Weißwein zum Essen. Die Engländer, seine treuesten Liebhaber, prosten sich mit ihm nicht nur während, sondern auch vor dem Essen zu – und danach wieder zum Tee.

Sherry ist ein Markenwein. Der weitaus größte Teil kommt aus den Kellern großer Bodegas wie Tio Pepe, Osborne, Gonzalo Byass, Emilio Lustau, Hidalgo und anderen. Allerdings hat die Faszination des Sherrys außerhalb Spaniens in den letzten Jahrzehnten etwas nachgelassen. Inzwischen produzieren viele andalusische Weinbauern aus Sherry-Trauben normale, nicht-alkoholverstärkte Weißweine, von denen leider nicht derselbe Glanz ausgeht wie von einem guten Sherry. Denn dieser Likörwein besitzt nicht nur einen einzigartigen Geschmack, er gehört auch zu den langlebigsten und in der Spitze raffiniertesten Weißweinen der Welt. Vor allem die rotbraunen, lange gelagerten Oloroso-Sherrys mit mehr oder minder ausgeprägter Süße und dem Geschmack von Walnusslikör und Schokolade sind raffinierteste Begleiter pikanter Käsesorten – etwa zu Edelschimmelkäsen. Sie können sogar ein ganzes Dessert ersetzen. Allerdings sind diese Sherrys rar und nicht billig.

Die Palette der Sherrys reicht vom hellen Fino über den rotbraunen Oloroso bis zum süßen, dunkelfarbenen Cream.

Manzanilla-Weinberge in der typisch weißen andalusischen Erde

Fino und Florhefe. Den größten Teil der Sherry-Produktion macht jedoch der Fino aus. Das ist jener blassgelbe, trockene Likörwein, der nur 15 Vol.-% Alkohol hat und gern als Aperitif vor dem Essen gereicht wird. Er schmeckt nach Kochbananen, Bittermandeln, Hefe, manchmal auch nach Erde und Moos. Die Spanier genießen ihn zu Tapas oder zu grünen Oliven mit Kartoffelchips. In Andalusien selbst trinkt man ihn auch zu Krustentieren. Besonders der Manzanilla, ein mineralisch-salziger Fino-Typ aus der Hafenstadt San-lúcar de Barrameda, wird gern als Speisebegleiter eingesetzt. Ein Fino wird erzeugt, indem der durchgegorene Weißwein zum Reifen in Fässer gelegt wird, deren Spundloch offen bleibt. Durch die Nähe zum Meer und die Wärme in den oberirdischen Kellern der Bodegas bildet sich schnell eine Schicht weißer Florhefe, der wie Watte auf dem Wein liegt und diesen fast hermetisch gegen Sauerstoff schützt. Nach drei Jahren wird die Florschicht entfernt und der Wein abgefüllt.

Der oxidative Ausbau. Wenn die Florschicht, unter der der Sherry reift, langsam abstirbt, oxidiert der Wein sofort. Die Farbe geht in ein blasses Mahagonibraun über. Das Aroma nimmt nussige Noten an. Dieser Fino-Typ heißt Amontillado. Ein vollmundiger, sehr feiner Sherry, knochentrocken und bis zu 22 Vol.-% Alkohol aufweisend. Noch oxidativer ist der Ausbau des Oloroso. Er ist ganz ohne Florhefe wie ein normaler Wein im Fass gereift und zwar viele Jahre lang. Florhefe bildet sich nur bei Alkoholgehalten bis 15,5 Vol.-%. Die Farbe eines Oloroso reicht von Bernsteingelb bis Rotbraun wie ein alter Brandy. Vor allem im Duft ist er reicher als ein Amontillado. Gern wird er mit süßem Sherry verschnitten. Gute Olorosos sind eine Rarität. In ihnen sind immer sehr alte Jahrgänge enthalten. Die besten halten sich manchmal 100 Jahre lang.

Sherry-Trauben. Den Basiswein für den Sherry liefert die Traubensorte Palomino. Zum Süßen der Olorosos wird Wein aus den Sorten Moscatel oder Pedro Ximínez benutzt. Diese hitzebeständigen Traubensorten werden erst einmal in der Sonne getrocknet, bevor sie abgepresst und vergoren werden.

Die Solera. Sherry wird in einer Solera gereift. Sie ist eine Pyramide von Fässern, bei der in der untersten Reihe der älteste Sherry liegt. Der Wein, der gefüllt wird, wird diesen Fässern entnommen – aber nie mehr als ein Drittel. Aufgefüllt werden die untersten Fässer mit jüngerem Sherry aus der darüberliegenden Reihe, die ihrerseits mit jungem Sherry aus der obersten Lage aufgefüllt wird. Der Sherry, der auf den Markt kommt, ist deshalb immer ein Verschnitt vieler Jahrgänge.

Die verschiedenen Sherry-Typen

Fino: einfacher, mindestens drei Jahre unter dem Flor gelagerter, trockener Sherry von etwa 15 Vol.-%

Manzanilla: würziger, trockener Fino-Sherry aus der Stadt Sanlúcar de Barrameda, bis zu 16 Vol.-% Alkohol

Amontillado: teils unter der Florhefe, teils oxidativ gereifter, blassbrauner Sherry, vollmundig, meist trocken, sehr fein, immer um die 20 Vol.-% Alkohol

Palo Cortado: seltener Sherry-Typ, nur sehr kurz unter Flor und sehr lange unter Sauerstoffzutritt gereifter Wein

Oloroso: das Gegenstück zum Fino ist ein ausschließlich oxidativ ausgebauter Sherry, üppig, reich, doch trocken im Geschmack, um 20 Vol.-%

Cream: ein Oloroso, der mit süßem Moscatel oder Pedro Ximínez abgerundet wurde

Heute wird Fino-Sherry kaum noch in Fässern, sondern in großen Tonzisternen (Tinajas) gelagert.

Die Weinbauländer

Stärken, Schwächen und Sonderheiten
der wichtigsten Weinbauländer der Welt

Grande Nation des Weins

Dass Gott, wenn es ihn gibt, in Frankreich lebt, ist für viele Weintrinker eine unumstößliche Wahrheit. Nirgendwo auf der Welt werden Weine hergestellt, die ähnlich hoch geschätzt werden wie die Bordeaux, Burgunder, Champagner. Doch Frankreich lässt sich nicht auf drei große Namen reduzieren. Es hat zahlreiche Anbaugebiete, aus denen gute, manchmal auch großartige Weine kommen, selbst wenn sie seltener Schlagzeilen machen.

Illustre Châteaux, etwa das im chinesischen Pagodenstil errichtete Château Cos d'Estournel, säumen die Weinberge im Médoc.

Beaujolais: Über dem Erfolg des Beaujolais Primeur ist in Vergessenheit geraten, dass aus dem südlichen Burgund um Roanne auch kraftvolle, alterungsfähige Beaujolais kommen (Traube: Gamay). Sieben Appellationen gibt es: Moulin-à-Vent, Juliénas und Morgon sind die bekanntesten.

Bordeaux: Größtes und renommiertestes Anbaugebiet Frankreichs mit 120 000 Hektar Rebfläche und 54 verschiedenen Appellationen. Die umfassendsten und mengenmäßig bedeutendsten sind Bordeaux AC und Bordeaux Supérieur. Die bekanntesten liegen im Médoc (linkes Ufer der Gironde), in Graves (südlich von Bordeaux). Dort dominiert die Cabernet Sauvignon. Am rechten Ufer der Gironde (St-Émilion, Pomerol sowie zahlreiche Satelliten-Appellationen) basieren die Weine dagegen auf Merlot und Cabernet Franc. Die Weißweine machen 20 Prozent der Produktion aus. Die besten edelsüßen Weine kommen aus Barsac und Sauternes.

Burgund: Großes Einzugsgebiet für zahlreiche Weiß- und Rotweine. **Chablis:** Aus dem nördlichsten Zipfel Burgunds, nahe der Stadt Auxerre gelegen, kommen feine Weißweine (aus Chardonnay). **Côte de Beaune:** In der Umgebung der Stadt Beaune wachsen der berühmte rote Corton sowie der Pommard und der Volnay (alle aus der Pinot-Noir-Traube). Noch berühmter sind die Weißweine: etwa Corton-Charlemagne, Meursault, Puligny-Montrachet und Montrachet (alle aus Chardonnay). Die Aligoté-Traube ergibt ebenfalls gute, aber einfachere Qualitäten. **Côte de Nuits:** Die Hügelkette zwischen Dijon und Nuits-St-Georges ist die Heimat edelster roter Burgunderweine, die aus der Pinot-Noir-Traube gewonnen werden: Chambertin, Musigny, Romanée Conti sind die berühmtesten.

Champagne: Ein 34 000 Hektar großes Anbaugebiet östlich von Paris um die Städte Reims und Epernay, in dem fast ausschließlich Schaumwein nach der klassischen Methode hergestellt wird (Flaschengärung). Die Trauben für den Champagner sind Pinot Noir, Pinot Meunier und Chardonnay. Sie wachsen auf weißen Kreideböden.

Elsass: Östlich des Rheins am Fuß des Jura wachsen stoffige Rieslinge, vollmundige Pinots Gris (Grauburgunder, früher auch Tokay genannt), kräftige Silvaner, duftige Gewürztraminer, leichte Weißburgunder (Pinot Blanc) und delikate Pinots Noirs (Spätburgunder). Der traditionelle Edelzwicker hat ausgedient.

Languedoc und Roussillon: Die derzeit am stärksten aufstrebenden Anbaugebiete Frankreichs mit vielen preiswerten Land- und AOC-Weinen, aber auch kraftvollen, teils hocheleganten Rotweinen und einigen bemerkenswerten Weißen.

Loire: Die Flussufer sind bis zur Mündung mit Reben bestanden.
Anjou: Roséwein-Gebiet um die Stadt Angers. Die besten Weine sind jedoch weiß und werden aus der Sorte Chenin Blanc erzeugt. Sie heißen Quarts-de-Chaume, Bonnezeaux und Coulée de Serrant.

Die Arbeit des »vigneron«, des Winzers, ist die Basis der Qualität in Frankreich.

Anbaufläche: 840 000 ha
Produktion: 46 Mio. hl
Anteil Rot-/Weißwein: 70 %/30 %
Konsum: 45 l pro Kopf/Jahr

Muscadet: An der Mündung der Loire um die Stadt Nantes wächst ein frischer, trockener Weißwein aus Muscadet-Trauben. Er wird *sur lie*, also auf der Hefe, abgefüllt.
Sancerre, Pouilly: In diesen beiden kleinen Anbaugebieten an der mittleren Loire werden aus der Sauvignon-Traube zwei ausgezeichnete trockene Weißweine gewonnen.
Touraine: In dem Anbaugebiet um die Stadt Tours wachsen die besten Rotweine der Loire (aus Cabernet-Franc-Trauben): Bourgueil und Chinon. Auch der süße Vouvray und der weiße Montlouis (aus Chenin Blanc) können gute Weine sein.

Provence: Früher vor allem bekannt für ihre kraftvollen Rosés, heute für kräftige, dunkle Rotweine aus Mourvèdre-, Grenache- und Cinsault-Trauben. Sie wachsen auf den Hügeln um Aix sowie um die Städte Bandol, Palette und Cassis.

Rhône: Riesiges Anbaugebiet mit 26 Appellationen, die fast nur Rotwein produzieren. **Norden:** Zwischen Vienne und Valence wachsen die elegantesten aller Rhôneweine: Sie heißen Côte Rôtie, Condrieu, Saint-Joseph und Hermitage (Hauptrebsorte: Syrah). **Süden:** Von den flachen, steinigen Anbauflächen zwischen Avignon und Orange kommen der edle Châteauneuf-du-Pape (Basissorte: Grenache) sowie die mächtigen Gigondas und Vacqueyras (Trauben: Grenache und Syrah).

Con amore – Italien liebt seine Weine

Reben wachsen in Italien vom Norden bis zum Süden. Keine der 20 Regionen des Landes ist ohne Wein. Aber nicht nur die Toskana und das Piemont, die beiden bekanntesten Anbaugebiete, bringen große Weine hervor. In den vielen Nischen zwischen Aostatal und Sizilien wachsen höchst bemerkenswerte Weine, die noch auf Entdeckung warten. Die Klasse und Vielfalt der Weine verdankt Italien vor allem seinen einheimischen Reben.

Wo keine Olivenbäume und Hartweizenfelder für die Pastaproduktion stehen, da wachsen Reben in Italien – wie hier in der Toskana.

schenen Vulkans Monte Vulture. Sie werden reinsortig aus Aglianico-Trauben gewonnen.

Friaul: Kräftige, körperreiche Weißweine, vor allem aus Friulano (früher Tocai genannt), Pinot Bianco, Pinot Grigio, Sauvignon, Chardonnay. Refosco heißt der wichtigste Rotwein.

Kampanien: Teils wuchtige, teils elegante Rotweine aus Piedirosso- und/oder Aglianico-Trauben (etwa Taurasi), dazu einige gehaltvolle Weißweine aus Falanghina, Fiano und Greco (u. a. Sannino, Falerno).

Lombardei: Zu dieser Region gehört das Valtellina mit seinen Nebbiolo-Weinen, das Oltrepò Pavese mit gutem Pinot Nero, der westliche Gardasee mit dem weißen Lugana sowie die Franciacorta, Italiens beste Schaumweinzone.

Marken: Der weiße Verdicchio (Traube: Verdicchio) und der rote Rosso Conero (Trauben: Sangiovese, Montepulciano) sind die bekanntesten Weine dieser Region.

Piemont: Berühmteste Vertreter sind die roten Barolo und Barbaresco sowie der Roero (Traube: Nebbiolo), die aus der Gegend um Alba kommen, sowie die Barbera aus Alba und Asti. Die Weißweine: Gavi (Traube: Cortese) und Arneis.

Apulien: Eine Massenweinregion entdeckt die Qualität: Aglianico, Troia, Montepulciano ergeben im Norden kräftige, tanninreiche Rotweine (Castel del Monte), Negroamaro und Primitivo im südlichen Salento weiche Rote. Dazu eine Vielzahl leichter, charmant-blumiger Weißweine, auch aus internationalen Reben.

Basilikata: Die tanninhärtesten, wohl auch langlebigsten und potenziell besten Rotweine des Südens wachsen an den Hängen des erlo-

Sardinien: Die besten Weißweine kommen von der Vermentino-Traube. Die Rotweine werden aus den alten Sorten Cannonau, Carignano, Monica und Bovale, zunehmend aber auch aus internationalen Sorten erzeugt.

Sizilien: Nero d'Avola-Reben wachsen praktisch überall auf der Insel und ergeben warme, körperreiche Rotweine. Am Ätna werden die Roten aus Nerello-Trauben gekeltert. Auch Syrah ist immer häufiger in Sizilien anzutreffen. Die Weißweine werden aus Inzolia, Grecanico, Catarratto, Chardonnay, Sauvignon und Grillo gewonnen.

Südtirol/Trentino: Mineralisch fruchtbetonte Weißweine aus Weißburgunder, Sauvignon und Gewürztraminer – das sind die Stärken des Südtiroler Weinbaus. Bei den Roten

Weinbau in Süditalien: teils hochmodern, teils traditionell mit hochstämmigen Reben

dominiert die Vernatsch-Traube (Kalterersee, St. Magdalener) und der Lagrein. Das Trentino ist der größte Pinot-Grigio-Produzent Italiens. Der exzellente flaschenvergorene Schaumwein Trento DOC wird aus Chardonnay bzw. Pinot Nero ge-

Anbaufläche: 818 000 ha
Produktion: 48 Mio. hl
Anteil Rot-/Weißwein: 30%/70%
Konsum: 42 l pro Kopf/Jahr

wonnen. Unter den Roten ragen der Teroldego, der Marzemino sowie Cabernet-/Merlot-Cuvées heraus.

Toskana: Heimat des Chianti, des Vino Nobile di Montepulciano und des Brunello di Montalcino (Traube: Sangiovese). Dazu kommen vermehrt hochwertige Einzelweine aus Merlot, Cabernet Sauvignon und Syrah, die vor allem um Bolgheri

und Suvereto angebaut werden. Der Vernaccia di San Gimignano ist der bekannteste Weißwein.

Venetien: Heimat des schäumenden Prosecco sowie der weißen Soave und Custoza. Die bekanntesten Rotweine sind Bardolino, Valpolicella und der mächtige Amarone (Trauben: Corvina, Rondinella). Urwüchsige Rotweine liefert die alte Sorte Raboso, während in den Colli Euganei sowie aus dem Montello und aus Breganze hochklassige Weine aus Cabernet Sauvignon und Merlot kommen.

Spanien auf der Überholspur

Viel Wein besaß Spanien schon immer, aber nie so viel guten Wein wie heute. Die Karriere, die das Land auf der Iberischen Halbinsel gemacht hat, ist atemberaubend. Ribera del Duero und Priorato sind mittlerweile die führenden Anbaugebiete, Rioja und Navarra ihnen dicht auf den Fersen. Aber auch aus vielen kleinen, bislang unbekannten Gebieten kommen inzwischen exzellente und nicht selten überraschend preisgünstige Rotweine.

Wildes, ursprüngliches Weinland mit alten Rebstöcken: Das Priorato hat sich zum führenden Anbaugebiet in Spanien entwickelt.

Jumilla: Trocken-heiße Weinregion um die Stadt Murcia mit teilweise sehr guten Rotweinen, typischerweise aus Monastrell-Trauben.

La Mancha: Flächenmäßig größte Weinregion Europas im heißen Zentralspanien um die Stadt Toledo. Neben Massen von einfachen Landweinen kommen von dort auch beachtliche Rotweine, vor allem aus Cencibel, Moravia, Garnacha und Cabernet Sauvignon.

Navarra: Anbaugebiet südlich von Pamplona, aus dem sowohl moderne Rotweine (aus Tempranillo mit Merlot oder Cabernet Sauvignon) sowie billige Massenweine (Rosés aus der Garnacha-Rebe) kommen.

Penedès: Aus der Hügelzone südwestlich von Barcelona kommen in erster Linie frische, gehaltvolle Weißweine mediterranen Stils, dazu elegante Rotweine sowohl aus einheimischen wie aus internationalen Rebsorten. Außerdem werden im Penedès die Cava-Schaumweine hergestellt (Flaschengärung).

Bierzo: In Nordspanien gelegenes Anbaugebiet, in dem aus Garnacha, Tempranillo und der einheimischen Mencia-Traube teilweise beachtliche Rotweine gewonnen werden.

Costers del Segre: Um die Stadt Lleida im Hinterland von Barcelona gelegene Appellation, in der neben den traditionellen Sorten erfolgreich auch Chardonnay, Sauvignon, Merlot und Cabernet angebaut werden.

Priorato: Eines der kleinsten, aber qualitativ hochwertigsten Anbaugebiete mit großartigen Rotweinen, die zu den besten und teuersten in ganz Spanien gehören. Sie werden vor allem aus den Sorten Cariñena und Garnacha gewonnen.

Rias Baixas: An der galicischen Atlantikküste um die Hafenstadt Vigo gelegene Appellation, in der aus der Albariño-Traube säurefrische, würzige, teilweise sehr gute Weißweine gewonnen werden.

Ribera del Duero: Östlich von Valladolid gelegenes Anbaugebiet mit schweren, extrem langlebigen, hochfeinen Rotweinen auf der Basis von Tempranillo. Die Sorte wird dort Tinto Fino genannt.

Rioja: Historisch stark von Bordeaux geprägtes Anbaugebiet am Ebro, in dem aus Tempranillo- und Garnachatrauben (mit Zusätzen anderer Sorten) feine Crianzas und teilweise sehr langlebige Reservas und Gran Reservas erzeugt werden.

Rueda: Im einsamen Hochland von Kastilien-Léon gelegen, ist Rueda die wichtigste Weißwein-Appellation Spaniens. Die Weine werden traditionell aus der Verdeca-Traube gewonnen. Aber auch andere Sorten einschließlich Sauvignon sind inzwischen zugelassen worden.

Anbaufläche: 1,1 Mio. ha
Produktion: 33 Mio. hl
Anteil Rot- / Weißwein: 50 % / 50 %
Konsum: 28 l pro Kopf / Jahr

Somontano: Kleines, am Fuß der Pyrenäen gelegenes Anbaugebiet mit eher kühlem Klima, aus dem geschmeidige Rot- und geschliffene Weißweine modernen Zuschnitts kommen: sowohl aus spanischen wie aus internationalen Rebsorten.

Toro: Kleine, aber hochklassige Weinbauregion nahe der Stadt Valladolid. Die Weine werden aus der Tinta di Toro gewonnen, einer Tempranillo-Mutation mit kleinen Beeren und dicker Schale, die langlebige, hochinteressante Weine ergibt.

Yecla: Im äußersten Norden der Provinz Murcia gelegene bergige Region mit urwüchsigen Rotweinen aus verschiedenen Rebsorten, darunter viele unveredelte, alte Monastrell-Rebstöcke.

Alte Kapelle im Weinberg bei Pesquera im Anbaugebiet Ribera del Duero

Wein, der aus der Kühle kommt

Vor hundert Jahren waren die Weißweine aus Deutschland die gesuchtesten und teuersten der Welt. Heute entdecken die Menschen die Qualität der Weine von Rhein, Main, Mosel, Neckar und ihrer Nebenflüsse wieder. Der Riesling erlebt eine Renaissance. Aber auch Weiß- und Grauburgunder, vor allem der Spätburgunder liefern teilweise großartige Qualitäten. Ein Drittel der Weinberge sind in Deutschland bereits mit roten Reben bestockt.

Die Moselschleife bei Trittenheim, eine der faszinierendsten Weinlandschaften der Welt

Ahr: Rotweinnische südlich von Bonn, in der Spätburgunder auf Schieferböden samtig-weiche Weine ergibt, die teilweise zu den besten Roten Deutschlands gehören. Daneben wird einfacher Blauer Portugieser angebaut, früher lieblich, heute meist trocken.

Baden: Ausgezeichnete trockene Weißweine, vor allem Grauburgunder und Weißburgunder, im Markgräfler Land Gutedel, in der Ortenau auch Riesling. Außerdem fabelhafte Spätburgunder vom Kaiserstuhl und vom Tuniberg sowie aus Malterdingen und aus dem Markgräfler Land.

Franken: Weit auseinandergezogenes Anbaugebiet am Main mit den besten Silvanern Deutschlands, einigen beeindruckenden Rieslingen sowie ein wenig Spätburgunder.

Mittelrhein: Sehr mineralische Rieslinge von hoher Finesse, wesentlich schlanker und säurebetonter als die Rheingauer Rieslinge.

Mosel-Saar-Ruwer: Klassisches Riesling-Anbaugebiet mit leichten, spritzigen, oft noch kohlensäurefrischen und zartfruchtigen Weinen. Die hohe Säure wird meist durch eine leichte Restsüße abgepuffert.

Nahe: Teilweise große, mineralische Rieslinge, aber auch beste Weiß- und Grauburgunder, viel Müller-Thurgau und ein bisschen Spätburgunder.

Pfalz: Viele Massenweine, aber auch exzellente Weiß- und Grauburgunder, beste Spätburgunder (inzwischen auch Merlot und Caber-

Anbaufläche: 101 000 ha
Produktion: 9,2 Mio. hl
Anteil Rot-/Weißwein: 36 %/64 %
Konsum: 24 l pro Kopf/Jahr

net Sauvignon) sowie in der Mittelhaardt und an der Südlichen Weinstraße einige der körperreichsten, besten Rieslinge des Landes.

Rheingau: Kleines, aber bedeutendes Anbaugebiet mit kräftigen, bisweilen körperreichen Rieslingen, die immer eine erhöhte Säure haben. Auch der Spätburgunder liefert teilweise sehr gute Qualitäten (Assmannshausen, Rüdesheim).

Rheinhessen: Land der Liebfraumilch. Aber neben vielen schlichten Weinen werden auch gute Silvaner, hochrespektable Weißburgunder

Der Mittelrhein bei Bacharach: Blick auf die Riesling-Steillagen

sowie einige der größten Rieslinge Deutschlands erzeugt. Die besten Lagen befinden sich an der »Rheinfront« um Nierstein sowie im »Wonnegau« um Flörsheim-Dalheim.

Saale-Unstrut: Nördlichstes Anbaugebiet Deutschlands, wo auf den warmen Muschelkalkböden der Flusshänge vor allem Müller-Thurgau und Silvaner gut gedeihen.

Sachsen: An den steilen, teils terrassierten Hängen des Elbtals um Dresden bringen die Burgundersorten die besten Weine hervor.

Württemberg: Hellroter, süffiger Trollinger, feiner Lemberger, ein burgunderhafter Samtrot und natürlich Riesling, der hier stets etwas fülliger ist und meist trocken ausgebaut wird.

Eine Weinnation erfindet sich neu

Nach dem Weinskandal 1985 hat Österreich gezeigt, dass es mehr zu bieten hat als Sachertorte, Wiener Schnitzel und Gespritzten. Auf seine Weine ist das Land ebenso stolz wie auf seine Leib- und Magengerichte – zu Recht. Selbst der Grüne Veltliner, früher Inbegriff des einfachen, »heurigen« Weins, gehört in der Spitze zu den besten Weißweinen der Welt. Bei den Roten hat der Blaufrän- kisch seine Klasse bewiesen – in der Cuvée oder pur.

Heroische Wachau: Die steilen Urgestein- terrassen an der Donau sind mit Grünem Veltliner und Riesling bepflanzt.

Carnuntum: Östlich von Wien an der Donaus gelegenes Anbaugebiet mit explosiven Zweigelts und dunkel- fruchtigen Blaufränkisch-Weinen, dazu ein wenig Grüner Veltliner.

Kamptal: Etwas kühleres Grund- klima als die nahe Wachau, aber ähnliche Lehm-, Löss- und Urge- steinsböden – das ist das Terroir für zupackende Grüne Veltliner und hochfeine Rieslinge. Deren Stilistik reicht vom einfachen »Heurigen« bis zum langlebigen Spitzenwein. Dane- ben wird ein wenig Weiß- und Grau- burgunder sowie Zweigelt angebaut.

Kremstal: Der Wachau vorgelager- tes Anbaugebiet mit ähnlicher Bo- denstruktur, teils etwas wärmerem Klima und gleich guten, in der Spitze majestätischen Grünen Veltlinern und Rieslingen.

Leithaberg: Früher Neusiedlersee- Hügelland genannt, seit 2009 nun Leithaberg. Herausragend sind die mineralischen Weißweine aus Weiß- burgunder und Chardonnay sowie die kräftigen Blaufränkischen und - aus den höheren Lagen – Pinot Noir. Der süße Ruster Ausbruch ist eine Klasse für sich.

Mittelburgenland: Auch Blaufränkischland genannt, weil diese Sorte den Hauptteil der Rotweintrauben um Horitschon und Deutschkreutz liefert. Der klassische Blaufränkisch ist meist reinsortig aus dieser Sorte gekeltert, die Spitzenweine sind oft Cuvées unter Einschluss von Zweigelt, Cabernet, Merlot u. a.

Neusiedlersee: Das Anbaugebiet reicht von Jois über Neusiedel bis an die ungarische Grenze. Gols ist vor allem für Rotweine aus Zweigelt und Blaufränkisch berühmt (sowie seine trockenen Weißweine aus den Burgundersorten), während der »Seewinkel« südlich von Frauenkirchen das größte zusammenhängende Süßwein-Anbaugebiet der Welt ist.

Steiermark: Aus der Südlichen Steiermark kommen vor allem körperreiche Sauvignons, mächtige Chardonnays (Morillon) und säurebetonte Gelbe Muskateller. Die vulkanische Südoststeiermark hat ein breiteres Weinsortiment: Es reicht von Welschriesling über weiße Burgunder, Gewürztraminer, Sauvignon bis zu Zweigelt und Merlot. Die Weststeiermark ist die Heimat des Blauen Wildbacher, aus der vor allem der roséfarbene Schilcher gewonnen wird.

Thermenregion: Einst bekannt für ihren Gumpoldskirchener, heute vor allem für ihre eleganten, trockenen Weißweine aus den einheimischen Sorten Zierfandler, Rotgipfler und Neuburger sowie aus den Burgundersorten.

Traisental: Kleines, kühles Weißweinanbaugebiet, das sich vom Südufer der Donau bis nach St. Pölten hinzieht und exzellente Grüne Veltliner und Rieslinge hervorbringt.

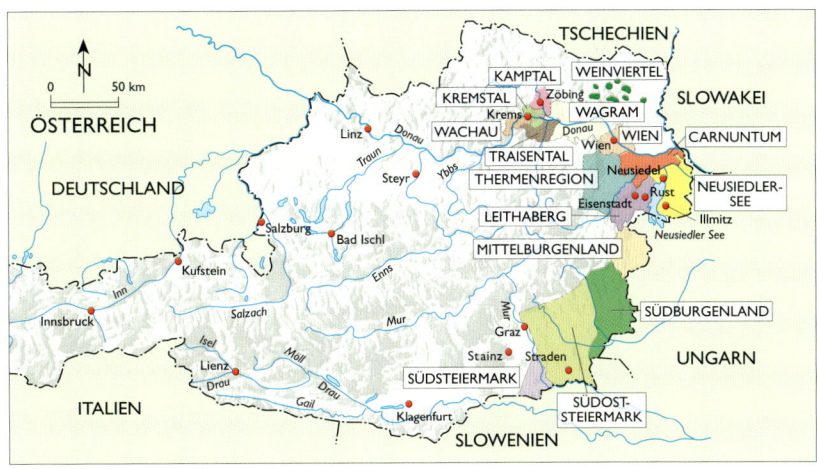

Anbaufläche: 48 000 ha
Produktion: 2,3 Mio. hl
Anteil Rot- / Weißwein: 25 % / 74 %
Konsum: 30 l pro Kopf / Jahr

Wachau: Renommiertestes Anbaugebiet Österreichs, gelegen zwischen Spitz und Mautern an der Donau. Von den steilen Urgesteins- und Lössterrassen kommen die besten Grünen Veltliner Österreichs und einige große, langlebige Rieslinge. Die besten, opulentesten tragen die Bezeichnung »Smaragd« auf dem Etikett, die leichteren »Steinfeder«, die ganz leichten »Federspiel«.

Wagram: Das Anbaugebiet reicht von Klosterneuburg bis Feuersbrunn bei Krems und wurde früher Donauland genannt. Weine: Weißweine nahezu aller Sorten sowie Zweigelt.

Weinviertel: Weitläufiges, nördlich von Wien bzw. an der tschechischen Grenze gelegenes Gebiet, dessen typischer Wein der Grüne Veltliner ist.

Wien: Die Reben wachsen am nördlichen Stadtrand bei Grinzing, Neustift, Sievering und Nussdorf: neben einfachem Heurigen auch Riesling, Weißburgunder, Traminer.

Wo der beste Sauvignon wächst: Weingärten in der Südsteiermark

Unterwegs in Richtung Gipfel

Jahrelang waren die Eidgenossen vor allem für ihre streng vor ausländischer Konkurrenz geschützten Weißweine bekannt. Seitdem die Importbeschränkungen abgebaut sind, hat der Wind gedreht. Nicht nur die Weißweine sind ausdrucksvoller geworden. Plötzlich gibt es auch ambitionierte Pinot Noirs aus Graubünden, feine Cornalins aus dem Waadtland und urwüchsige Merlots aus dem Tessin.

Das Wallis ist nicht nur eine der schönsten Weinlandschaften Europas, es bringt auch einige hochklassige Weine hervor.

Bündner Herrschaft: Kleiner Weinbauflecken im Graubündner Rheintal nördlich von Chur, der für seine großartigen Pinot Noirs, aber auch für seine feinen Rieslinge, Weißburgunder und holzfassvergorenen Chardonnays berühmt ist.

Genf: Relativ großes Anbaugebiet, bekannt für trinkfeundliche Weißweine und herzhaft fruchtige Rote aus verschiedenen Sorten.

Neuenburg: Teilweise recht gute Chasselas-Weine und frische, charaktervolle Rosés, die unter dem Namen Œil de Perdrix auf den Markt gebracht werden (aus Blauburgunder-Trauben).

Tessin: Aus zahllosen schwachen Rotweinen sind in den letzten Jahren viele respektable, sogar bedeutende Merlots entstanden: die besten tanninbetonten Roten des Landes.

Waadt: In den Weinbergen um den Genfer See werden fast ausschließlich weiße Chasselas-Reben angebaut (in den Dörfern Dézaley, Saint Saphorin und Epesses). Sie ergeben meist einfache, süffige Weine.

Wallis: An den steilen Hängen des Unterwallis werden vor allem Chasselas-Reben für den weißen Fendant gezogen. Daneben werden Pinot Noir und Gamay für den roten Dôle kultiviert. In höheren Lagen findet man Spezialitäten wie Petite Arvine, Amigne, Humagne Rouge und Heida, aus denen teils hochwertige, teils urtümliche Weine gewonnen werden – allerdings in Kleinstmengen.

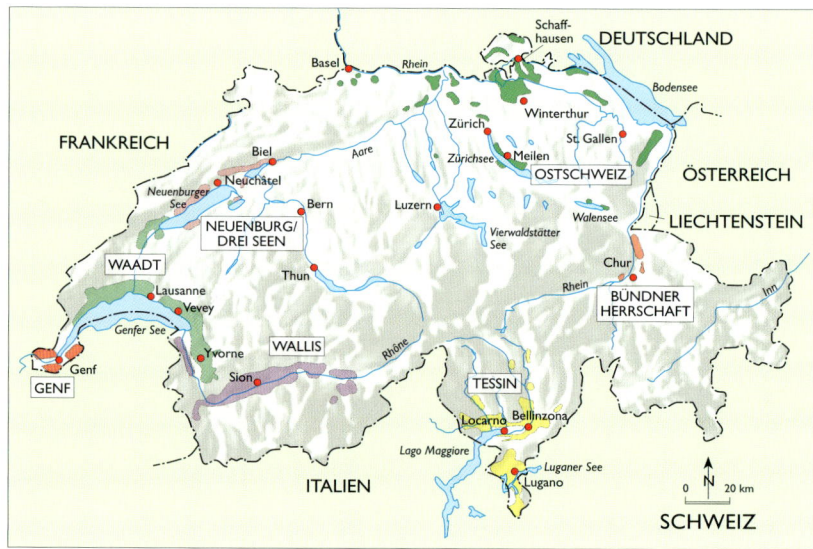

Anbaufläche: 15 000 ha
Produktion: 1,1 Mio. hl
Anteil Rot-/Weißwein: 55 %/45 %
Konsum: 38 l pro Kopf/Jahr

Neue Rote besitzt das Land

Portugal besteht nicht nur aus Portwein und Madeira. In den letzten Jahren hat die Produktion und Qualität von trockenen Weinen dramatisch zugenommen. Aus dem Douro-Tal, aus Dão und Alentejo kommen schwere, tanninreiche Rote von einer Klasse, wie sie vorher völlig unbekannt war. Der kühle Norden steuert leichte, rassige Vinho Verdes neuen Stils bei.

Kleine Quinta im Douro-Tal: Heimat des Portweins, des besten roten Likörweins der Welt

Alentejo: Einsame und heiße, an der Grenze zu Spanien gelegene Region, die neben Korkeichen auch größere Rebflächen aufzuweisen hat. Die Tempranillo, die hier Aragonés heißt, bildet das Rückgrat der Weine. Neben einfachen Landweinen aus lokalen Sorten werden aus ihr auch hochklassige DOC-Weine erzeugt, die meist schwer und feurig sind, aber durchaus auch spektakulär ausfallen können.

Bairrada: Großes Rotweingebiet südlich der Stadt Porto in Atlantiknähe (Traube: Baga), das viele Massenweine, aber auch einige langlebige, charaktervolle Weine hervorbringt. Die wenigen Weißweine (Traube: Bical) können ebenfalls von beachtlicher Qualität sein.

Dão: Anbaugebiet südlich des Douro, in dem trockene Rotweine aus heimischen Rebsorten (Tinta Roriz, Touriga Nacional, Bastardo und Jaen) gekeltert werden. Im Vergleich zu den Douro-Weinen sind sie schlanker und weniger alkoholreich, leicht erhöht in der Säure und damit etwas fruchtiger, gleichzeitig aber tanninreicher und äußert reifebedürftig. Die granithaltigen Urgesteinsböden geben ihnen eine große Finesse. Viele halten sie für die besten Rotweine Portugals. Auf jeden Fall sind sie die teuersten.

Douro: Am Oberlauf des Flusses Douro wachsen auf teilweise steilen Terrassen-Weingärten die Trauben für den Portwein (Touriga Nacional, Tinta Barroca, Touriga Roriz und Tinto Cão u. a.), den bedeutendsten roten Likörwein der Welt. Der Wein wird in den Quintas (Weingütern) vor Ort gekeltert, um dann in den riesigen Lagerhäusern von Vila Nova de Gaia, einem Stadtteil von Porto, zu reifen. Dort haben 50 Portweinfirmen ihren Sitz. Inzwischen steigen allerdings immer mehr Weingüter auf trockene Rotweine um. Die besten bestechen mit üppiger Frucht und reichem Tannin. Sie sind langlebig, schwer, opulent, aber auch fein.

Anbaufläche: 243 000 ha
Produktion: 6 Mio. hl
Anteil Rot-/Weißwein: 66 % / 34 %
Konsum: 42 l pro Kopf/Jahr

Vinho Verde: Leichte, frische Weißweine aus der kühlen, regenreichen Nordprovinz Minho im Norden Portugals. Die meisten werden aus Loureiro, Azal, Arinto, Trajadura gekeltert, zunehmend auch aus Alvarinho, die im Rias Baixas einen der besten Weißweine Spaniens ergibt.

Weitere Anbaugebiete: Estremadura und Ribatejo um Lissabon sowie vier kleinere Appellationen an der Algarveküste.

Stierblut ade: Ungarn ist aufgewacht

Erlauer Stierblut und süßer Kadarka – damit hat Ungarn jahrzehntelang einheimische und ausländische Weintrinker beglückt. Diese Zeiten sind vorbei. Nach dem Ende der kommunistischen Herrschaft besinnt sich das Land auf seine Stärken: wertvolle, einheimische Reben, hochwertige Böden, ein trocken-warmes Klima – und Villányi, das beste Rotweingebiet des Landes.

Weinberge bei Badacsonytomaj, Nordufer des Plattensees

Alföldi: In der warm-heißen Tiefebene zwischen Donau und Tisza steht über die Hälfte aller ungarischen Reben. Aus Csongrád, Hajós-Baja und Kunság kommen große Mengen einfacher Weine aus allen möglichen Rebsorten, insbesondere Rotweine.

Nord-Transdanubien: Große Anbauregion nördlich des Plattensees mit einer Vielzahl von Weißweingebieten (von Ászár-Neszmély bis Balaton-Felvidék) sowie der Kékfrankos-(Blaufränkisch-)Nische Sopron nahe der Grenze zum österreichischen Burgenland. Die Region profitiert teilweise vom kontinentalen Klima sowie von der relativ

hohen Luftfeuchtigkeit und intensiven Sonneneinstrahlung, die die Nähe zum See mit sich bringt. Auch um den Plattensee wachsen vollmundige, wuchtige Weine, die nicht selten eine kleine Restsüße aufweisen. Die dominierenden Sorten sind neben den weißen Kéknyelü (Blaustengler) und Welschriesling (Olaszriesling) vor allem Pinot Gris (Szürkebarát) und Riesling (Rajnai Rizling).

Nordungarn: An den südlichen Hängen des Matra-Massivs um die Stadt Eger wachsen ausgezeichnete Weißweine aus der Leányka-Traube und berühmte Rote aus Kadarka- und Kékfrankos-Trauben (die früher als Stierblut bekannt waren). Der berühmteste Wein ist jedoch der edelsüße Tokajer, der aus Furmint-Trauben gekeltert wird.

Süd-Transdanubien: In den Anbaugebieten südlich des Plattensees bis zur kroatischen Grenze findet man eine teilweise hochwertige Rotweinproduktion, vor allem in Villány-Siklós und Szekszárd. Die wichtigsten roten Trauben sind Kékfrankos (Blaufränkisch), Kadarka und Blauer Portugieser (Kékoportó). Dazu kommen Pinot Noir (Nagyburgundi), Merlot (Médoc Noir) und Cabernet Sauvignon. Während bei den Genossenschaften das Qualitätsdenken noch unterentwickelt ist, drehen kleine Winzer mächtig an der Qualitätsschraube. Deren Rotweine erzielen bereits hohe Preise auf dem Markt.

Anbaufläche: ca. 70 000 ha
Produktion: ca. 3,4 Mio. hl
Anteil Rot-/Weißwein: 30 % / 70 %
Konsum: ca. 24 l pro Kopf/Jahr

Spät, aber glücklich angekommen

Griechenland hat mehr zu bieten als geharzten Retsina und süße Likörweine von den Ägäischen Inseln. Neben trockenen Qualitätsweinen aus weißen Assyrtiko- und roten Xinomavro- oder Agiorgitiko-Trauben werden zunehmend hochwertige Cuvées unter Einschluss internationaler Sorten hergestellt – das Ausland goutiert sie.

Assyrtiko-Reben auf der Insel Santorin: ein Weißwein, der seinesgleichen sucht

Ionische Inseln: Die bekanntesten und wohl besten Weine kommen von der Insel Kephalonia: Kräftige Weiße von der Robola-Rebe, die mit der italienischen Ribolla identisch ist.

Makedonien und Thrakien: Nordgriechische Provinzen, aus denen einige der besten Rotweine des Landes kommen: Naoussa, Goumenissa, Amynteon, Côtes de Meliton. Die Basis dieser Weine bildet die Xinomavro-Traube. Sie wird gern mit Merlot, Syrah oder Cabernet Sauvignon verschnitten. Es werden aber auch Weißweine und Rosés erzeugt. In Thrakien konzentriert sich der Weinbau um die Stadt Drama.

Peloponnes: Zahlenmäßig bedeutendste griechische Weinbauregion, die große Mengen einfacher Weine hervorbringt. Edle Rotweine aus der Agiorgitiko-Traube und aus Cabernet Sauvignon sowie würzige Weißweine aus der Moschofilero-Traube sind noch selten, außer im bekannten Anbaugebiet Nemea.

Thessalien: Viele einfache, trockene Weißweine aus einheimischen Sorten, etwa der Anchialos, gewonnen aus Roditis-Trauben. Zunehmend an Bedeutung gewinnen jedoch die Rotweine, etwa der rote Rapsani, ein Verschnitt von Xinomavro mit Stavroto und Krassato.

Ägäis: Die nördliche Ägäis ist die Heimat der Süßweine, erzeugt auf der Basis von Alexandermuskat. Auf Pagos wird ein rustikaler, tanninreicher Rotwein aus Mandelaria-Trauben erzeugt. Die besten Weine aber kommen von der Insel Santorin. Dort ergibt die Assyrtiko-Rebe herzhaft-mineralische, säurebetonte Weißweine, die im gesamten Mittelmeerraum ihresgleichen suchen. Kretas Weine sind dagegen eher einfachen Zuschnitts: trockene Rotweine aus den Sorten Mandelari und Kotsifali sowie einfache, aber schmackhafte Weißweine aus der Vilana-Traube.

Anbaufläche: 115 000 ha
Produktion: 3,6 Mio. hl
Anteil Rot-/Weißwein: 20 %/80 %
Konsum: 26 l pro Kopf/Jahr

Geburt einer neuen Weißweinnation

Slowenien ist ein aufstrebendes Weinbauland. Seine Weine werden von Jahr zu Jahr besser, vor allem die weißen. In der Spitze haben sie bereits das Qualitätsniveau der Nachbarn Österreich und Italien erreicht. Allerdings wird nur ein kleiner Teil der Weinproduktion Sloweniens exportiert. Die meisten ihrer Weine trinken die Slowenen selbst – und sie lieben es vor allem süß.

Sloweniens Hoffnung: Weißweinreben im Hinterland der adriatischen Küste

Anbaufläche: 22 000 ha
Produktion: 0,9 Mio. hl
Anteil Rot-/Weißwein: 25 %/75 %
Konsum: 37 l pro Kopf/Jahr

Podravje: In den sechs Anbaugebieten im Nordosten des Landes (von Prekmurske Gorice bis Haloze) besteht 97 Prozent der Produktion aus Weißwein, vor allem lieblich ausgebautem Welschriesling. Die neue Garde der jungen Produzenten im Tal der Drava favorisiert allerdings den trockenen Ausbau von Chardonnay, Sauvignon, Furmint und Pinot Gris. Als beste Anbauzone der Region werden das Hügelland von Ljutomer-Ormoz (insbesondere die Weinberge rund um Jeruzalem) und die Steillagen des benachbarten Haloze eingestuft. Dort werden aus Riesling, Welschriesling und Furmint Weltklasse-Süßweine erzeugt.

Posavje: Das Sava-Tal (Dolenjska, Bizeljsko-Sremič, Šmarje-Virštajn) ist das kleinste Weingebiet Sloweniens. In der feuchten und relativ kühlen Region werden vor allem Tafelweine erzeugt. Hauptrebsorten sind Šmetovka, Welschriesling, Blaufränkisch und Kraljevina.

Primorje: Aus den vier Subzonen des Adria-Küstenlands kommen die meisten Rotweine des Landes. Sie werden aus Merlot, Cabernet Sauvignon, Pinot Noir und vor allem Refosco erzeugt. Mengenmäßig dominieren jedoch auch hier die Weißweine. Die besten werden aus Chardonnay, Sauvignon Blanc und Pinot Gris hergestellt und stammen aus Brda (gegenüber dem friaulschen Collio auf der italienischen Seite der Grenze). Nicht zu unterschätzen sind aber auch die einheimischen Sorten Rebula und Malvasia. Sie alle ergeben kräftige, sehr lebendige, eher jung als alt zu trinkende Weine.

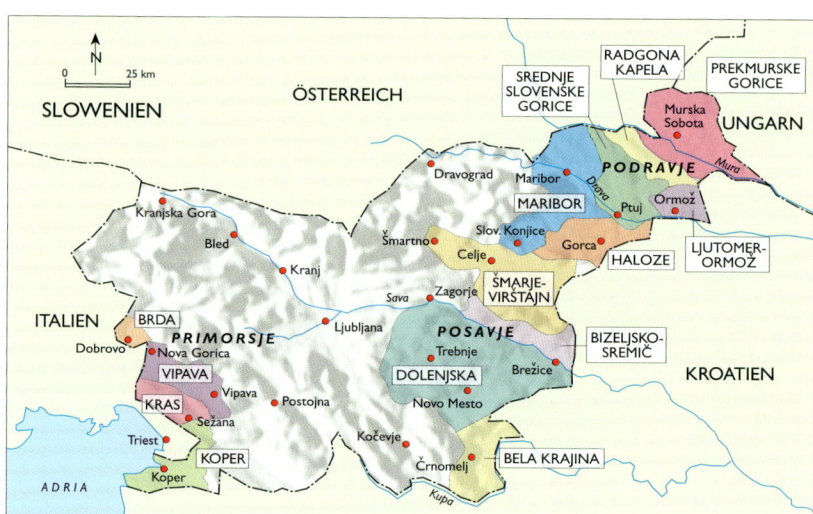

Kroatien in den Startlöchern

Kroatiens Weinwirtschaft kommt nach dem Balkankrieg nur mühsam in Schwung. Die Hoffnungen beruhen auf neuen Winzern und Weinunternehmern, die aus den natürlichen Ressourcen des Landes mehr machen als ihre Vorgänger. Böden und Klima sind ideal. Jetzt müssen nur noch Ehrgeiz und Leidenschaft hinzukommen – also die menschlichen Faktoren.

ist vor allem die rote Sorte Plavak Mali anzutreffen. Aus ihr werden Weine unterschiedlicher Qualität und Geschmacksrichtung erzeugt – von süß bis durchgegoren. Hervorragende Qualitäten wachsen auf den steilen, teilweise 350 Meter zum Meer abfallenden Terrassen um Split und den vorgelagerten Inseln. Die berühmtesten kommen von der Halbinsel Pelješac: Postup und Dingač, beide schwer und langlebig. Daneben gibt es Nischen mit unbekannten Rebsorten wie Prosip (auf der Insel Korčula) und Vugava (auf Vis).

Anbaufläche: 44 000 ha
Produktion: 2 Mio. hl
Anteil Rot-/Weißwein: 33 % / 67 %
Konsum: ca. 27 l pro Kopf / Jahr

Das kontinentale Hinterland:

Die Weißweinhochburg des Landes liegt im bergischen Hinterland Kroatiens zwischen Drau (Drava) und Sava. Es besteht aus sieben Weinbauzonen (von Plešivica bis Podunavlje) und ist der Sitz der großen, einst staatlichen Weingüter. In dem warmen Klima wachsen volle, für den heimischen Bedarf oft lieblich ausgebaute Weißweine aus Welschriesling, Chardonnay, Pinot Blanc, Riesling und Sauvignon. Die Produktion trockener Weine nimmt jedoch deutlich zu. Die besten sind von großer Fülle und von erlesener Feinheit. Der Rotwein spielt in diesem Teil des Landes nur eine untergeordnete Rolle, nimmt aber an Bedeutung zu. Die wichtigste rote Rebsorte ist Blaufränkisch. Dazu kommen in den letzten Jahren vermehrt Merlot und Pinot Noir.

Der Küstenbereich:
In Istrien und auf den vorgelagerten Inseln sind die weiße Malvazija und der rote Refošk weit verbreitet, aus der der Teran gewonnen wird. An der dalmatinischen Küste von Rijeka bis nach Dubrovnik

Kroatiens Weißweinhochburg: das warme kontinentale Hinterland

Weinboom am Kap der Guten Hoffnung

Südafrikas Weine haben seit Ende der Apartheid im Jahre 1991 einen steilen Aufstieg erlebt. Schuld daran sind nicht nur untadelige Qualitäten, sondern auch sonnendurchflutete Weinlandschaften, die an Schönheit keine Wünsche offenlassen und Menschen aus aller Herren Länder magisch anziehen. Reiche Südafrikaner investieren ebenso in Wein wie kapitalkräftige Ausländer. Die Weinwirtschaft boomt, und ein Ende des Booms ist nicht abzusehen.

Lichtdurchflutete Weinlandschaft: Am Fuße des Simonsbergs bei Paarl wachsen kräftige Chardonnays und würzige Sauvignons, vor allem aber feine, langlebige Rotweine.

Constantia: Kleines Anbaugebiet um Kapstadt mit kühlem, feuchten Klima. Die Winde, die von der False Bay her wehen, sorgen für Frische und haben Constantia zu einem Weißweingebiet gemacht. Besonders die Sauvignon Blanc bringt gute Ergebnisse. Erst in letzter Zeit werden verstärkt auch Rotweine angebaut.

Franschhoek: Kleine, zum Weinbaugebiet Paarl gehörende Enklave, die sich mit vielen »Show Wineries« zu einem Zentrum des Weintourismus entwickelt hat. Die besten Franschhoek-Weine wachsen in den höheren Tallagen, wo die kühlen

Nächte dafür sorgen, dass die Weine frisch bleiben und expressiv fruchtig ausfallen. Merlot, Syrah und Pinotage gelingen besonders gut.

Paarl: Große Teile dieses bedeutenden Anbaugebiets liegen im Einflussbereich sehr warmen Binnenklimas und sind deshalb besonders für Cabernet Sauvignon, Merlot und Syrah geeignet. In der Vergangenheit wurden in Paarl, dem Sitz der beiden südafrikanischen Weingiganten KWV und Nederburg, große Mengen Port, Sherry und Brandy erzeugt. Heute wandert der Weinbau in die kühleren Teile des Anbaugebiets, etwa an die

Hänge des Drakenstein-Gebirges. Dort wachsen ausgezeichnete trockene Rotweine und einige bemerkenswerte Weiße.

Robertson: Großes, trocken-heißes Anbaugebiet am Breede River, rund zwei Autostunden nördlich von Kapstadt, bekannt vor allem wegen der

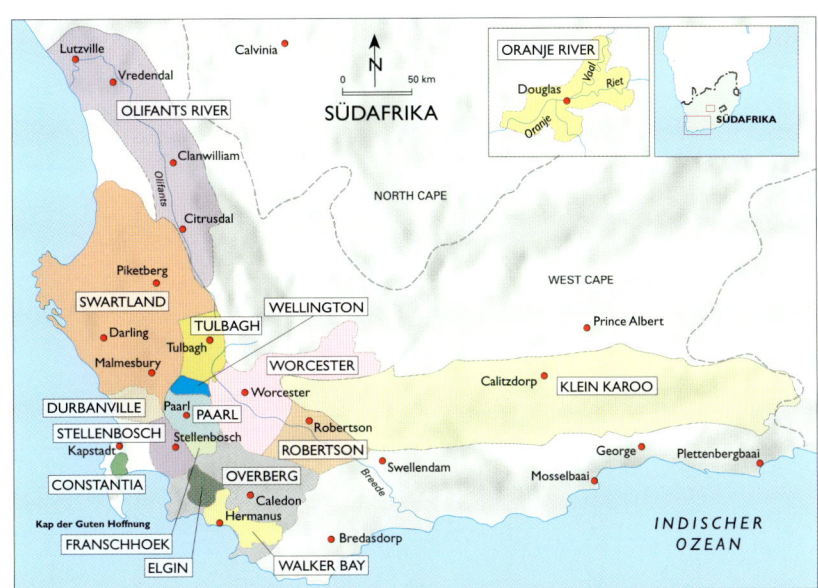

Anbaufläche: 132 000 ha
Produktion: 9,8 Mio. hl
Anteil Rot-/Weißwein: 45 %/55 %
Konsum: 9 l pro Kopf/Jahr

Masse an einfachen Tafelweinen, die dort erzeugt werden. Daneben kommen aus Robertson aber auch qualitativ hochwertige Weine, vor allem Syrah und Cabernet Sauvignon, aber auch Colombard, Chenin Blanc, Chardonnay und Sauvignon Blanc.

Stellenbosch: Um die alte Universitätsstadt herrscht die größte Weingutsdichte – die Region liefert 16 Prozent der südafrikanischen Weinproduktion. Lange Jahre überwogen weiße Sorten, obwohl das warme Klima besser für rote Trauben geeignet ist. Inzwischen ist dieser »Irrtum« korrigiert worden. In Stellen-

bosch gibt es zahlreiche Nischen mit ganz unterschiedlichen Böden und Kleinklimata. In den kühlen, meernahen Zonen werden ausgezeichnete Chardonnays und Sauvignons Blancs gewonnen. Ansonsten dominieren

Kapholländische Architektur und eine der schönsten Weinlandschaften der Welt

Merlot, Cabernet Sauvignon und Pinotage. Letztere ist übrigens eine spezifisch südafrikanische Rebe, die 1924 von einem deutschen Weinbauprofessor in Stellenbosch aus Cinsault und Pinot Noir gekreuzt wurde.

Swartland: Großes, heterogenes Weinanbaugebiet mit sehr warmen Unterzonen, in denen große Mengen einfacher Weiß- und Rotweine produziert werden. Es gibt aber auch kühle Bereiche, aus denen heute einige der besten Chardonnays, Merlots und Pinotages Südafrikas kommen. Diese liegen in Atlantiknähe um das Städtchen Darling herum.

Andere Weinbauzonen: Ein noch wenig erschlossenes Weinanbaugebiet ist Durbanville vor den Toren von Kapstadt. Es liegt im Einflussbereich kühlen atlantischen Klimas und ist sowohl für Weiß- als auch für Rotweine geeignet. Andere »Cool Climate Areas« sind Somerset West (das Teil von Stellenbosch ist), Elgin und Walker Bay (zum Anbaugebiet Overberg gehörend).

Auf dem Highway zum Welterfolg

Selbst die versnobtesten Europäer können sich heute der Einsicht nicht mehr verschließen, dass die kalifornischen Weine in der Spitze zur Weltklasse gehören. Das gilt vor allem für Cabernet Sauvignon, Merlot und Chardonnay. Aber auch Pinot Noir, Syrah und Zinfandel ergeben hervorragende Weine. Allerdings ist keineswegs alles Spitze, was aus dem »sunny state« kommt. Die Weinindustrie versteht unter Qualität etwas ganz anderes: Weine nach dem Geschmack des Publikums zu machen.

Oakville in Napa Valley: Aus Kaliforniens berühmtestem Anbaugebiet kommen einige der besten Rotweine der Welt.

Central Valley: Heißes, nur durch künstliche Bewässerung landwirtschaftlich nutzbares Gebiet, das von Sacramento bis nach Bakersfield reicht. Der größte Teil des kalifornischen Weins wächst dort. Er landet meist in schlichten, oft auch schlechten Industrieabfüllungen.

Edna Valley, Arroyo Grande: Diese beiden im Einflussbereich kühler Meereswinde liegenden Anbaugebiete sind vor allem bekannt für ihre knackig-frischen Chardonnays, Sauvignons, Pinots Gris, Viogniers und

andere Weißweine. Auch Pinot Noir und Syrah gelingen in diesen »cool climate«-Gebieten gut.

Livermore Valley, Lodi: Im Hinterland der San Francisco Bay gelegen, werden diese beiden Anbaugebiete nur wenig von kühlen Winden berührt. In dem warmen Klima gedeihen nahezu alle Rebsorten. Während Livermore viele kleine, besucherfreundliche »wineries« aufweist, dominieren in Lodi weinbauliche Großfarmen. Von ihnen kommt ein großer Teil der Trauben für die Weinindustrie des Landes. Aber auch renommierte Weingüter im Napa Valley und anderswo beziehen einen Teil ihres »Rohstoffs« von diesen Farmen.

Napa Valley:
Kaliforniens bestes Anbaugebiet für Rotweine. Im kühleren südlichen Teil (Los Carneros) werden vor allem Chardonnay und Pinot Noir angebaut. Nördlich der Stadt Napa wachsen praktisch nur noch Cabernet Sauvignon und Merlot. Im Norden, dem wärmsten Teil, wird ein wenig Zinfandel angebaut.

Paso Robles:
Weitläufiges, sehr ländliches Anbaugebiet mit warmem Klima, in dem Viehzucht und Getreide traditionell wichtiger als Wein sind. Dennoch kommen aus Paso Robles einige der besten Zinfandel Kaliforniens. Auch Merlot und Syrah sind stark vertreten.

Santa Barbara County:
Von Santa Maria bis fast nach Los Angeles reichend, beherbergt dieses Gebiet mehrere wichtige Weinanbaugebiete. Die bedeutendsten sind Santa Maria Valley und Santa Ynez. Aus ihnen kommen einige der üppigsten, säurebetontesten Chardonnays und feinsten Pinots Noirs Kaliforniens. Daneben werden zunehmend Syrah sowie einige italienische Sorten (Sangiovese, Barbera) angebaut.

Santa Cruz Mountains, Monterey:
Kühle Anbaugebiete südlich der San Francisco Bay. Vor allem Monterey, das im direkten Einflussbereich des pazifischen Klimas liegt, bringt ausgezeichnete Chardonnays und Pinot

Noirs hervor, während aus den Santa Cruz Mountains auch großartige Rotweine kommen.

Sonoma County:
Besteht aus mehreren Unterzonen. Die kühlsten Anbaugebiete sind Los Carneros (westlicher Teil), Russian River, Mendocino und Sonoma Coast. Alle liefern beste Weißweine (vor allem Chardonnays) und exzellente Pinot Noirs. Das Dry Creek Valley ist dagegen warm und gilt als bestes Zinfandel-Anbaugebiet. Aus dem eigentlichen Sonoma Valley kommen gute Merlots und Cabernets.

Dry Creek Valley: alte Zinfandel-Reben in gelben Senfgrasfeldern

Anbaufläche: 398 000 ha
Produktion: 20,6 Mio. hl
Anteil Rot-/Weißwein: 60 %/40 %
Konsum: 9 l pro Kopf/Jahr

Garten Eden des Rotweins

An Sonne mangelt es Chile nicht. Rebkrankheiten sind so gut wie unbekannt. Die Arbeitskräfte sind billig, und Rebland ist im Überfluss vorhanden. Ein Paradies für Wein, speziell für roten? Tatsächlich sind die Voraussetzungen kaum irgendwo auf der Welt so gut, um kostengünstig große Mengen qualitativ guter Weine zu erzeugen. Aber Chile kann mehr. Es erzeugt auch Spitzenweine.

Weinberge im Valle del Maipo südlich von Santiago: Chiles Rebflächen liegen in einer trockenen Hochebene am Fuß der Anden. Ohne künstliche Bewässerung ist Weinbau nicht möglich.

Aconcagua: Lang gestrecktes, zum Pazifik hin offenes Tal am Fuß des gleichnamigen Andengipfels nördlich von Santiago, in dem einige der besten Rotweine Chiles wachsen.

Casablanca: Die besten Weißweine Chiles kommen aus dem kühlen Valle de Casablanca im Hinterland von Valparaíso. Sie werden vor allem aus Chardonnay und Sauvignon Blanc erzeugt.

San Antonio-Leyda: Neues, kleines Weißweinanbaugebiet südlich von Valparaíso im Einflussbereich des kühlen Pazifiks. Weine: Sauvignon Blanc und ein bisschen Pinot Noir.

Valle Central: Über 90 Prozent der Rebflächen Chiles liegen im Valle Central, einer 400 Kilometer langen Hochebene, die bei Santiago beginnt und bis nach Chillán reicht. Sie ist – von Norden nach Süden – in die Anbaugebiete Maipo, Rapel, Curicó und Maule unterteilt. Cabernet Sauvignon, Merlot, zunehmend auch Carménère und Syrah können dort nahezu jedes Jahr voll ausreifen. Die Weine sind dunkel in der Farbe, süß im Tannin, niedrig in der Säure und faszinieren durch ihre saubere, makellose Fruchtigkeit: Cassis-Geschmack pur. Die Jahrgangsunterschiede sind gering. Übrigens: Ein großer Teil der Reben ist noch unveredelt, da die Reblaus in Chile keine Angriffsflächen gefunden hat.

Anbaufläche: ca. 200 000 ha
Produktion: 9,9 Mio. hl
Anteil Rot-/Weißwein: 80 % / 20 %
Konsum: 14 l pro Kopf / Jahr

Renaissance der Malbec-Weine

Argentinien ist der viertgrößte Weinproduzent der Welt. Die Reben wachsen im Westen des Landes am Fuß der Anden. Zentrum des Weinbaus ist die Stadt Mendoza. Die besten Weine sind rot, und einer ist besonders gut und erfolgreich: der Malbec. Doch Argentinien hat mehr zu bieten als Wein: spektakuläre Landschaften und kühne, moderne Weingutsarchitekturen.

Mendoza: Aus Mendoza kommen die besten argentinischen Rotweine. Vor allem die Sorte Malbec, die aus Bordeaux stammt, dort aber praktisch ausgemustert wurde und nur im Anbaugebiet von Cahors weiterlebt, ergibt im trocken-heißen Klima Mendozas Weine von großer Tiefe und Haltbarkeit. In ihren besten Qualitäten ist sie sogar der Cabernet Sauvignon und der Merlot überlegen. Malbec-Weine sind zum wichtigsten Exportartikel des argentinischen Weinbaus geworden. Daneben werden zahlreiche italienische (Sangiovese, Barbera, Bonarda, Nebbiolo) und spanische Traubensorten (Tempranillo) angebaut. Das Hochland von Mendoza ist trocken. Es muss künstlich bewässert werden. Das geschieht, indem das Schmelzwasser der Anden über ein verzweigtes Kanalsystem auf die landwirtschaftlichen Flächen geleitet wird.

Rio Negro: Größtes Anbaugebiet im kühlen Süden um den Rio-Negro-Fluss und das einzige, das nicht im Andenvorland liegt. Von dort kommen knackige, fruchtige Merlots und Cabernets sowie einige gute Weißweine und interessante Pinot Noirs.

Salta: Nördlichste Weinbauprovinz Argentiniens, wo auf bis zu 3000 Metern Höhe Torrontés angebaut wird, die einen würzig-trockenen Weißwein ergibt.

Tupungato: Sehr kühles, 800 bis 1200 Meter hohes Anbaugebiet südlich von Mendoza, das wegen seiner knackigen Chardonnays und Pinot Noirs großen Zulauf erlebt.

Hochebene von Mendoza: Weinbau im Anblick schneebedeckter Andengipfel

Anbaufläche: 228 000 ha
Produktion: 12,1 Mio. hl
Anteil Rot-/Weißwein: 80 %/20 %
Konsum: 25 l pro Kopf/Jahr

Down Under im Weinrausch

Nirgendwo auf der Welt ist die Weinindustrie so mächtig wie in Australien. Aber nirgendwo auf der Welt gibt es trotzdem so viele gut gemachte, ja sogar typische Weine wie auf dem fünften Kontinent. Längst ist es nicht mehr der Shiraz allein, der für den guten Ruf des Landes sorgt. Auch andere Rotweine, sogar einige Weißweine sind an dem anhaltenden Boom in »Down Under« Schuld.

Weinberge im heißen Südaustralien

New South Wales: Nördlich von Sydney liegt das Hunter Valley, in dessen teilweise subtropischem Klima Shiraz und Sémillon besonders gut gedeihen. Interessanter sind jedoch die Weine aus den neuen »cool climate«-Gebieten Cowra, Orange und Tumbarumba.

Südaustralien: Im weinreichsten Bundesstaat liegen das warme Barossa Valley (alkoholreiche Shiraz, wuchtige Cabernets und schwere Sémillon-Weißweine) sowie das Clare und das Eden Valley (Haupt-

anbaugebiete für Riesling). Das zweite große Shiraz- und Cabernet-Sauvignon-Gebiet ist das McLaren Vale. Besonders »trendy« sind Cabernets und Shiraz aus den kühlen Adelaide Hills und aus Coonawarra.

Victoria: Rund um Melbourne werden ausgezeichnete Chardonnays erzeugt, dazu Cabernet Sauvignon, Merlot und neuerdings viel Shiraz, der wegen des kühleren Klimas oft

rauer ausfällt als in Südaustralien. Das kühlste Anbaugebiet ist die Insel Tasmanien mit frischen Chardonnays und eleganten Pinot Noirs.

West-Australien: Die Gegend südlich von Perth erweist sich wegen ihres mediterran-kühlen Klimas als ein hervorragendes Anbaugebiet für Sauvignon Blanc, Cabernet Sauvignon und Shiraz, insbesondere Margaret River und Mount Barker.

Anbaufläche: 172 000 ha
Produktion: 11,6 Mio. hl
Anteil Rot-/Weißwein: 60 % / 40 %
Konsum: 23 l pro Kopf/Jahr

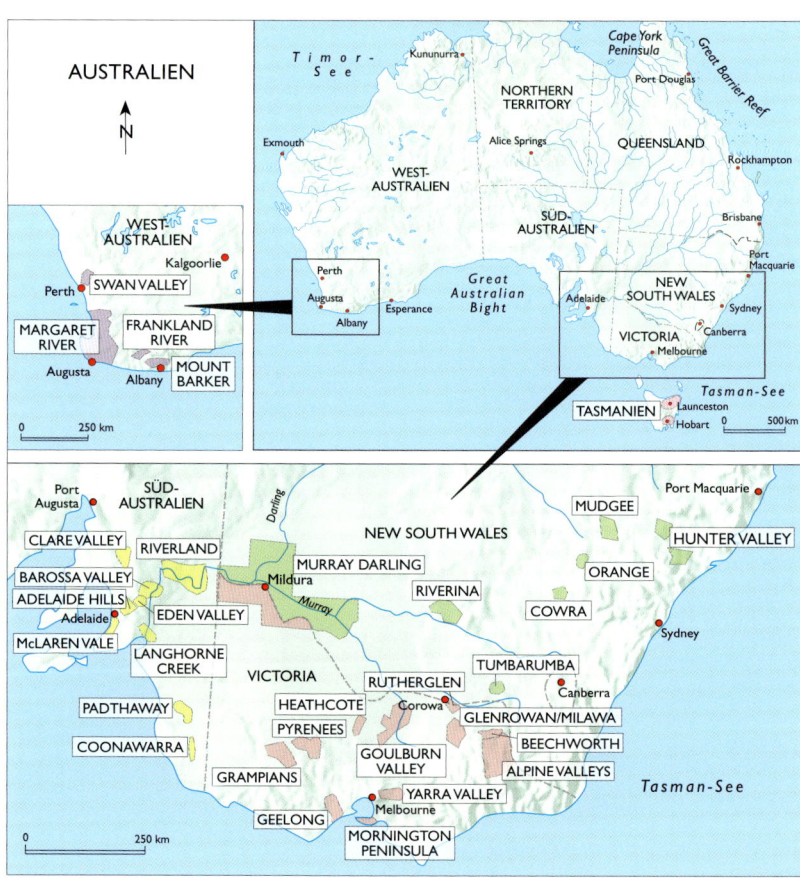

Als die Kiwis den Wein entdeckten...

Wein durfte in Neuseeland bis 1989 nicht frei verkauft werden. Erst danach war Schluss mit der Prohibition. Heute herrscht im ganzen Land grenzenlose Weinbegeisterung. Allerdings ist der größte Teil der Weinproduktion in den Händen der Industrie – und die überschätzt manchmal den Durst der Menschen. Dabei sind die wirklich guten neuseeländischen Weine ebenso rar wie teuer.

Rippon Vineyard am Lake Wanaka, C. Otago

Südinsel: Die landschaftlich eindrucksvollere Südinsel liegt im Einflussbereich trockenen, arktisch-kühlen Klimas mit zugleich hoher Tageserwärmung. Das größte und bekannteste Anbaugebiet ist Marlborough (um Blenheim im Norden der Insel). Dort wächst ein extrem würziger, pikanter Sauvignon Blanc, der in wenigen Jahren die Weltmärkte im Fluge erobert hat. Nelson und die weiter südlich gelegenen Gebiete Waipara, Canterbury und Central Otago mit ihren zahllosen Kleinwinzern sind berühmt für Pinot Noir, der dort teilweise ausgezeichnete Qualitäten erreicht. Aber auch Pinot Gris, Riesling und Gewürztraminer gelingen recht gut. Leider sind sie nur in Kleinstmengen erhältlich.

Nordinsel: Hawke's Bay ist das zweitgrößte Anbaugebiet des Landes. Dort werden neben Sauvignon Blanc und Chardonnay vor allem Cabernet Sauvignon und Merlot angebaut. Das benachbarte Gisborne ist berühmt für seine tropisch-fruchtigen Chardonnays. Der Weinbau um und nördlich von Auckland mit seinem regenreichen, subtropischen Klima geht zurück. Stattdessen boomt es auf dem Great Barrier Island, in Matakana sowie an der Südspitze der Nordinsel: Wairarapa und Martinborough sind Hochburgen für edle Pinot Noirs und vollmundige Weißweine.

Anbaufläche: 32 000 ha
Produktion: 2 Mio. hl
Anteil Rot-/Weißwein: 15 % / 85 %
Konsum: 20 l pro Kopf / Jahr

Aufstrebende Weinnationen

Durch die politischen Wirren des 20. Jahrhunderts sind viele stolze Weinbaunationen von einst ins Hintertreffen geraten. Vor allem im Osten und Südosten Europas schlummert ein gewaltiges Potenzial. Gelänge es, dieses Potenzial auszuschöpfen, müsste die Landkarte des europäischen Weinbaus neu gezeichnet werden. Einigen Nationen wird die globale Erwärmung allerdings einen Strich durch die Rechnung machen. Andere könnten von ihr profitieren: Luxemburg etwa.

Weinlandschaft bei Greiveldange an der luxemburgischen Mosel

Luxemburg

Gleich nach dem Grenzdorf Wasserbillig an der Mosel beginnen die Weinberge des Großherzogtums Luxemburg, auch »die andere Mosel« genannt. Knapp 1300 Hektar stehen unter Reben, in der Mehrzahl weiße: Müller-Thurgau, Auxerrois, Pinot Gris, Riesling, Pinot Blanc, Gewürztraminer. Der Elbling, einst wichtigste Sorte, ist stark rückläufig. Unter den roten Sorten spielt nur Pinot Noir eine Rolle. Die Spezialität (und Zukunft) Luxemburgs dürfte der schäumende Crémant sein, meist eine Cuvée verschiedener Rebsorten. Neben der Genossenschaft Domaines de Vinsmoselle, die den höchsten Teil der Weinproduktion repräsentiert, hat sich in den letzten Jahren eine ehrgeizige Kleinwinzerszene gebildet.

Bulgarien

Bulgariens Weinbau ist über 3000 Jahre alt, aber durch die Islamisierung, später durch den Kommunismus immer wieder zurückgeworfen worden. Heute stehen knapp 100 000 Hektar unter Reben, knapp zwei Drittel rot, ein Drittel weiß. Die rote Pamid ist immer noch die wichtigste rote Sorte, obwohl nur Schlichtwein aus ihr gewonnen wird. Mavrud und Melnik verlieren an Boden, ebenso die alten Weißweinsorten Dimiat, Rkatsiteli, Feteaska. Stattdessen werden Chardonnay, Riesling, Sauvignon Blanc, Gewürztraminer angebaut. Bei den Roten holen Merlot und Cabernet Sauvignon gewaltig auf. Die größten und ergiebigsten Anbaugebiete liegen in der Donauebene (Walachei), die besten in den Karpatentälern Thrakiens und im Bessa-Tal südlich von Sofia. Die Privatisierungswelle hat deutliche Fortschritte gebracht.

Rumänien

Mit 250 000 Hektar unter Reben ein schlafender Riese in Europa. Doch

Weinbauer in Bulgarien

reichen Neuzüchtungen werden meist einfache Tafelweine erzeugt, viele in der süßen Geschmacksrichtung. Private Weinunternehmer und internationale Weininvestoren suchen ihr Heil in Merlot, Cabernet Sauvignon, Aligoté, Chardonnay, Sauvignon Blanc, Pinot Gris, Gewürztraminer. Weine, die den westeuropäischen Spitzengewächsen nahekommen, sind jedoch noch rar.

Tschechien

Mit Ausnahme von ein wenig Zweigelt, St. Laurent und Pinot Noir überwiegend ein Weißweinland. Der größte Teil der 19 000 Hektar Rebfläche liegt südlich von Brno (Brünn), wo Grüner Veltliner sowie Chardonnay und Welschriesling angebaut werden. Im böhmischen Teil nordwestlich von Prag wird an den Elbufern viel Müller-Thurgau produziert.

Slowakei

Die 17 000 Hektar große (aber rückläufige) Rebfläche befindet sich im Süden des Landes längs der österreichischen und ungarischen Grenze.

Weinberge in Rumänien

Erzeugt werden frische Weißweine und leichte Rote aus weitgehend denselben Rebsorten, die auch bei den Nachbarn zu finden sind (Gewürztraminer, Riesling, Blaufränkisch). Im äußersten Osten darf auch ganz offiziell Tokajer produziert werden, weil das Gebiet unmittelbar an das ungarische Tokaj angrenzt.

das Land produziert nicht nur Menge, sondern besitzt auch qualitatives Potenzial. Vor allem aus dem siebenbürgischen Alba Iulia (Weißwein), aus der Craiova und aus Teilen Munteniens an den südlichen Ausläufern der Karpaten (Rotwein) kommen einige beachtliche Gewächse. Moldawien und das Banat sind hingegen Massenanbaugebiete. Das Rebsortenspektrum ist riesengroß. Weit verbreitet sind noch immer die Schwarze und die Weiße Mädchentraube (Feteasca). Aus ihnen und den zahl-

Neustart für osteuropäische Weine

Osteuropa und Balkan: Vergessene, alte Weinländer

Durch die politischen Umwälzungen im 20. Jahrhundert sind die Länder Ost- und Südosteuropas ins Hintertreffen geraten. Georgien, das wohl älteste Weinanbaugebiet Europas, besitzt Hunderte von alten Rebsorten und dürfte das größte weinbauliche Potenzial aller Kaukasus-Republiken besitzen. Allerdings hängt die Zukunft Georgiens von der Öffnung des russischen Marktes ab. Gleiches gilt für die Ukraine, obwohl sie mit der Schwarzmeerküste und der Halbinsel Krim hervorragende Lagen besitzt. In der bettelarmen Republik Moldawien, wo Wein das wichtigste landwirtschaftliche Produkt

darstellt, landet fast der gesamte Wein in obskuren internationalen Verschnitten. Das gilt ebenso für die Balkan-Staaten. Mazedonien und Kosovo. Sie liefern heute überwiegend Fasswein. Der süße Amselfelder, einst eine Rotweinspezialität des Kosovo, kommt heute aus Spanien. Serbien ist weinbaulich eine Großmacht geblieben, auch nach der Abtrennung Montenegros. Auf 70 000 Hektar Rebfläche wächst vor allem entlang der Morawa viel Rot- und noch mehr Weißwein, beide oft mit süßem Geschmack. Teilweise gute Rotweine ergibt die autochthone Sorte Vranac. Die 10 000 Hektar

Rebflächen Montenegros (heute: Crna Gora) liegen an der Adria sowie im Hinterland bei Podgorica. Die häufigsten roten Sorten dort sind Kratosija und Vranac sowie die weißen Krstac und Zupljanka. Bosnien-Herzegowina hat nur wenig Wein. Interessante Qualitäten bieten die Weißen aus Zilavka-Trauben um die einst stark umkämpfte Stadt Mostar.

Praktisches Weinwissen

Vom klugen Umgang mit
einem empfindlichen Produkt

Der Korken – des guten Weines engster Freund

Der Korken ist ins Gerede gekommen. Er sei von zunehmend schlechter Qualität, meinen seine Kritiker. Außerdem dezimiere die Korkproduktion die uralten Korkeichenbestände Südeuropas. Tatsächlich ist das Gegenteil der Fall: Die Wälder werden durch die Korkproduktion erhalten. Und die Qualität der Korken ist in den letzten Jahren eher gestiegen als gefallen. Als Weinverschluss ist Kork unersetzlich.

Hochwertig:
Bei diesem nahezu lentizellenfreien Korken kann kaum Luftaustausch stattfinden. »Korkschmecker« treten seltener auf.

Standard:
In einen lediglich mäßig von Lentizellen durchzogenen Korken kann die Flüssigkeit nur schwer eindringen.

Minderwertig:
Dieser von vertikalen Lentizellen durchzogene Korken durchnässt leicht, wird bröselig und gefährdet den Weingenuss.

Natürlicher Rohstoff. Seit dem 18. Jahrhundert werden Weinflaschen mit Korken verschlossen. Kork ist ein organisches Material, das aus kleinen, in sich abgeschlossenen Zellen besteht, die wie ein Luftpolster federn. Biologisch gesehen handelt es sich um abgestorbene Zellen des Holzes. Im Inneren dieser Zellen befinden sich geruchlose Gase. Die Zellwände sind aus Lignin (Holzharz), Zellulose und Suberin gebaut. Suberin, die eigentliche Korksubstanz, ist ein Gemisch aus ungesättigten Fettsäuren und Estern. Die Wände der Zellen lassen nur sehr wenig Sauerstoff passieren, zumindest solange sie intakt sind. Das heißt: mindestens 20 Jahre lang, bei hochwertigen Korken auch länger. Erst dann beginnen sie langsam zu zerfallen.

Korkeichenwälder. Kork wird aus der Rinde der Korkeiche hergestellt. Diesen Baum findet man in ganz Südeuropa, vor allem auf Korsika und auf Sardinien, teilweise auf dem italienischen Festland und im Süden Spaniens, außerdem in Nordafrika. Doch der größte Teil – über 60 Prozent – der Korkeichen wächst in Portugal. Nur ein kleiner Teil ist plantagenmäßig angepflanzt. Die meisten Korkeichen wachsen wild. Sie binden CO_2 aus der Luft und fungieren bei den regelmäßig ausbrechenden Waldbränden als Brandschutz. Kork ist nicht entflammbar. Die Korkeiche verhindert so die schnelle Ausbreitung von Waldbränden. Vor allem aber ist die Korkeiche ein Wirtschaftsfaktor. Sie sichert Tausende von Arbeitsplätzen in der Landwirtschaft und bremst so die Landflucht.

Trichloranisol. Die Korkeiche kann alle neun Jahre geschält werden. Kork ist also kein knapper Rohstoff. Er hat allerdings zwei Nachteile. Er ist relativ teuer und kann mit einer Substanz kontaminiert sein, die den Wein geruchlich und geschmacklich verdirbt. Diese Substanz heißt Tri-

chloranisol (TCA) und entsteht durch ein kompliziertes Zusammenwirken von Substanzen aus der Natur (konkret: dem Stoffwechselprodukt eines Schimmelpilzes) mit vor allem Chlor und Brom aus der Umwelt.

Muffiger Fehlton. Leider ist dem Korken äußerlich nicht anzusehen, dass er fehlerhaft ist (ein etwaiger schwarzer Belag oder Schimmel an der Oberseite des Korken hat nichts mit der Verunreinigung zu tun). Der muffig-dumpfe Korkgeruch entsteht erst durch den Kontakt des Korks mit dem Wein. Und dieser Fehlton verschwindet nicht mehr. Im Restau-

rant kann der Gast den Wein zurückgehen lassen. Viele Fachhändler sind ebenfalls kulant und ersetzen korkkranke Weine. Supermärkte und Lebensmittelmärkte leisten dagegen keinen Ersatz.

Korkschmecker. Die Angaben über die Korkschmecker-Quote schwanken zwischen einem Prozent und fünf Prozent. Durch verbesserte Hygiene während des Verarbeitungsprozesses und eine strengere Qualitätskontrolle konnte die Quote in den letzten Jahren deutlich gesenkt werden. Sie variiert allerdings von Hersteller zu Hersteller.

Korkeichen in Portugal: Alle neun Jahre werden sie geschält.

Wie Kork produziert wird

Die Herstellung. Korken werden aus der Rinde der Korkeiche gestanzt. Ein junger 20-jähriger Baum liefert etwa 15 Kilogramm Kork, ein 50-jähriger Baum etwa 45 Kilogramm. Der Kork wird geschält und zwischen sechs und 24 Monaten gelagert. Danach wird er in heißem Wasser gekocht, um ihn zu desinfizieren und die Tannine auszuwaschen. Ein Gaschromatograf versucht, schon im Rohstoff vorhandene Verunreinigungen aufzuspüren. Erst dann werden die Korken aus den Rinden gestanzt.

Verschiedene Korken. Die besten und teuersten sind die Ganzstückkorken. Sie garantieren höchste Elastizität und Lebensdauer. Die aus Schnitzeln gepressten Korken sind härter und werden meist für einfachere Weine benutzt – mit Ausnahme des Champagnerkorkens, der immer aus Schnitzeln besteht, die von zwei Naturkorkscheiben unten abgeschlossen werden.

Qualitätskontrolle. Sie beginnt mit der fachkundigen Pflege der Bäume. Die spätere Lagerung der geschälten Rinden muss an einem gut belüfteten Ort stattfinden. Beim Waschen und beim anschließenden Trocknen ist Hygiene wichtig. Entdeckt der Gaschromatograf TCA-haltige Partien, können die Korken mittels einer Dampffermentation ausgewaschen werden.

Kunststoff, Zinn, Glas – besser als Kork?

Kork ist ein nahezu idealer Verschluss für Weinflaschen – wenn das Material geruchsneutral und nicht so häufig mit TCA kontaminiert wäre. Leider war das in der Vergangenheit oft der Fall. Deshalb haben Experten nach Alternativen zum Kork gesucht: mit Erfolg. Das Öffnen der Flasche ist seitdem kein Zeremoniell mehr. Aber das Risiko eines Korkschmeckers ist gebannt.

Stopfen aus Kunststoff. Sie sehen wie Korken aus, bestehen aber aus elastischen Polymeren, die sich zusammenpressen lassen und sich im Flaschenhals eng an das Innere der Glaswand drücken. Die Verschlüsse sind mithin lecksicher. Trotzdem findet, wie beim Naturkork, ein Luftaustausch statt. Die Kunststoffstopfen werden mit einem normalen Korkenzieher aus dem Flaschenhals gezogen. Mehrere Studien haben gezeigt, dass der Kunststoff den Wein nicht negativ beeinflusst. Allerdings erstrecken sich die Studien nur über relativ kurze Zeiträume. Außerdem konnten nicht alle auf dem Markt befindlichen Produkte getestet werden. Jeder Hersteller benutzt seine eigene Kunststoffmischung. Die einen verwenden Polymere auf Kohlenstoffbasis, also Polyethylen. Andere Kunststoffstopfen sind aus Silikon, also Polymere auf Siliziumbasis. Einige Produkte kommen ohne Weichmacher auf den Markt. Anderen werden Weichmacher zugesetzt. All dies relativiert die Forschungsergebnisse.

Luftdurchlässigkeit. Dennoch kann davon ausgegangen werden, dass Kunststoff zumindest für Weine, die innerhalb von fünf Jahren getrunken werden, ein zuverlässiger Verschluss ist. Und die Entwicklung ist noch nicht abgeschlossen. Inzwischen werden Kunststoffstopfen angeboten,

Kunststoffstopfen
Moderne Hightech-Verschlüsse aus Kunststoff lassen eine genau bemessene Menge Sauerstoff durch – je nach Modell.

Drehverschluss
Richtig konstruiert, schließt der Drehverschluss – auch Stelvin-Cap genannt – den Wein hermetisch von Sauerstoff ab.

Glasverschluss
Praktisch, ästhetisch, gut – wenn nicht der schmale Kunststoffring da wäre, mit dem der Wein Kontakt hat.

die eine genau bemessene Menge Sauerstoff durchlassen – abgestimmt auf den Weintyp und sein Alterungspotenzial.

Schraubverschluss. Bei Spirituosen und Fruchtsäften hat sich der Schraubverschluss seit vielen Jahren bewährt. Allerdings sind die Anforderungen bei Wein höher, und Schraubverschluss ist nicht gleich Schraubverschluss. Erste Experimente haben gezeigt, dass der Wein schneller oxidiert. Die herkömmlichen Dichtungen dieser Schraubverschlüsse sind zwar lebensmittelecht, verhindern aber nicht den Sauerstoffzutritt. Bei den neuen Verschlüssen ist eine Zinnfolie in die Dichtung eingearbeitet. Dadurch sind sie gasdruckdicht. Ein Luftaustausch findet bei diesen Stelvin-Caps, wie sie in der Fachsprache heißen, nicht statt. Da ihnen eine normale Kapsel übergestülpt wird, sind sie für den Käufer als Schraubverschluss kaum erkennbar.

Stelvin verändert den Stil. Viele Weingüter sehen die Stelvin-Caps heute als beste und sicherste Alter-native zum Naturkork an, und zwar für Weiß- wie für Rotweine, egal ob einfach und hochwertig. Doch auch Stelvin-Caps haben ihre Tücken. So dürfen die Weine nicht zu reduktiv vinifiziert werden, weil die sich später auf der Flasche entwickelnden, unangenehm riechenden Gase nicht mehr aus der luftdicht verschlossenen Flasche entweichen können. Außerdem brauchen sie weniger Schwefel, da kein Sauerstoff in die Flasche eindringen und den Wein oxidieren kann. Aus diesem Grunde kann auch die Tanninextraktion bei Rotweinen moderater erfolgen. Das Tannin, das sofort mit Sauerstoff reagiert und ihn bindet, entscheidet nicht mehr über die Langlebigkeit des Weins. Folge: fruchtigere Aromen, elegantere Stilistik. Der Verschluss ändert den Stil des Weins.

Glasverschluss. Der Glasstöpsel wurde von einem deutschen Zahnarzt erfunden. Er gleicht äußerlich den gläsernen Stöpseln, wie sie für Whisky- und Cognac-Karaffen üblich sind. Einziger Unterschied: Der Stöpsel schließt mit einem Plastikring ab, sodass kein Sauerstoff in die Flasche dringen kann. Damit der Glasstöpsel (Markenname: Vino-Lok) fest sitzt, wird eine Zinn- oder Plastikkapsel über ihn gestülpt. Wird sie entfernt, reicht ein leichter Daumendruck, um den Glasstöpsel zu lösen. Ein Korkenzieher wird nicht mehr benötigt. Der Verschluss ist hygienisch. Korkschmecker gibt es nicht mehr. Und er ist ästhetisch. Weintrinkern fällt es leicht, ihn zu akzeptieren, auch wenn das charakteristische »Plopp«-Geräusch beim Öffnen wegfällt. Der größte Nachteil dieses Verschlusses besteht darin, dass er noch nicht lange erprobt ist. Ob der Wein auch nach Jahren noch frisch bleibt, ist unbekannt. Die Kontaktfläche des Plastikrings mit der Flüssigkeit ist zwar minimal. Aber ob dieser auf Dauer dem Alkohol, der Säure oder den Phenolen des Weins standhält, bleibt abzuwarten. So ist auch der Glasstöpsel zunächst einmal vor allem für solche Weine eine Alternative, die innerhalb von drei bis vier Jahren getrunken werden.

Auf der Suche nach dem optimalen Flaschenverschluss

Die Suche nach dem optimalen Weinflaschen-Verschluss ist in vollem Gange. Bei den Kunststoff-Verschlüssen gibt es inzwischen Produkte, die am Flaschenhals hermetisch abschließen, im Inneren aber kontrolliert luftdurchlässig sind. Das heißt: Der Weinerzeuger kann gezielt zwischen Verschlüssen wählen mit Schaumkernen von unterschiedlicher Dichte. Für Weine, die kurzfristig getrunken werden sollen, reicht eine mittlere Schaumkerndichte. Für Weine, die sechs Jahre oder länger halten müssen, wird eine höhere Dichte gewählt.

Auch die Schraubverschlüsse befinden sich noch in der Phase der Perfektionierung. Dabei konzentriert sich die Forschung auf die Frage nach dem besten Dichtungsmaterial im Inneren des Drehkopfes. Statt eines Zinnplättchens wird zum Beispiel mit einer Linse aus bruchsicherem Glas und anderen Materialien experimentiert. Auch die Korkindustrie schläft nicht und hat Verfahren entwickelt, um das Risiko einer TCA-Kontamination zu mindern beziehungsweise TCA rechtzeitig zu erkennen und zu neutralisieren.

Prosecco mit Kronenkork und Bügelverschluss: ein Marketinggag

Schutz für den Korken: die Kapsel

Die Kapsel dient nicht nur zur Dekoration. Sie hat auch eine Funktion. Sie soll die Unversehrtheit des Weins garantieren – im Zeitalter der Weinfälschungen eine zunehmend wichtige Aufgabe. Außerdem verlangsamt sie den Gasaustausch zwischen dem Flascheninhalt und der Außenwelt. Schließlich kann die Kapsel den Wein vor einem gefährlichen Schädling schützen: der Korkmotte.

Entfernung der Kapsel. Bevor der Korken aus der Flasche gezogen wird, muss erst einmal die Kapsel entfernt werden. Sie schmiegt sich eng an den Flaschenhals an und lässt sich nicht als Ganzes entfernen. Eine unversehrte, fest sitzende Kapsel ist also ein Indiz für die Authentizität eines Weins. Mehr noch: Sie verhindert zwar nicht den Luftzutritt zum Wein, aber sie kann ihn verlangsa-

men. Die Kapsel hat also mehr als nur eine dekorative Funktion. Das praktischste Utensil, um sie zu entfernen, ist der Kapselschneider.

Der Kapselschneider. Er ist die Erfindung eines texanischen Millionärs. Weinfreunde in aller Welt sind ihm dafür dankbar. Mit dem Gerät lässt sich jede Kapsel schnell, bequem und fast spielerisch entfernen.

Er wird einfach auf den Flaschenkopf gesetzt und gedreht. Die rollenden Messer im Schneidebogen trennen die Kapsel sauber durch, egal aus welchem Material diese ist. Danach lässt sich der Kapselhut einfach abnehmen. Der Kapselschneider ist auch für Magnumflaschen geeignet und kostet nur ein paar Euro. Einziger Nachteil: Man muss ihn stets bei sich haben.

Tief abschneiden. Manche Korkenzieher haben auch einen integrierten Kapselschneider. Wenn aber weder ein solcher noch ein Kapselschneider zur Hand ist, muss das Messer angesetzt werden. Aber wie? Vor allem wo? Der Kapsel ist es gleichgültig, aber nicht dem Wein. Wichtig ist, die Kapsel möglichst tief unterhalb der breiten Lippe abzuschneiden, damit der Wein beim Einschenken nicht über die Schnittkante fließt. Es könnten Metallreste in den Wein gelangen.

Schimmel und Schmant. Bei Weinflaschen, die ein paar Jahre im Keller gelegen haben, kann sich Schimmel unter der Kapsel bilden. Er ist harmlos. Schimmel weicht weder den Korken auf noch ist er für den berüchtigten Korkschmecker verantwortlich. Allerdings sollte der Schimmel mit einer Serviette entfernt werden, bevor der Korken gezogen wird. Unter mancher Kapsel

Kunststoffkapsel mit Lasche: Der Kapselhut lässt sich leicht entfernen.

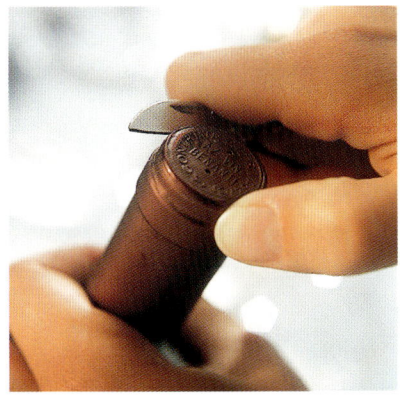

Die Stanniolkapsel sollte unterhalb der Bandmündung abgeschnitten werden.

bildet sich bei Flaschen, die länger gelegen haben, auch eine klebrig braune Flüssigkeit: der Schmant. Er entsteht, wenn Wein auf die Lentizellen des Korks trifft, was bei durchnässten Korken der Fall ist. Schmant ist ebenfalls ungefährlich. Die Flasche sollte jedoch mit einem feuchten Tuch gereinigt werden, bevor sie geöffnet wird.

Kunststoffkapseln.
Die große Masse der Weine ist mit Kapseln aus Polyethylen, PVC und PET versehen. Sie sind am billigsten, bergen allerdings das Risiko zu platzen (bei Wärme) oder rissig zu werden (bei Kälte). In den letzten Jahren haben sich vor allem Kapseln aus Aluminium-Laminat durchgesetzt (Aluminium mit einer PVC-Folie verschweißt).

Zinn statt Blei.
Wertvolle Weine tragen dagegen fast immer eine Kapsel aus Zinn. Zinn hat seit 1990 schrittweise die traditionelle Bleikapsel abgelöst (die verharmlosend Stanniolkapsel hieß: *stannum* ist der lateinische Name für Zinn). Daher tragen heute nur noch Weine alter Jahrgänge eine Bleikapsel. Zinn ist zwar auch ein Schwermetall, aber kein toxisches – im Gegensatz zu

Blei. Zinn ist weich, leicht formbar und schmiegt sich so fest an den Flaschenhals an, dass die Kapsel den Wein fast luftdicht abschließt. Zinnkapseln haben nur einen Nachteil: Sie sind teuer. Billiger sind Aluminiumkapseln. Sie schützen den Korken ebenfalls sehr gut. Doch Aluminium ist ein Leichtmetall. Es strahlt nicht dieselbe Wertigkeit aus wie Zinn, und durch die scharfen Schnittkanten kann man sich beim Öffnen leicht verletzen.

Kapsel und Korkmotte

Manche Kapseln sind gelocht, damit Sauerstoff an den Korken kommt und sich kein Schimmel unter ihnen bildet. Der Nachteil: Durch die Löcher kann die Korkmotte ihre Eier direkt auf der Korkoberfläche ablegen. Die Korkmotte *(Nemapogon cloacellus)* ist ein maximal 7 mm langer Kleinschmetterling. Sie liebt dunkle, feuchte Räume und gehört zur festen Fauna eines Weinkellers. Der aus den Eiern schlüpfende Korkwurm frisst sich in den Korken, sodass dieser undicht wird. Durch die zunehmend warmen Weinkeller hat sich die Korkmotte in den letzten Jahren stark vermehrt. Gleiches gilt für die

Geringes Risiko.
Schon seit 1960 wird geforscht, ob von Metallkapseln eine Gefahr für den Wein ausgeht. Alle Untersuchungen haben gezeigt, dass innerhalb einer Lagerzeit von zehn Jahren praktisch keine Partikel von einer Bleikapsel in den Wein übergehen. Nach zehn Jahren allerdings kann der Wein einen höheren Bleigehalt aufweisen als zu Beginn der Lagerzeit: Wenn etwa der Korken zu kurz und stark durchnässt ist und die dünne Zinnschicht, mit der auch Bleikapseln überzogen sind, zerstört worden ist. Gesundheitlich bedenklich ist der Schwermetallgehalt jedoch nicht. Der Geschmack wird ebenfalls nicht beeinträchtigt. Bei den heutigen Zinnkapseln ist die Wahrscheinlichkeit einer Schädigung des Weins noch geringer. Säuren und Alkohol greifen Zinn nicht an, und anorganische Zinnverbindungen sind ungiftig. Zudem werden Lagerweine heute mit längeren Korken als früher ausgestattet.

Gelochte Kapsel: fördert Sauerstoffaustausch, aber auch die Korkmotte.

Kellermotte *(Dryadaula pactolia)* und die Weinmotte *(Oenophila v-flavum)*. Letztere bevorzugt trockene Keller. Der beste Schutz gegen die Motten sind ungelochte Kapseln.

Das Öffnen der Weinflasche: weder Kraftakt noch Katastrophe

Mit modernen Korkenziehern ist das Öffnen der Flaschen eine leichte Übung – vorausgesetzt sie werden richtig gehandhabt. Dennoch kommt es immer wieder zu kleinen Katastrophen, insbesondere bei alten, ausgetrockneten oder bröseligen Korken. Für Pannen und Problemkorken gibt es Spezialwerkzeuge, die für Menschen, die regelmäßig Wein trinken, unerlässlich sind.

Das Kellnermesser: ein zuverlässiges, aber nicht das einzige Instrument, um einen Wein zu entkorken.

Griff und Spindel. Die Handhabung eines Korkenziehers ist den Menschen nicht angeboren. Sie muss erlernt werden. Erlernen heißt in diesem Fall nicht, mit dem Muskeltraining zu beginnen, sondern sich nach einem geeigneten Korkenziehermodell umzusehen. Jahrzehntelang wurde um dieses Utensil nicht viel Aufhebens gemacht. Er musste nur zwei Dinge aufweisen: eine Spindel und einen Griff. Die Spindel wurde in den Korken gedreht, am Griff wurde gezogen. Eine scheinbar einfache Operation. Tausende von Korken dürften beim Hineindrehen der Spindel in die Flasche gedrückt, unzählige durch übermäßigen Krafteinsatz beim Herausziehen abgebrochen worden sein.

Fest sitzende Korken. Korken können sehr fest im Flaschenhals sitzen. Immerhin sind sie um ein Drittel ihres Durchmessers zusammengepresst worden, als die Flasche verkorkt wurde. Die »Rückstellkraft«, mit der sie gegen das Glas drücken, ist größer als der Druck im Inneren eines Autoreifens. Außerdem sind die meisten Korken mit einem Gleitwachs beschichtet. Unter normalen Bedingungen erleichtert es das Herausziehen des Korkens. Doch wenn der Wein zu großer Wärme ausgesetzt war, kann das Wachs auch wie ein Klebstoff wirken.

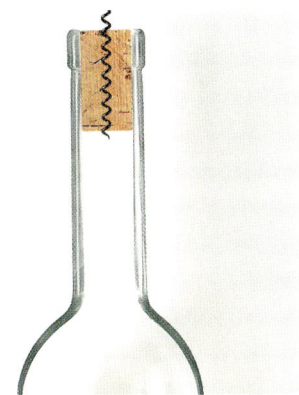

Wichtig ist, die Spindel senkrecht anzusetzen und den Korken nicht zu durchbohren.

Ein sehr fest sitzender Sektkorken wird mit einer Champagnerzange gelockert.

Leichthändig zu bedienen.

Heute gibt es ein breites Angebot von Korkenziehern. Keiner ist perfekt. Doch einige kommen dem Zustand der Perfektion ziemlich nahe. Allerdings bestehen diese Korken aus mehr als nur einem Griff und einer Spindel. Auf jeden Fall lässt sich ein guter Korkenzieher leichthändig bedienen. Ohne ziehen zu müssen, soll der Korken sanft und sicher aus dem Flaschenhals gleiten. Sanft, weil ein lautes »Plopp« dem Wein schaden kann. Der ruckartige Druckausgleich in der Flasche, verbunden mit dem plötzlichen Sauerstoffzutritt, stresst den Wein. Bei den Glockenkorkenziehern besteht diese Gefahr nicht. Die Flasche kann während des Ziehens sogar auf dem Tisch stehen bleiben. Eine Hand drückt die beiden Zungen an den Flaschenhals, die andere dreht am Griff.

Die Spindel.

Das wichtigste Detail des Korkenziehers ist die Spindel. Sie muss erstens lang genug sein, um auch die längsten handelsüblichen Korken ganz durchdringen zu können (60 Millimeter). Zweitens darf die Spindel nicht zu dick sein, damit die Korkzellen beim Eindrehen nur wenig beschädigt werden. Hochwertige Korkenzieher sind zudem elastisch und mit Teflon beschichtet, damit sie beim Eindrehen leicht durch den Kork gleiten. Bei Drehkorkenziehern kommt es außerdem darauf an, dass die Spindel viele Windungen aufweist. Je mehr, desto leichter lässt sich der Korken hinterher ziehen. Schließlich sollten die Windungen der Spindel so weit im Durchmesser sein, dass mindestens drei Streichhölzer durchpassen. Sind die Windungen zu eng, besteht die Gefahr, dass die Spindel den Korken nicht richtig greift.

Sektkorken.

Sekt und Champagnerflaschen sind mit einem pilzförmigen Korken verschlossen. Er wird von Hand und nicht mit einem Korkenzieher entfernt. Da Sektkorken wegen der hohen »Rückstellkraft« oft sehr fest sitzen, ist das Entkorken manchmal sehr schwer. Es gibt jedoch einen Trick, den erfahrene Sommeliers natürlich kennen: Sie umspannen mit der einen Hand den Korken und drehen mit der anderen Hand die Flasche. Durch die bessere Hebelwirkung lässt sich der Korken so zumindest lockern. Danach kann man ihn leicht und gefahrlos herausdrehen. Noch einfacher ist es, ihn mit einer Champagnerzange zu lockern. Leider ist dieses Utensil aus der Mode gekommen.

Hilfe bei abgebrochenen Korken: die Korkenspange

Manche Korken brechen beim Ziehen ab. Häufigste Ursache ist, dass der Korkenzieher schief angesetzt oder nicht in vollständiger Länge in den Korken hineingedreht wurde. Aber manchmal zerbröseln Korken auch beim Ziehen, weil sie alt und trocken sind. Zunächst versucht man, den Korkenzieher noch einmal anzusetzen. Doch wenn der Korken alt und bröselig ist, gelingt es nicht, ihn aus dem Flaschenhals zu bugsieren. Was tun in diesem Fall? Oberstes Gebot ist es, den Korken nicht noch weiter zu zerstören. Am besten lässt sich der Korkenrest mit einer Korkenspange entfernen. Dieses Utensil gibt es in jedem guten Weinfachgeschäft. Es besteht aus zwei unterschiedlich langen Zungen, die seitlich zwischen Glas und Korken gehebelt werden. Umfassen die Spangen den gesamten Korken, lässt dieser sich leicht und risikolos herausdrehen.

Die Korkenspange im Einsatz: Freund und Helfer bei abgebrochenen Korken

...with a little help from my friend

Den Korken aus dem Flaschenhals zu ziehen kann eine kräftezehrende Angelegenheit sein, wenn das richtige Werkzeug fehlt. Es gibt schicke, aber höchst unpraktische Korkenzieher. Es gibt Instrumente, die simpel aussehen, dem Bediener aber groteske Verrenkungen abfordern. Und es gibt die kleinen, freundlichen Helfer, die weder Muskelkraft noch Akrobatik und noch nicht einmal viel Geschick verlangen.

Geräuschloses Öffnen. Die beste Flasche Wein nützt nichts, wenn das Werkzeug fehlt, um sie zu öffnen: ein Korkenzieher. Aber Korkenzieher ist nicht gleich Korkenzieher. Manche bestehen nur aus Spindel und Griff. Nur mit großer Kraftanstrengung lässt sich der Korken ziehen, verbunden meist mit einem lauten »Plopp«. Physikalisch betrachtet, verursacht der Druckausgleich dieses Geräusch: beim Ziehen entsteht Unterdruck, danach schießt Sauerstoff in die Flasche. Dieser plötzliche Druckausgleich erschüttert den Wein. Bei einfachen Weinen mag das egal sein. Bessere brauchen lange, um sich von dem Schock zu erholen. Deshalb sollte, wer bessere Weine trinkt, auch einen besseren Korkenzieher zur Hand haben – einen, mit dem man den Korken langsam und kontrolliert aus dem Flaschenhals bugsiert. Die Spindel sollte nicht zu dick sein. Sonst lässt sie sich schlecht in den Korken drehen. Sie darf nicht zu eng gewunden sein, damit der Korken beim Herausziehen nicht zerbröselt. Schließlich sollte man die Spindel nur so tief in den Korken drehen, wie dieser lang ist. Sonst können Korkkrümel in den Wein fallen. Und wenn der Korken raus ist: Der Wein darf beim Einschenken nicht über den Schnittrand der Kapsel fließen. Daher: Kapsel immer tief abschneiden. Wem das alles zu kompliziert ist, muss mit Schraubverschluss-Flaschen vorliebnehmen.

Schmetterling
Traditioneller Korkenzieher, umständlich anzusetzen. Außerdem sind beide Hände nötig, um die Flügel nach unten zu drücken. Die Flasche muss also stehen.

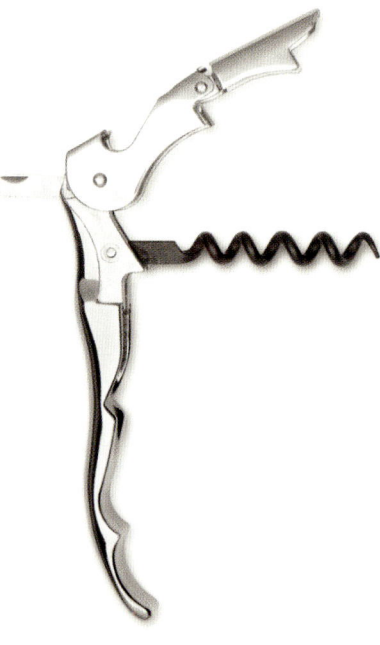

Kellnermesser
Einfach anzusetzen, leicht einzudrehen und mit mäßigem Kraftaufwand aus der Flasche zu hebeln. Nachteil: Bei langen Korken muss man zweimal hebeln.

Kapselschneider
Sehr praktisches, handliches Gerät. Wird an der obersten Rille am Flaschenhals angesetzt und einmal um diesen gedreht. Die Kapsel wird sauber abgeschnitten.

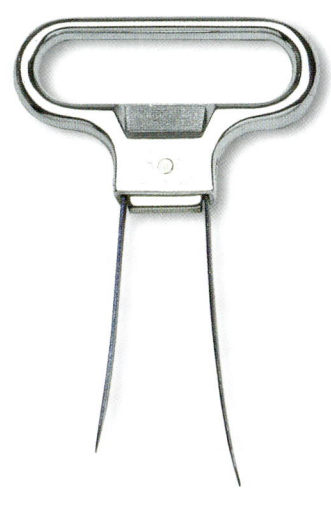

Gewindekorkenzieher

Bewährtes älteres Patent, etwas umständlich anzusetzen, doch dann lässt sich der Korken spielend leicht herausziehen. Allerdings besitzt das Modell nur ein Gewinde, keine Spindel.

Korkenspange

Die beiden Federn werden zwischen Korken und Glas in den Flaschenhals geschoben. Sie drücken den Korken am unteren Ende zusammen, sodass er sich leicht ziehen lässt. Außerdem kann man die Flasche damit auch wieder verkorken.

Glockenmodell

Einfaches Prinzip, ohne Kraftanstrengung anwendbar, allein das Ansetzen erfordert einige Geschicklichkeit. Gut für alte, zerbrechliche Korken.

Leverpull

Ein neuer, aufwendig konstruierter Korkenzieher, der den Korken leicht und ohne große Kraftanstrengung aus der Flasche hebelt.

Pulltex

Ein Korkenzieher ähnlich wie das Kellnermesser, nur hebelt er den Korken wie ein Wagenheber mittels einer gezackten Schiene aus der Flasche.

Das Glas – die Bühne für den Wein

In welche Flasche ein Wein gefüllt wird, ist ziemlich egal. Nicht egal ist, aus welchem Glas er getrunken wird. Ein falsches Weinglas kann einen Wein regelrecht verstummen lassen. Er kann dann nicht zeigen, wie gut er ist und was in ihm steckt. Das heißt nicht, dass jede Rebsorte ihr eigenes Glas braucht. Aber jeder Wein braucht ein Glas, das zu ihm passt.

Champagnerkelch

Edle Jahrgangschampagner sowie Prestige Cuvées trinkt man aus schmalen, dünnwandigen Gläsern. Durch die hochgezogene Tulpenform kann sich die Mousse gut aufbauen. Solche Gläser eignen sich auch für normalen Champagner sowie für feine Schaumweine wie Crémant oder hochwertige Cava.

Weißweinglas

Für junge, nicht zu schwere Weißweine eignen sich kleinvolumige Gläser mit geringem Durchmesser. Sie transportieren die Frucht und die Säure genau auf den richtigen Punkt der Zunge. Für einfache Rieslinge, Weißburgunder, Pinot Grigio, Gavi, Bordeaux Sec, Grünen Veltliner, Albariño oder Vinho Verde ist dieses Glas ideal. Auch Prosecco wird aus diesem Weißweinglas getrunken.

Burgunderkelch

Mittelschwere bis körperreiche Weißweine (z. B. Chablis, Pouilly-Fumé, Sancerre, weiße Burgunder, spanische Rueda, Große Gewächse aus Deutschland, Smaragde aus der Wachau sowie Barrique-Weißweine) verlangen nach Gläsern mit größerem Volumen. Bei diesem Glas läuft der Wein auf breiter Front in die Mundhöhle ein, sodass nicht nur Frucht und Säure, sondern auch Extrakt und Körper geschmeckt werden. Auch für rote Burgunder gut geeignet.

Rotweinkelch

Junge, fruchtbetonte Rotweine (z. B. Côtes du Rhône, Corbières, Bardolino, Nero d'Avola, Chianti, spanische Joven und Crianzas) trinkt man aus Gläsern mit schmalem Durchmesser und hohem Duftkamin. Der Kelch dient auch als Allzweckglas für Rotweine, etwa für einfache, junge Bordeauxweine.

Das Glas ist für den Wein so wichtig wie die Bühne für den Künstler. Es soll nicht zu groß und nicht zu klein sein. So wie der Künstler Raum braucht, um agieren zu können, so darf das Glas den Wein nicht einengen. Sonst kann er sich nicht entfalten. Umgekehrt darf der Wein sich im Glas nicht verlieren. Er muss es ausfüllen. Deshalb kommt der Dimension des Kelches eine große Bedeutung zu. Ein vielschichtiger Wein mit breitem Aromenspektrum muss zum Beispiel auf breiter Front in die Mundhöhle einfließen, um den ganzen Gaumen zu benetzen. In einem Glas mit enger Öffnung würde er versickern. Deshalb sollten Weingenießer mehr als nur ein Glas zu Hause im Schrank haben. Der Wein wird es ihnen danken.

Rotweinballon

Opulente, gerbstoffreiche Rotweine, die viel Sauerstoffkontakt benötigen (große Bordeaux, Brunello di Montalcino, Ribera del Duero, Priorato, Dão, Douro sowie große Cabernet Sauvignons aus der Neuen Welt) trinkt man aus Gläsern mit großem Durchmesser, in denen sich die Fülle des Weins am besten entfaltet.

Großer Rotweinballon

Edle fruchtbetonte Rotweine wie Chambertin, Gevrey-Chambertin, Hermitage, Côte Rôtie, Châteauneuf-du-Pape, Barolo, Amarone, Taurasi oder Rioja Gran Reserva trinkt man aus diesen bauchigen Ballons mit breitem Durchmesser. Der Duft kann sich entfalten, verfliegt aber nicht so leicht. Und durch die sich leicht verjüngende Öffnung kommt der Wein punktgenau auf die Zunge.

Dessertweinkelch

Auslesen, Beerenauslesen, Eisweine, Sauternes, Sélection de Grains Nobles, von denen man nur kleine Mengen schluckweise genießt, trinkt man aus kleinvolumigen Gläsern. In ihnen nimmt man nicht nur die Süße, sondern die ganze Geschmacksfülle der Weine einschließlich ihrer Säure wahr. Auch für die alkoholverstärkten Vins Doux Naturels aus Südfrankreich (Rivesaltes, Muscat de Frontignan) sind diese Gläser angezeigt.

Likörweinglas

Portwein, Madeira, Sherry, alter Marsala und andere alkoholverstärkte Süßweine trinkt man aus kleinen, engen Gläsern. Durch die kleine Oberfläche und den verhältnismäßig geringen Luftkontakt verfliegt nur wenig Alkohol, während die Aromen voll zur Geltung kommen.

Immer gut temperiert

Die Temperatur des Weins bestimmt maßgeblich seinen Genusswert. Die häufigsten Fehler, die gemacht werden: Weißwein zu kalt und Rotwein zu warm zu trinken. Ein Weißwein, der das Glas beschlägt, hat sein Aroma verloren. Und einen Rotwein mit Zimmertemperatur zu servieren ist kein Genuss mehr. Deshalb ist die richtige Temperatur genauso wichtig wie das richtige Glas.

Das Herunterkühlen des Weißweins auf Eis heißt Frappieren. Doch ein Wein, der zu lange auf Eis steht, verliert sein Aroma.

Rotweine kühler trinken. Zimmertemperatur ist eine Empfehlung aus Großmutters Zeiten, als Wohnungen noch so kühl waren, dass die Menschen einen Pullover trugen, um nicht zu frieren. Für den Rotwein war das eine ideale Temperatur: 18 °C etwa. Heute herrschen in Wohnungen oft gemütliche 22 °C und mehr – für den Wein eindeutig zu viel. In Gaststuben zeigt das Thermometer oft sogar 25 °C an. Wird der Wein dann aus dem Regal an der Wand genommen, riecht der Gast nur den Alkohol, wenn er am Glas schnuppert. Der verfliegt nämlich mit steigender Temperatur. Und die Frucht wird gar nicht mehr wahrgenommen. Grundsätzlich gilt: Rotwein wird zwischen 16 °C und 18 °C getrunken, wobei einfache, junge, fruchtige Rotweine eher bei 16 °C, vollmundige, reiche Weine eher bei 18 °C liegen sollten, mit einer Toleranz bis 20 °C. So schmecken sie am besten.

Weißweine oft zu kühl. Weißweine werden meistens wegen ihrer ausdrucksvollen Frucht und ihrer Frische getrunken. Sie kommen am besten bei Temperaturen zwischen 8 °C und 10 °C zum Ausdruck. Dabei gilt: Je leichter der Wein ist, desto kühler darf er getrunken werden. Beschlägt der Wein das Glas, ist das ein Zeichen dafür, dass er zu kalt ist. Der Alkohol, der Aromen und Geschmack transportiert, kann nicht entweichen.

Der Wein gibt zarte Aromen nicht frei. Umgekehrt sollten vollmundige Weißweine ruhig etwas wärmer getrunken werden. Deutsche Spätlesen, Wachauer Smaragde und im kleinen Holzfass gereifte Chardonnays aus dem Burgund oder der Neuen Welt schmecken am besten bei 12 °C. Bei dieser Temperatur kommen Fülle und Feinheit am besten zum Ausdruck. Noch vollere, üppigere Weine können durchaus auch mit 14 °C getrunken werden.

Chambrieren und Frappieren. Was aber tun, wenn der Wein die falsche Temperatur hat und keine Zeit ist, ihn langsam auf die richtige Trinktemperatur zu bringen? Schon nach einer halben Stunde in einer durchschnittlich warmen Wohnung steigt die Temperatur eines kellerkühlen Weins um etwa 6 °C. Chambrieren nennt der Fachmann die langsame Anpassung an die Umgebungstemperatur. Man kann nachhelfen, indem man die Flasche kurz in ein warmes Wasserbad legt. Wesentlich schwieriger ist es, einen zu warmen Wein schnell herunterzukühlen. Die einzige Möglichkeit besteht darin, die Flasche zehn Minuten in einen Eiskübel zu stellen oder ins Eisfach des Kühlschranks zu legen. Diese Schocktherapie (Fachausdruck: Frappieren) ist allerdings umstritten, weil der plötzliche Temperaturschock dem Wein auch schaden kann.

Die optimale Trinktemperatur von Weiß- und Rotweinen

8 °C	10 °C	12 °C	14 °C	16 °C	18 °C
Frankreich	**Frankreich**	**Frankreich**	**Frankreich**	**Frankreich**	**Frankreich**
Champagner	Pouilly-Fumé	Puligny-Montrachet	Beaujolais Primeur	Mercury	Bordeaux: alle Crus
Crémant	Chablis	Corton-Charlemagne	Tavel Rosé	Macon Rouge	Classés; Côteaux
Aligoté	Bordeaux Sec	Musigny Blanc	Lirac	Chinon	du Languedoc
Sancerre	Gewürztraminer	Chablis Grand Cru	Rosé de Provence	Beaujolais Cru	Côtes de Roussillon
Saumur		Meursault		alle Burgunder	Côtes de Provence
Muscadet		Tokay d'Alsace		Bordeaux Supérieur	Châteauneuf-du-
Vin de Pays Blanc		Riesling Grand Cru		Madiran	Pape; Côte Rôtie
		Sauternes (süß)		Côtes du Rhône	Hermitage
Italien	**Italien**	**Italien**	**Italien**	**Italien**	**Italien**
Prosecco	Weißweine aus	Chardonnay	Lambrusco	Chianti	Chianti Riserva
Pinot Grigio	Friaul, Südtirol,	(Barrique)	Rosato	Vino Nobile	Brunello di Montal-
Soave	Süditalien	Gewürztraminer	Vin Santo	Pinot Nero	cino; Aglianico del
Gavi	Chardonnay	Chiaretto		Valpolicella	Vulture; Taurasi
	(ohne Holz)			Bardolino	Barbera; Barolo
	Verdicchio			Kalterer See	Barbaresco; Amarone
	Vermentino; Arneis				
Deutschland	**Deutschland**	**Deutschland**	**Deutschland**	**Deutschland**	**Deutschland**
QbA/Kabinett	Kabinett	Spätlese	Trollinger	Spätburgunder	Spätburgunder
Weißherbst	Jahrgangs- und	Auslese trocken	Weißherbst	Lemberger	(Große Gewächse)
Winzersekt	Lagensekte	Beeren- und Trocken-		Dornfelder	
	Beeren- und Tro-	beerenauslesen			
	ckenbeerenauslesen				
Österreich	**Österreich**	**Österreich**	**Österreich**	**Österreich**	**Österreich**
Gespritzter	Grüner Veltliner	Smaragd (Wachau)	Schilcher	Zweigelt	Blaufränkisch
Welschriesling	Riesling	Sauvignon (Steier-		St. Laurent	Rotwein-Cuvées
		mark); Ausbruch			
Spanien	**Spanien**	**Spanien**	**Spanien**	**Spanien**	**Spanien**
Cava	Weißweine Penedès	Rioja Blanco	Fino-Sherry	Crianza	Rioja
	Albariño	Rueda	Rosado		Ribera del Duero
					Priorato; Somontano
Portugal	**Portugal**	**Portugal**	**Portugal**	**Portugal**	**Portugal**
Vinho Verde	Vinho Regional	weißer Portwein	Portwein	Vintage Port	Douro; Dão; Bairrada
	Branco		Madeira		Alentejo; Ribatejo
Schweiz	**Schweiz**	**Schweiz**	**Schweiz**	**Schweiz**	**Schweiz**
Petite Arvine	Fendant	Dézaley; Pinot Gris	Œil de Perdrix	Dôle; Blauburgunder	Merlot del Ticino
Amigne; Heida	Aigle	Pinot Blanc			
Neue Welt	**Neue Welt**	**Neue Welt**	**Neue Welt**	**Neue Welt**	**Neue Welt**
Sauvignon Blanc	Fumé Blanc	Chardonnay	White Zinfandel	Pinot Noir	Cabernet Sauvignon
	Pinot Gris	(Barrique)			Merlot; Shiraz/Syrah
					Pinotage; Zinfandel

Tischkultur: Auch richtiges Einschenken will gelernt sein

Selbst beim Einschenken kann man noch Fehler machen. Der häufigste ist, das Glas zu voll zu schenken. Der zweithäufigste: zu kleckern. Den richtigen Schwung und das richtige Augenmaß zu entwickeln, dazu braucht es Übung und ein paar Anhaltspunkte. Dann kann nichts mehr schiefgehen und der Wein endlich seiner Bestimmung zugeführt werden: mit Nase, Mund und Auge genossen zu werden.

Öffnen am Tisch. Weil das Öffnen der Flasche ein spannender Moment ist, lassen kultivierte Gastgeber ihre Mittrinker an ihm teilhaben. Sie öffnen die Weinflasche daher am Tisch, also vor den Augen ihrer Gäste. Das Prinzip des *coram publico* hat eine lange Tradition: Es soll demonstriert werden, dass der Originalwein ausgeschenkt wird und nicht ein gepanschter Wein – früher ein gar nicht so seltenes Vorkommnis in der »feinen« Gesellschaft.

Vorsichtiges Einschenken. Der Wein wird vorsichtig eingegossen und nicht mit großem Schwall ins Glas geschüttet. Bei edlen Weinen kann der Einschenkende das Glas sogar in die Hand nehmen, mit der Öffnung schräg zum Flaschenhals neigen und den Wein langsam einlaufen lassen. Normalerweise aber steht das Glas auf dem Tisch und der Wein wird von oben eingeschenkt. Wenn er dabei im Glas Blasen bildet – kein Problem. Er kann so gleich atmen, und die Blasen sind spätestens nach einer Minute wieder verschwunden. Damit der letzte Tropfen nicht aufs Tischtuch fällt, drehen geübte Einschenker die Flasche nach dem Ende des Einschenkvorgangs leicht aus dem Unterarm heraus weg. Der letzte Tropfen bleibt so am Flaschenmund hängen. Liegt der Wein im Dekantierkörbchen, wird die Flasche nicht etwa bei jedem Einschenkvorgang aus ihm herausgenommen. Man nimmt das ganze Dekantierkörbchen samt Flasche in die Hand und schenkt aus diesem ein.

Nie randvoll. Die einfachste Art, sich als Weinignorant zu offenbaren, besteht darin, die Gläser seiner Gäste randvoll zu schenken. Was gut gemeint sein mag, erweist sich als höchste Form der Genussfeindlichkeit. Gläser, die zu voll geschenkt sind, können nur schwer am Stiel balanciert werden. Das Bouquet kann sich nicht entwickeln. Der Wein erwärmt sich im Glas schneller als in der Flasche, zumal wenn diese im Weinkühler stand. Und außerdem animiert die große Menge zum Schnelltrinken statt zum Genießen.

Füllhöhe des Glases. Als Faustregel gilt, dass kleine Gläser zu nicht mehr als einem Drittel, große Gläser sogar nur zu einem Viertel gefüllt sein dürfen. Als Anhaltspunkt kann auch gelten: bis zu dem Punkt einschenken, an dem das Glas seinen größten Durchmesser hat. Die Devise heißt also: wenig ein- und umso häufiger nachschenken. Die Regel ist keine snobistische Etikette. Weinkenner halten sich intuitiv an sie. Sie schenken umso weniger ein, je wertvoller der Wein ist. Nicht aus Geiz: Nur wenn genügend Luft im Glas ist, kann sich der Wein optimal entfalten. Dennoch ist die Unsitte des Vollschenkens weit verbreitet, vor allem in der Gastronomie. Kellner, die Weingläser bis zum Eichstrich füllen, demonstrieren Biermentalität. Sie sollten ihre Weine lieber gleich in Krügen statt in Kelchen ausschenken.

Ausnahme Schaumwein. Weil Schaumweingläser meist eng sind, dürfen sie bis zur halben Höhe eingeschenkt werden. Dann ist immer noch genügend Platz, damit sich die Mousse beim Einschenken aufbauen kann. Außerdem ist das Perlenspiel dann besser zu beobachten. Die ganz schlanken, hohen Gläser – sogenannte Sektflöten – dürfen ruhig auch drei viertel voll geschenkt werden – sie wären sonst schon nach einem Schluck leer.

Flasche halb leer – was tun?

Oft passiert es, dass eine Flasche nicht ausgetrunken wird und halb leer zurückbleibt. Was tun? Es gibt Vakuumpumpen aus Gummi, mit denen man den Sauerstoff, der sich in der geöffneten Flasche befindet, abpumpen kann. Aber solche Vakuumpumpen saugen nie den gesamten Sauerstoff ab. Nur wenige Tausendstel Gramm reichen manchmal aus, um einen Wein unfrisch werden zu lassen. Ähnlich verhält es sich mit Schutzsprays: Sie sprühen inertes Gas in die Flasche, das den Sauerstoff verdrängt. Das Gas legt sich zwar wie ein Schutzfilm über den Wein, vermag ihn aber nie gänzlich vor Sauerstoffberührung schützen – besonders dann nicht, wenn die Flasche bewegt wird. Immerhin kann das Unfrischwerden auf diese Weise verzögert werden. Im Übrigen bleiben offene Weiß- und Rotweine, zumal junge, gut einen Tag, nicht selten auch zwei oder drei Tage frisch. Gleiches gilt für Sekte. Allerdings sollte man einen gasdichten Verschluss auf die Sektflasche setzen, um die Kohlensäure zu erhalten.

Wenn die Flasche nicht ganz geleert wird: Korken drauf und morgen weitertrinken.

Die Lagerung des Weins: Wie er liegt, so reift er auch

Die meisten Weine sind zum schnellen Konsum gedacht. Manche Weine halten sich aber mehrere Jahre in der Flasche, einige sogar jahrzehntelang – vor allem Rotweine. Allerdings kommt es darauf an, dass sie richtig gelagert werden. Viele Weinsammler glauben, sie würden dieser Forderung Genüge tun, wenn sie ihre Flaschen liegend aufbewahren. Doch damit allein ist es nicht getan.

Große Rotweine wie der Château Mouton-Rothschild aus Bordeaux sind ein beliebtes Sammlerobjekt. Gute Jahrgänge können jahrzehntelang lagern und sich dabei verfeinern.

Supermarktweine. Die meisten Weine, die in den Regalen der Supermärkte stehen, sollten sofort oder innerhalb von zwei Jahren getrunken werden. Möglicherweise halten sie auch länger. Aber sie verbessern sich durch die Lagerung nicht. Sie sind für den schnellen Konsum konzipiert. Für diese Weine braucht man sich keine großen Gedanken um die richtige Lagerung zu machen. Sie können liegend oder stehend, bei Zimmertemperatur oder an Orten, die gewissen Temperaturschwankungen unterliegen, aufbewahrt werden. In so kurzer Zeit kann ihnen wenig passieren. Solange sie nicht in der heißen Sonne stehen, nehmen sie keinen Schaden und verderben nicht.

Kellerersatz. Wer seine Weine hingegen drei, fünf oder mehr Jahre aufbewahren will, braucht einen geeigneten Ort für die Lagerung. Ein kühler, temperaturstabiler Keller wäre ideal. Wer über einen solchen

Herkömmlicher, idealer Weinkeller: dunkel, kühl, erschütterungs- und geruchsfrei

nicht verfügt, muss sich etwas einfallen lassen. Er kann sich einen Weinklimaschrank kaufen. Er kann ihn auch an einem kühlen Ort in der Wohnung aufbewahren. Oder er kann seinen Wein in der Garage lagern, wenn diese nicht nach Öl und Autoabgasen riecht (was nahezu immer der Fall ist). Wenn die Flaschen einen Schraubverschluss

haben, spielt auch das keine Rolle. Der »Schrauber« schließt die Flasche hermetisch ab. Fremde Gerüche können einen solchen Wein nicht beeinflussen. Ihn im Karton oder in der Holzkiste zu lassen, ist sinnvoll. Die Verpackung schützt den Wein vor Lichteinfluss. Und er muss weder jedes Jahr gedreht oder gestreichelt werden. Er will Ruhe.

Frage der Lage. Wer je einen Blick in den Keller eines Weinguts oder in die Raritätenkammer einer Weinhandlung getan hat, weiß, in welcher Position ein Wein aufbewahrt wird: liegend. Auch alle Fachbuchautoren sind einhellig der Meinung, dass der Wein liegen sollte. Der Korken muss immer von Wein umspült sein, damit er nicht schrumpft. Sonst beginnt die Flasche zu lecken. Und mit jedem Tröpfchen, das verdunstet, nimmt das Oxidationsrisiko zu. Mit

den neuen Schraubverschlüssen greift dieses Argument allerdings nicht mehr. Flaschen mit »Schrauber« können ebenso gut stehend aufbewahrt werden. Gleiches gilt für Kunststoffstopfen. Auch sie schrumpfen nicht. Nun hat auch die neue Korkforschung herausgefunden, dass ein guter Naturkork bei rund 70 Prozent Luftfeuchtigkeit praktisch kein Schrumpfrisiko birgt. Die Gefahr einer Leckage ist also gering. Das bedeutet: Auch mit Kork verschlossene Flaschen können stehend gelagert werden, was den Vorteil hätte, dass der Wein mit dem Korken nicht in Berührung kommt und keinen Korkschmecker bekommen kann.

Der Weinklimaschrank: beste Alternative für Weinsammler ohne eigenen Keller

Worauf es bei der Lagerung von Wein ankommt

Licht. Die Flaschen sollten so dunkel wie möglich liegen. Licht lässt im Laufe der Jahre die Farbe verblassen. Gewisse mikrobiologische Prozesse, die zur schnellen Alterung des Weins führen, werden durch Licht ausgelöst. Besonders Champagner ist gegen Lichteinflüsse empfindlich. Der Raum muss nicht gänzlich abgedunkelt sein, aber das Licht sollte wenigstens gedämpft sein.

Temperatur. Bei kühlen Temperaturen zwischen 8 °C und 14 °C reift Wein am besten. Das heißt: am langsamsten und am sichersten. Doch wichtiger als die genaue Höhe der Temperatur ist die Temperaturstabilität. Temperatursprünge zwischen Winter und Sommer von mehr als 6 °C sind auf die Dauer nicht gut für den Wein. Lieber bei konstanten

16 °C lagern als bei ständigem Wechsel zwischen 8 und 14 °C.

Luftfeuchtigkeit. Die Luftfeuchtigkeit muss so hoch sein, dass der Korken des Weins nicht austrocknet. Sonst schrumpfe er und lasse Luft eintreten, behaupten die Experten und fordern eine Luftfeuchtigkeit von mindestens 65 Prozent. Tatsächlich haben Untersuchungen nachgewiesen, dass ein guter Kork in den ersten 25 Jahren so gut wie gar nicht schrumpft.

Geruch. Weinflaschen müssen geruchsneutral liegen. Speisegerüche oder Autoabgase beeinträchtigen seinen Duft und seinen Geschmack sehr schnell. Das gilt nicht für Weine mit Schraubverschluss. Bei ihnen findet kein Sauerstoffaustausch statt.

Geräusche. Akustische Störungen schaden dem Wein eigentlich nicht. Wenn mit den Geräuschen allerdings Vibrationen, gar Erschütterungen verbunden sind, wird der Reifeprozess empfindlich gestört. Dies ist bei herkömmlichen Kühlschränken der Fall, die sich automatisch ein- und ausschalten. Auch Erschütterungen durch nahen Auto- oder Bahnverkehr tun dem Wein nicht gut.

Wie alt kann Wein werden?

Die Fähigkeit, in der Flasche zu reifen, unterscheidet den Wein von allen anderen Getränken. Deshalb geht für viele Weintrinker von alten Weinen eine große Faszination aus. Doch können alle Weine reifen? Und wie lange können sie reifen? Tatsächlich haben nur wenige Weine das Potenzial, alt zu werden. Die meisten erreichen ihren Trinkhöhepunkt schon lange vorher. Sie über Jahre zu lagern ist darum nicht sinnvoll. Sie würden ihre Frische verlieren.

Alte Bordeauxweine: Die Fähigkeit, sich auf der Flasche zu verfeinern, macht die Faszination vieler Rotweine aus.

Mythos alter Wein. Wer je das Glück hatte, in seinem Leben einen 1870er-Château-Lafite-Rothschild oder einen 1937er-Romanée-Conti oder eine 1949er-Trockenbeerenauslese vom Rhein oder von der Mosel zu trinken, wird eine Portion Ehrfurcht zurückbehalten haben. Aber die Ehrfurcht für gereifte, edle Tropfen ist eigentlich nur bei wenigen Weinen gerechtfertigt: bei alten

Bordeaux und Burgundern aus großen Jahrgängen zum Beispiel. Für den spanischen Vega Sicilia und eine Handvoll anderer Rotweine von der Iberischen Halbinsel. Für einige Rotweine aus Italien wie Barolo, Brunello di Montalcino und andere toskanische Spitzengewächse. Für edelsüße Spezialitäten aus Sauternes, aus Deutschland, aus Österreich. Für hochwertige Rieslinge und Gewürztraminer, insbesondere solche mit Restsüße. Für Jahrgangs-Port und nicht zuletzt auch für große Jahrgangs-Champagner oder Prestige Cuvées.

Frühe Trinkreife.

Das bedeutet umgekehrt, dass 95 Prozent der Weine eine längere Lagerung nicht lohnen oder sie nicht vertragen. Sie sollten innerhalb von einem Jahr oder zwei Jahren getrunken werden, solange sie noch frisch schmecken. Danach werden sie langsam müde. Zwar verwandeln sie sich nicht gleich in Essig, aber sie verlieren ihren Biss, schmecken unfrisch und fade. In diese Kategorie gehören fast alle billigen Weiß- und Rotweine. Bessere Weine, weiße wie rote, halten sich vielleicht auch ein paar Jahre länger. Aber es lohnt sich meist nicht, sie fünf oder zehn Jahre aufzubewahren. Sie werden durch Lagerung nicht besser. Außerdem werden viele Weine heute bewusst so konzipiert, dass sie schon früh mit Genuss trinkbar sind.

Schutz gegen Sauerstoff.

Wovon hängt die Fähigkeit eines Weins ab, sich in der Flasche zu verfeinern? Einfach ausgedrückt, ist es vor allem seine Fähigkeit, Sauerstoff zu binden. Sauerstoff ist der größte Feind des Weins. Er führt – wie man an Weinen beobachten kann, die mehrere Tage lang offen gestanden haben – zu Oxidation und Essigbildung. Jene wenigen Milligramm Sauerstoff, die im Laufe der Jahre am Korken vorbei in die Flasche gelangen, reichen aus, um die Säuren, Ester, Alkohole zu neuen Verbindungen zu transformieren. Rotweine vertragen in der Regel mehr Sauerstoffkontakt, während Weißweine durchweg oxidationsanfälliger sind. Rotweine benötigen auch mehr Sauerstoff, damit das Tannin weicher wird, das Weißweine praktisch nicht besitzen. Nur wenn das Tannin weich ist,

entwickelt sich die Frucht. Damit ist auch klar, welche Rotweine für eine längere Lagerung bestimmt sind: solche mit viel Tannin. Neuere Forschungsarbeiten zur Lagerung des Weins deuten darauf hin, dass viele chemische Reifevorgänge ganz ohne Sauerstoff vonstattengehen. Auch in einer hermetisch von Sauerstoff abgeschlossenen Flasche (die versiegelt ist oder einen Schraubverschluss trägt) entwickelt sich der Wein – nur langsamer als in einer mit Kork verschlossenen Flasche.

Alter deutscher Riesling: auch nach Jahrzehnten noch perfekt zu trinken

Die wichtigsten Sauerstoffhemmer

Es sind mehrere Faktoren, die dafür sorgen, dass ein Wein alt werden kann – oder auch nicht. Die wichtigsten sind:

Das Tannin.

Tannin ist Gerbsäure, und Gerbsäuremoleküle reagieren schnell auf Sauerstoff: Sie binden ihn. Dadurch kann der Sauerstoff den Wein nicht oxidieren. So reifen tanninreiche Rotweine meist besser als tanninarme Weißweine.

Die Säure.

Im Wein sind zahlreiche Säuren enthalten. Auch sie konservieren den Wein, verhindern also, dass chemische und biologische Prozesse ablaufen, an deren Ende der Verderb des Weins stün-

de (Ascorbinsäure ist sogar als Konservierungsmittel im Wein zugelassen). Allerdings garantiert eine hohe Säure allein kein langes Leben. Sonst wären viele große, säurearme Weine schnell passé, etwa die langlebigen Weißweine aus dem Burgund oder große Rieslinge.

Der Extrakt.

Bei Weinen, die viel Extrakt aufweisen, richtet der Sauerstoff weniger Schaden an. Also bei konzentrierten, spät gelesenen Weinen, die mit niedrigen Traubenerträgen produziert wurden, wie etwa Auslesen, Beeren- und Trockenbeerenauslesen. Außerdem sind sie stets höher geschwefelt als trockene Weine.

Der Schwefel.

Er ist in kleinen Mengen in jedem Wein nach der Gärung enthalten. Die Mengen reichen aber nicht aus, um ihn vor Verderb zu schützen. Deshalb wird er jedem Wein als Konservierungsmittel in Form von schwefliger Säure zugesetzt. Schwefel bindet Sauerstoff. Er reagiert jedoch auch mit zahlreichen Kohlenwasserstoffverbindungen, sodass er den Geschmack des Weins negativ verändert – vor allem zu hohe Schwefelgaben. Ein Wein muss also selbst die Voraussetzungen mitbringen, um haltbar und ausbaufähig zu sein. Schwefel allein macht einen Wein nicht langlebig, sondern »stumm«.

Glätten von Unebenheiten

Bei edlen Rotweinen ist das Dekantieren ein alter und häufig geübter Brauch. Dabei wird der Wein vorsichtig von der Flasche in eine Karaffe umgefüllt, um danach aus der Karaffe ins Glas geschenkt zu werden. Der Umweg über die Karaffe diente ursprünglich dazu, alte Rotweine von dem Depot zu trennen. Heute dient das Dekantieren dazu, einen jungen Wein atmen zu lassen.

Rotweine, die atmen müssen, werden nach dem Öffnen der Flasche in eine Karaffe mit großem Durchmesser umgefüllt und aus dieser eingeschenkt.

Depot nicht mittrinken. Früher diente das Dekantieren vor allem dazu, einen reifen Bordeaux, Burgunder oder Rioja vom Depot zu befreien, das sich im Laufe der Jahre gebildet hat. Depot nennt man den Satz auf dem Flaschenboden. Er besteht aus feinen, manchmal auch groben Schwebeteilchen, die nichts anderes sind als ausgefälltes Tannin und ausgefällte Farbpigmente. Das Depot wird nicht mitgetrunken. Es muss also verhindert werden, dass es beim Einschenken ins Glas gelangt. Dazu stellt man die Flasche erst einmal senkrecht auf den Tisch, damit sich das Depot auf dem Flaschenboden sammeln kann. Danach gießt man den Wein vorsichtig in die Karaffe um. Wenn das Depot am Ende ausfließt, bricht man den Dekantiervorgang ab. So bleibt der Trub in der Flasche zurück und der klare Wein wird aus der Karaffe ins Glas geschenkt. Durch die Mode, Weine jung zu trinken, gibt es kaum noch eine Notwendigkeit, das Depot vom Wein zu trennen. Heute wird dekantiert, um junge Weine atmen zu lassen.

Geschmackliche Entfaltung. Edle Rotweine haben meist ein oder zwei Jahre im Fass gelegen und sind danach noch mehrere Monate in der Flasche nachgereift. Wenn eine solche Flasche geöffnet wird, entströmt oft ein metallischer oder medizinischer Geruch. Dieser Geruch ist das

Das Servierkörbchen dient dazu, das Depot alter Weine am Flaschenboden zu sammeln.

Resultat von chemischen Veränderungen, die stattgefunden haben, nachdem der Wein in die Flasche gefüllt wurde. Die Veränderungen sind, auch wenn sie sich in unangenehmen Gerüchen niederschlagen, ein Zeichen dafür, dass der Wein »lebendig« ist: Er reagiert auf kleinste Mengen Sauerstoff, die in die Flasche eindringen. In der Regel verschwinden die unangenehmen Gerüche von selbst, wenn die Flasche geöffnet wird und der Wein im Glas ist. Manchmal dauert das fünf, manchmal zehn Minuten oder eine halbe Stunde, manchmal aber auch länger. Um diesen Prozess zu beschleunigen, dekantiert man den Wein.

Neue Karaffen. Beim Dekantieren kommt der Wein mit mehr Sauerstoff in Berührung als beim normalen Einschenken aus der Flasche. Dabei kommt dem Wein die Form der modernen Karaffen zugute, die sich deutlich von der traditionellen Dekantierkaraffen unterscheidet: Sie sind bauchiger. Dadurch ist die Kontaktfläche des Weins mit dem Sauerstoff größer als früher. Der Wein hat mehr Gelegenheit zu atmen. Außerdem besitzen viele moderne Karaffen einen langen Hals, in dem sich der Wein beim Einfüllen verwirbelt. Auch dadurch wird das Atmen beschleunigt. Unangenehme Nebentöne (Gärbouquet, Böckser) verfliegen schneller. Das Dekantieren führt aber nicht nur dazu, dass das Bouquet sauberer, reintöniger wird. Der ganze Rotwein wird harmonischer. Denn der Gerbstoff, der die Seele jedes edlen Rotweins ausmacht, ist eine äußerst reaktionsfreudige Substanz. Kommt er mit Sauerstoff in Kontakt, reagiert er schnell. Resultat: Das junge, oft noch etwas sperrige Tannin wird weicher, der Wein harmonischer.

Dekantierzeit. Je gerbstoffreicher ein Wein ist, desto besser bekommt ihm das Dekantieren. Am besten ist es, man lässt den Wein eine Zeit lang in der Karaffe stehen: 15 Minuten etwa oder 30 Minuten. Besonders gerbstoffreiche Weine wie junge Bordeaux, Barolos, große toskanische Rotweine, spanische Reservas oder kalifornische Cabernet Sauvignons können auch zwei Stunden und länger in der Karaffe stehen, wenn Zeit dafür ist und der Wein erst später getrunken werden soll. Bei diesen Weinen lohnt sich ein Dekantieren in der Regel auch noch, wenn sie schon zehn oder zwölf Jahre alt sind. Denn die lange Zeit im »Gefängnis« der Flasche hat Spuren hinterlassen. Die geruchlichen und geschmacklichen Unebenheiten können durch Sauerstoffkontakt geglättet werden. Allerdings vollbringt die Karaffe keine Wunder. Sie macht aus einem jungen keinen reifen Wein. Und bei wirklich reifen Weinen muss man mit dem Dekantieren eher vorsichtig sein. Sie können durch den plötzlichen Sauerstoffschock Schaden nehmen – im schlimmsten Fall sogar »umkippen«.

Vom Sinn und Unsinn des Dekantierens

So segensreich der Sauerstoffkontakt bei edlen Rotweinen sein kann, so großer Unfug ist das Dekantieren bei Alltagsweinen. Diese Weine sind trinkfertig, wenn sie in den Verkauf kommen. Ein Umfüllen in die Karaffe ist reine Glasverschwendung. Auch Rotweine der gehobenen Kategorie sind heute meist schon in jungem Stadium perfekt zu trinken. Ein Umfüllen in die Karaffe schadet ihnen zwar nicht, bringt aber auch nichts. Viele Sommeliers wollen, wenn sie dem Gast anbieten, den bestellten Wein zu dekantieren, diesen nur aufwerten. Umgekehrt tun sich viele Gäste wichtig, wenn sie den Ober bitten, einen nicht für die lange Lagerung vorgesehenen Wein in einer Karaffe zu servieren. Weißweine zu dekantieren ist nur in wenigen Fällen sinnvoll: etwa bei weißen Burgundern aus Frankreich und bei Smaragden vom Riesling und Grünen Veltlinern aus der österreichischen Wachau.

Auch junge, gehaltvolle Weißweine können dekantiert werden, um atmen zu können.

Der Kult um die Accessoires

Korkenzieher und ein passendes Glas allein reichen nicht immer, um einen Wein mit allen Facetten zu genießen. Ein paar zusätzliche Helfer können dem Trinkvergnügen durchaus förderlich sein. Aber das ganze Arsenal an Accessoires, das die Industrie anbietet, braucht der Weintrinker nicht.

Wein will richtig behandelt sein, auch bei Tisch. Das heißt: Wenn er gut temperiert ist und das passende Glas bereitsteht, muss er auch korrekt serviert werden. Dazu sind gewisse Hilfsmittel nötig. Einige Accessoires wie Kühler und Karaffe sind für Weinliebhaber unverzichtbare Requisiten der Weinkultur. Auch Ausschenktüllen (»Drop Stop«) können sinnvoll sein. Mit ihnen kann man den Wein leichter einschenken und dabei genau dosieren. Allerdings sollte man darauf achten, für Accessoires nicht mehr Geld auszugeben als für den Wein. Auf viele Dinge des boomenden Accessoire-Marktes kann man leicht verzichten. Monströse Dekantiermaschinen sind Museumsstücke eines verflossenen Grandhotel-Erbes. Silberne Untersetzer für Weingläser oder Flaschenumhängeschilder aus Porzellan mit kunstvoll ziseliertem Weinnamen sind teurer Kitsch. Ausschenkhilfen mit automatischer Luftverwirbelung gehören ins Kuriositätenkabinett, aber nicht auf den Tisch. Das Geld, das sie kosten, ist besser in Wein investiert.

Ausschenkhilfe
Das Plättchen aus Aluminium-/PET-Laminat wird einfach zur Tülle geformt und in den Flaschenmund gesteckt. Dient dem sicheren, kleckerfreien Einschenken.

Kühlmanschette
Nicht schön, aber nützlich ist die Kühlmanschette, die um die Flasche gewickelt oder in die der Wein wie in eine Tasche gesteckt wird. Sie dient weniger der Kühlung des Weins als vielmehr dem Kühlhalten des vorgekühlten Weins auf der Terrasse oder während des Picknicks.

Flaschenständer
Ersetzt das traditionelle Dekantierkörbchen für alte Rotweine mit Depot. Durch die Schrägstellung rutscht das Depot an den Rand des Flaschenbodens. Beim Einschenken bleibt die Flasche im Flaschenständer.

Sektkübel
Bestes Hilfsmittel, um Sekt oder Champagner herunterzukühlen. Aber auch Weißweine lassen sich im Eisbad gut temperieren. Braucht allerdings Eiswürfel, die mit Wasser aufgegossen werden. Vorsicht, dass die Flaschen nicht zu lange im Kübel bleiben und zu kühl werden. Auch Rotweine, die zu warm sind, lassen sich im Kübel schnell auf die gewünschte Temperatur bringen.

Kunststoffkühler (links)
Im Flaschenkühler aus Acryl bleibt der Wein so kühl, wie er aus dem Keller oder aus dem Klimaschrank gekommen ist.

Dekanter 1
Junge, tanninhaltige Rotweine werden gerne in Karaffen umgefüllt, in denen sie »atmen« können. Eventuelle Nebentöne verschwinden. Schon nach wenigen Minuten ist er mit Sauerstoff gesättigt. Er ist fruchtiger, reintöniger und wirkt weniger verschlossen. Je breiter der Durchmesser des Dekanters, besto größer die Kontaktfläche des Weins mit dem Sauerstoff.

Dekanter 2
Die »Ente« mit den Silberbeschlägen ist nichts anderes als ein dekorativer kleiner Dekanter, wie er gern für Bordeauxweine verwendet wird.

Ausschenkhilfe
So sieht die Ausschenkhilfe aus, bevor sie zu einer Tülle zusammengerollt wird.

Kein Panik bei Weinstein und Bläschen

Wenn die Flasche geöffnet und der Wein eingeschenkt wird, schlägt die Stunde der Wahrheit. Und die ist für unerfahrene Weintrinker manchmal bitter: Weinstein im Glas oder Schlieren auf dem Wein. Bei Weißweinen kein Grund zur Beunruhigung. Hauptsache, der Wein ist klar. Rotweine hingegen sollten weder Bläschen noch Schlieren bilden. Dafür dürfen sie trüb sein. Aufgewirbeltes Depot ist bei alten Rotweinen sogar normal.

Weinstein. Auf dem Boden mancher Weißweinflaschen finden sich kleine, weiße Kristalle. Sie sehen aus wie ungelöster Zucker. Aber es ist kein Zucker, sondern kristallisierte Säure. Chemisch: Kaliumtartrat. Umgangssprachlich: Weinstein. Auch wenn das Vorhandensein von Weinstein in der Flasche für unerfahrene Weintrinker irritierend ist, verdirbt er den Wein nicht. Im Gegenteil: Das Ausfällen von Säure ist ein Indiz dafür, dass der Wein innerlich »lebendig« ist. Er verändert und entwickelt sich. Er reift und wird durch den Abbau der Säure milder.

Kein Makel. Für industrielle Weinmacher ist Weinstein allerdings ein Sakrileg. Sie wollen ihre Weine »blitzblank« haben und tun alles, um unerwünschte Ausscheidungen zu unterbinden: filtern, schwefeln, gegebenenfalls entsäuern. Der optischen Qualität mögen diese Maßnahmen dienlich sein, der geschmacklichen sind sie eher abträglich, weil sie den Wein unnötig strapazieren. Und Weinstein ist kein Makel. Natürlich kann es passieren, dass die kleinen Kristalle beim Einschenken mit ins Glas gelangen. Der Anblick von Weinstein im Glas mag zwar befremdlich sein, ist aber kein Grund zur Panik. Erstens wird Weinstein nicht mitgetrunken. Zweitens würde er, wenn er dennoch in den Organismus gelangte, dort keinen Schaden anrichten.

Spritzige Weißweine. Egal ob Vouvray von der Loire, Sauvignon Blanc aus Südafrika, Riesling von der Mosel oder ein Grüner Veltliner aus der Wachau: Junge Weißweine, die kühl vergoren wurden, entwickeln nach dem Einschenken im Glas

Weinstein im Glas ist für das Auge störend, stellt aber keine Beeinträchtigung des Geschmacks dar.

Bei lange gelagerten Flaschen kann sich Weinstein auch am Korken absetzen.

Bei jungen, spritzigen Weißweinen setzt sich die Kohlensäure am Glas ab.

Bläschen oder Schlieren bei Rotweinen sind Indiz für eine ungewollte Nachgärung.

manchmal feine Kohlensäurebläschen. Diese setzen sich innen am Glas fest oder steigen an die Oberfläche. Dort können sie sogar feine Schaumschlieren bilden. Doch keine Angst: Die Weine sind in Ordnung. Der Geschmack wird durch die Bläschen nicht beeinträchtigt. Im Gegenteil: Das CO_2 verstärkt noch den Eindruck von Frische des Weins. Auch der Geruch ist nicht gestört. Kohlendioxid ist ein geruchloses Gas. Man spricht von »spritzigen« Weißweinen.

Versteckte Kohlensäure. Das CO_2 ist ein Rest der Gärungskohlensäure. Wenn die Weine kühl vergoren und früh gefüllt wurden, können Reste dieses Gases, das bei jeder Gärung entsteht, noch im Wein enthalten sein. Da das Gas in der Flasche nicht entweichen kann, bleibt es unsichtbar im Wein gelöst – fast wie beim Sekt. Dort übt das Kohlendioxid eine durchaus wohltuende Wirkung aus: Es hilft den Wein zu konservieren. Er bleibt frisch. Übrigens können auch ältere Weine, wenn sie kühl gelagert wurden und fest verschlossen waren, nach dem Öffnen der Flasche noch Bläschen bilden. Solche Weine, die vor Frische prickeln, schmecken, auch wenn sie

schon zehn oder mehr Jahre im Keller gelegen haben, noch jung und besitzen Frische.

Rotwein bläschenfrei. Anders verhält es sich bei Rotweinen: Sie sollten keine Bläschen bilden. Rotweine werden in der Regel im Holzfass ausgebaut. Dort kann etwaige Kohlensäure, die im Wein verblieben ist, entweichen. Und Rotweine werden spät gefüllt, manchmal erst nach zwei Jahren. Während der Ausbauzeit kommen sie immer wieder mit Sauerstoff in Berührung, sodass das Gärgas entweichen kann. Wenn ein Rotwein nach dem Einschenken dennoch Bläschen, gar Schlieren auf der

Oberfläche bildet, sollte man den Wein genau prüfen. Möglicherweise ist er vom Kellermeister nicht korrekt stabilisiert worden und hat in der Flasche eine unkontrollierte Nachgärung gemacht - mit der Folge, dass die dabei entstandene Kohlensäure samt anderer (manchmal stinkigen) Gasnebenprodukte sich noch im Wein befinden. Eine solche Nachgärung ist bei Weinen, die zu warm gelagert wurden oder eine kleine Restsüße aufweisen (zum Beispiel beim italienischen Amarone della Valpolicella), gar nicht so selten. Sie kann dazu führen, dass der Wein nachgärt und unerwünschte Nebentöne aufweist.

Weinstein: Wein harmonisiert sich von selbst

Das Ausfällen von Weinstein tritt vor allem bei stark säurehaltigen Weinen auf. Der Vorgang ist im Grund nichts anderes als die Kristallisierung des Kalisalzes der Weinsäure. Normalerweise kühlt der Kellermeister nach Beendigung der Gärung beziehungsweise des Ausbaus den Wein noch einmal im Stahltank auf 0 °C herunter, damit Hefetrub und andere feste Bestandteile auf den Boden sinken und der Wein sich natürlich klärt.

Dabei wird automatisch auch überschüssige Säure in Form von Weinstein ausgefällt und kann leicht aus dem Wein entfernt werden. Doch auch später, wenn der Wein längst in der Flasche und die Flasche beim Weintrinker ist, kann es bei kühler Lagerung (im Keller oder im Weinklimaschrank) zu weiteren Ausfällungen von Weinstein kommen. Das heißt: Es wird Säure abgebaut. Der Wein harmonisiert sich von selbst.

Kork, Oxidation und andere Weinfehler

Manche Weine schmecken einfach gruselig. Nicht immer ist es der subjektive Geschmack, der solche negativen Empfindungen auslöst. Manchmal ist es auch der Wein, der fehlerhaft ist. Weinfehler sind selten, aber sie kommen vor. Bei fehlerhaften Weinen gibt es jedoch kein Pardon – ab in den Ausguss. Doch Vorsicht: Einige Weinfehler verschwinden wieder, weil sie gar keine sind.

Letzte Bestimmung für einen korkkranken Wein: der Ausguss

Fehlerhafter Kork. Der Korkschmecker ist der bekannteste und wohl häufigste Weinfehler. Er tritt bei Rotebenso wie bei Weißweinen auf. Der Wein schmeckt dann so, wie der Korken an der Unterseite riecht: muffig, schal, modrig. Ein korkkranker Wein ist ungenießbar. Er gehört ⊓in den Ausguss. Nicht einmal zum Kochen ist er geeignet. Der Korkton wird übrigens nicht durch Schimmel oder den schwarzen Kellerpilz *(cladosporium cellarii)* hervorgerufen, den man manchmal bei älteren Weinen unter der Kapsel findet. Die für den echten Korkton verantwortliche Substanz heißt Trichloranisol (TCA) und ist unsichtbar. Sie geht innerhalb weniger Stunden vom Korken auf den Wein über. Der Korken selbst sieht äußerlich makellos aus.

Maskierter Kork. Korkkranke Weine erkennt man normalerweise sofort am Geruch. Doch manchmal entwickelt sich der Fehlton auch langsam, tritt nur beim Schmecken auf – und das auch nur sehr schwach. Fachleute sprechen dann von einem »maskierten Kork«, ein Fehlton, der möglicherweise andere Ursachen hat als eine Kontamination mit TCA: Gärfehler, Reduktionsbouquet oder unbekannte, nicht eindeutig feststellbare Auslöser. Mancher dieser Fehltöne verschwindet ganz schnell von selbst, sowie der Wein Luft bekommen hat. Bei anderen stellt sich heraus, dass

sie Bestandteil des Weins sind. Ältere Bordeaux entwickeln zum Beispiel häufig eine Würznote, die entfernt an einen Korkton erinnert – aber natürlich kein Korkton ist. Und mancher Kork ist schlicht Einbildung. Die Grenze zwischen echten Weinfehlern und persönlicher Geschmacksirritation ist manchmal fließend.

Fasston. Manche Weine, vor allem rote, weisen schon im Bouquet einen unsauberen, modrigen Duft auf, der an Kellerschimmel oder feuchte Erde erinnert und sich im Geschmack fortsetzt. Ursache kann mangelnde Hygiene der Weinfässer sein. Wenn diese länger leer gestanden haben und vor der neuen Befüllung nicht mit heißem Wasser und Natriumcarbonat gereinigt wurden, können sich in den Fugen Schimmelpilze ansiedeln, die den Wein verderben. Er ist und bleibt dann ungenießbar.

Andere Weinfehler. Daneben gibt es zahlreiche andere Weindefekte. Einige sind auf falsche Behandlung des Weins im Keller zurückzuführen, zum Beispiel auf Vinifikationsfehler. Andere sind das Resultat einer zu langen oder zu warmen Lagerung des Weins: Maderisierung, Oxidation, Essigstich. Derartige Weinfehler treten jedoch höchst selten auf. In der Regel verhindert die Weinkontrolle, dass solche Weine überhaupt in Verkehr kommen.

Die häufigsten Weinfehler in der Übersicht

Reduktionsbouquet

Duft/Geschmack: Schweiß, Muff, Seife, Stallgeruch, Apothekenschrank

Ursache: typische Nebenprodukte der Gärung, die normalerweise durch Belüftung nach dem Abstich von der Hefe (bzw. nach dem Abzug von der Maische) verschwinden, jedoch im fertigen Wein teilweise auch noch vorhanden sein können und dann erst nach Öffnen der Flasche zutage treten

Bewertung: kein Weinfehler

Auftreten: typisch für junge Weine, die nach dem Öffnen unangenehm bzw. erkennbar streng riechen. Behebung: Wein 10 Minuten im Glas stehen lassen oder dekantieren

Überholzung

Duft/Geschmack: intensiv süße Vanille, getoastetes Holz, frische Sägespäne

Ursache: hervorgerufen durch zu lange Lagerung des Weins in kleinen, neuen Fässern aus Eichenholz (Barriques), auch durch zu starkes Toasten der Fässer vor Gebrauch

Bewertung: kein Weinfehler, aber Qualitätsverlust. Unterschiedliche Toleranz von Weintrinker zu Weintrinker

Auftreten: Weiß- und Rotweine

Unfrische

Duft/Geschmack: unfrisch, Aroma von faulendem Apfel, bei Rotwein Kamillenoten

Ursache: zu viel Kontakt des jungen Weins mit Sauerstoff, etwa beim Umfüllen von einem Fass ins andere oder bei der Flaschenabfüllung. Auch durch ungenügende Schwefelung kann der Wein schnell unfrisch werden. Manchmal ist auch der Konsument schuld, etwa wenn er eine Flasche einen Tag oder mehrere Tage offen stehen lässt.

Bewertung: mehr oder minder starke Qualitätsminderung des Weins, wird offiziell jedoch nicht als Weinfehler angesehen

Auftreten: tritt sowohl bei Weiß- wie bei Rotweinen auf

Oxidation

Duft/Geschmack: schal, Bratensauce-, Madeira- oder Sherrynoten

Ursache: im Keller praktisch nur durch ungenügende Schwefelung möglich, sodass der Sauerstoff bestimmte Aromaträger im Wein oxidiert. Ansonsten Überalterung

Bewertung: Im Frühstadium spricht man von Firne, später von Oxidation. Im letzten Fall ist der Wein ungenießbar.

Auftreten: kommt bei jungen Weinen sehr selten vor – eher bei alten Weinen, bei denen sich im Laufe der Jahre der Vorrat an freier schwefliger Säure abgebaut hat. Behebung nicht möglich

Untypischer Alterston (UTA)

Duft/Geschmack: Bohnerwachs, Mottenkugeln, Waschpulver

Ursache: genaue Ursache unbekannt, aber unreifes Lesegut, hervorgerufen durch zu hohe Erträge im Weinberg, besitzt ein hohes UTA-Potenzial

Bewertung: Weinfehler

Auftreten: nur bei Weißweinen bekannt

Flüchtige Säure

Duft/Geschmack: Nagellackentferner, Schellack, Lösungsmittel, Uhu-Klebstoff

Ursache: Durch eine zu schnelle Gärung mit zu hohen Gärtemperaturen entsteht vermehrt Essigsäure.

Bewertung: Ab einer Konzentration von 1,2 g pro Liter ist die Säure deutlich schmeckbar, über 1,5 g gilt sie als fehlerhaft. Weintrinker verschiedener Kontinente reagieren unterschiedlich auf flüchtige Säure.

Auftreten: Bei schweren, alkoholreichen Rotweinen wird flüchtige Säure eher toleriert als bei leichten Weißweinen.

Milchsäureton

Duft/Geschmack: Milchpulver, Molke, teilweise auch wie Sauerkraut

Ursache: Durch ungenügende Schwefelung nach der alkoholischen Gärung entstehend. Das heißt: die Milchsäurebakterien sind weiterhin aktiv und bringen, neben der Milchsäure, andere Nebenprodukte hervor.

Bewertung: Ein leichter Milchsäureton stört die Reintönigkeit des Weins. Ein richtiger Milchsäurestich bewirkt, dass der Wein nicht verkehrsfähig ist. Irreversibel

Auftreten: vor allem in Weißweinen anzutreffen

Brettanomyces

Duft/Geschmack: metallisch-streng, oft auch nach Kuhstall, Mist, Gülle

Ursache: Eine bestimmte, in Weinbergen nicht selten vorkommende Gattung von Hefen, die Brettanomyces, gibt dem Weinen einen stinkigen Ton, wenn sie nicht durch Schwefelung unschädlich gemacht wird.

Bewertung: Wird zunehmend als Weinfehler empfunden. Behebung nicht möglich

Auftreten: fast nur in Rotweinen

Schwefelböckser

Duft/Geschmack: wie abbrennende Streichhölzer, leicht prickelnd oder stechend in der Nase

Ursache: Überschwefelung des Weins

Bewertung: Weinfehler

Auftreten: tritt meist bei Weißweinen auf und kann das ganze Bouquet verfälschen. Selten bei Rotweinen, weil diese weniger stark geschwefelt werden

Behebung: Durch Lüften des Weins, etwa durch Dekantieren, kann der Schwefelgeruch gemildert werden.

Mercaptan

Duft/Geschmack: faule Eier, Stinktier, Zwiebel, Knoblauch, Blumenkohl

Ursache: Die Ursachen sind vielfältig. Auslöser ist stets Hydrogensulfit, das bei Stickstoffmangel entweder durch bestimmte Hefen oder durch eine zu warme Gärung, aber auch durch Verwendung bestimmter Fungizide im Weinberg entstehen kann.

Bewertung: Weinfehler. Irreversibel

Auftreten: heute relativ selten

Fasshygiene: Säuberung mit Dampfstrahl

Sensorik des Weins

Riechen, schmecken und darüber reden:
vom Leckerschmecker zum Weinversteher

Mit der Nase genießen: Der Wein und die Vielfalt seiner Düfte

Jeder Wein duftet. Der Duft, den er verströmt, bahnt sich einen Weg über die Nase ins Gehirn, wo er angenehme, wohlige Reize auslöst – guter Wein jedenfalls. Ein durchschnittlich geübtes Gehirn kann 5000 verschiedene Düfte unterscheiden. Genug, um einen Wein auch mit der Nase zu genießen. Die Nase ist das physiologisch wichtigste Organ beim Weintrinken.

Das meiste, das man zu schmecken glaubt, riecht man. Ohne Einbeziehung der Nase kann man den Wein nicht verstehen.

Ohne Riechen kein Genuss. Jean-Anthèlme Brillat-Savarin, Autor des berühmten Werks über die »Physiologie des Geschmacks«, war zeitlebens überzeugt, dass »ohne die Mitwirkung des Geruchs keine vollständige Geschmacksempfindung zustande kommt«. Recht hatte er, obwohl es zu Beginn des 19. Jahrhunderts noch keine präzisen neurologischen Kenntnisse von den Riech- und Schmeckvorgängen im Gehirn gab. Wein wird zwar in erster Linie getrunken. Doch ohne die Düfte, die dem Wein innewohnen, ist der Weingenuss nur halb so groß. Das kann jeder ausprobieren, indem er sich beim Trinken die Nase zuhält: Er wird nur wenig schmecken. Heute wissen wir, dass die Nase sogar ein wesentlich sensibleres Sinnesorgan ist als die Zunge.

Physiologie des Riechens. Die Riechschleimhaut ist mit 10 bis 30 Millionen Riechzellen besiedelt, die ein breites Spektrum von Gerüchen unterscheiden können. Aber es gibt nur rund 350 Typen von Rezeptoren, von denen jede auf eine bestimmte Gruppe von Duftmolekülen reagiert. Die Härchen, die an den Riechzellen wachsen (Zilien), wandeln den ankommenden chemischen Duftreiz in elektrische Energie um und leiten diesen über Nervenbahnen an den Riechkolben weiter. Der Riechkolben ist, medizinisch gesehen, eine Ausstülpung des Gehirns und Teil des Hippocampus, einer zentralen Schaltstation. Der Riechkolben setzt die neuronalen Impulse zu einem Duftmosaik zusammen und leitet dieses über den Hippocampus weiter zur Großhirnrinde (Cortex), die zahlreiche Gedächtnisspeicher enthält.

Geruchsspeicher.

Ein durchschnittlich geübtes Gehirn kann etwa 5000 Gerüche unterscheiden. Durch Übung lassen sich 10 000 Gerüche speichern. Allerdings werden diese an verschiedenen Stellen der Großhirnrinde »abgelegt«. Die 10 000 Gerüche können unmöglich die gleiche Wichtigkeit und Wertigkeit besitzen. Was den Hippocampus passiert hat, ist beispielsweise nur »präsemantisch« vorhanden: Es wird gespeichert wie ein Dokument ohne Namen. So kommt es, dass Weintrinker zwar einen bestimmten Geruch kennen, aber nicht näher identifizieren können. Oder sie benennen ihn nach der Situation, in der er ihnen begegnet ist (»duftet wie ein orientalischer Basar«). Neurologen vermuten, dass das Sehzentrum, in dem visuelle Ereignisse gespeichert werden, in den Schaltkreis vom Riechkolben zur Großhirnrinde integriert ist.

Semantisches Gedächtnis.

Ein zweiter Nervenstrang vom Riechkolben zu den Geruchsspeichern in der Großhirnrinde verläuft über den Thalamus. Der Thalamus besitzt besonders ausgeprägte Verbindungen zur Großhirnrinde. Er fungiert als eine Art »Türsteher« für das Gedächtnis: entscheidet, welche Informationen (Düfte) so wichtig sind, dass sie durchgelassen werden müssen. Dazu muss er die Düfte natürlich identifizieren. Der Stirnlappen der Großhirnrinde (Cortex orbitofrontal) ist der Ort des »semantischen« Gedächtnisses. Er dient der Bewusstwerdung des Geruchs. Erst wenn er dort angekommen ist, kann er als »Zimt«, »Kardamom« oder »Vanille« benannt werden.

Gefühlsriechen.

Der Cortex orbitofrontal gibt seinerseits Informationen an den Thalamus weiter, die dieser bei seiner Auswahl berücksichtigt. Auch der Hippocampus reagiert auf Impulse aus der Großhirnrinde. Er ist nämlich Teil des limbischen Systems, das für die Gefühlsregungen des Menschen zuständig ist. Es löst Lust- und Unlustempfindungen aus, auch beim Wein. Extrem »angenehme« oder »unangenehme« Gerüche werden also über den Schaltkreis, in den das limbische System eingebogen ist, »gemerkt« und in der Großhirnrinde gespeichert.

Supernasen.

Wie beim Schmecken, so ist auch die Fähigkeit des Riechens bei den Menschen unterschiedlich ausgeprägt. Es gibt Supernasen, die auch feinste Nuancen im Wein wahrnehmen, die Normalriechern verborgen bleiben. Und es gibt Geruchstaube, die die Düfte des Weins nur grob wahrnehmen können. Die Schwelle, ab der Gerüche wahrgenommen werden, ist bei den Menschen unterschiedlich ausgeprägt. Manchmal hat es den Anschein, als gäbe es unter weiblichen Weintrinkern mehr Supernasen als unter männlichen. Doch wissenschaftlich bewiesen ist die Beobachtung nicht. Auch nimmt die Riechfähigkeit mit zunehmendem Alter ab. Im Gegensatz zum Schmecken kann der Riechsinn jedoch trainiert werden. Das heißt: Auch alte Menschen können eine Supernase haben, während untrainierte, junge Menschen in puncto Wein durchaus »Nicht-Riecher« sein können.

Riechen und Schmecken

Die Sinnesorgane der Menschen sind unterschiedlich geschärft. Der eine registriert Düfte, die der andere gar nicht wahrnimmt. Die Wahrnehmung hängt aber nicht nur von der Leistung der Rezeptoren ab, sondern auch von der Leistung des Geschmacksgedächtnisses. Man muss sich auf den Wein konzentrieren, um ihn »zu verstehen«. Das heißt nicht, sich bei jedem Schluck meditativ in den Wein zu versenken. Im Gegenteil:

Die Wahrnehmung des Duftes wird dadurch erleichtert, dass man den Wein im Glas kurz kreisen lässt und dann ins Glas hineinriecht. Der zusätzliche Luftkontakt verstärkt den Duft. Doch Vorsicht: Beim Kreisenlassen schwappt der Wein leicht über. Wer keine Übung hat, sollte das Glas nicht freihändig, sondern auf dem Tisch stehend kreisen lassen. So verhindert man, sich, seinen Nachbarn oder das Tischtuch zu beflecken.

Den Wein im Glas kreisen zu lassen erhöht die Duftintensität: Das Riechen fällt leichter.

Der Mund: Ich schmecke, also bin ich

Gibt es Menschen, die eine feinere Zunge haben als andere? Gibt es »Schmeckblinde«, denen die Welt der Aromen verborgen bleibt? Ist die Fähigkeit zu riechen und zu schmecken angeboren? Sicher ist: Die Sinnesorgane sind bei den Menschen unterschiedlich geschärft. Neben »Schmeckblinden« gibt es auch Superschmecker.

Im Vergleich zur Nase ist die Zunge das weniger entwickelte Sinnesorgan. Aber sie schmeckt, was die Nase nicht riecht.

Geschmacksanatomie. Gaumen, Rachen und Zunge sind mit mehreren tausend Geschmacksknospen besetzt, die auf chemische Verbindungen empfindlich reagieren. Sie fungieren als Rezeptoren für die Reize, die der Wein aussendet, wenn er die Mundhöhle betritt. Die größte Anzahl an Geschmacksknospen befindet sich an der Zungenspitze und an den Zungenrändern. Die im Vergleich zum Gaumen rauere Oberfläche der Zunge ist ein Indiz dafür. Die Zunge ist für das Schmecken daher wichtiger als der Gaumen und der Rachenraum. An ihnen finden sich zwar auch Geschmacksknospen, aber deutlich weniger als im vorderen Teil der Mundhöhle.

Verschiedene Papillen. Die Geschmacksknospen werden auch Papillen genannt. Vor allem der vordere Teil der Zunge ist dicht mit ihnen besiedelt. Er trägt deshalb besonders viel zum Geschmacksempfinden bei. Allerdings sind nicht alle Papillen gleich. An der Zungenspitze und an den vorderen Zungenrändern befinden sich vor allem Pilzpapillen. Sie sind besonders fein und sensibel. An den hinteren seitlichen Rändern der Zunge findet man Blätterpapillen, die faltenartig geformt und ebenfalls sehr empfindlich sind. In der Zungenmitte liegen die raueren Wallpapillen. Sie weisen eine höhere Reizschwelle auf. All diese Papillen lösen, wenn sie stimuliert werden, elektrische Impulse aus, die ans Gehirn weitergegeben werden. Dort wird dann das Geschmacksbild des Weins zusammengestellt.

Superschmecker und »Schmeckblinde«.

Die Menge der Geschmacksknospen ist von Mensch zu Mensch verschieden. Manchmal beträgt ihre Zahl nur knapp 100, manchmal gut 400 pro Quadratzentimeter – je nach Erbanlagen. Superschmecker mit über 400 Geschmacksknospen reagieren zum Beispiel stark auf scharfe Gewürze, während Menschen mit nur 100 Geschmacksknospen fast als »schmeckblind« gelten können. Zumindest ist ihre Wahrnehmungsschwelle stark herabgesetzt. Beide Gruppen umfassen je 25 Prozent der Bevölkerung. 50 Prozent der Menschen gelten als Normalschmecker.

Vier Geschmäcker.

Die Zunge kann praktisch nur vier Geschmäcker wahrnehmen: süß, sauer, salzig, bitter. Zu feineren Unterscheidungen ist sie nicht fähig. Die Zentren für die Wahrnehmung der vier Geschmäcker befinden sich in verschiedenen Bereichen der Zunge. Dort konzentrieren sich die entsprechenden Geschmacksknospen. Die Zunge ist also im Vergleich zur Nase das weniger entwickelte Sinnesorgan. Deshalb stellt sich die Frage, weshalb der Mensch, wenn er besser riechen als schmecken kann, den Wein unbedingt trinken will. Der erste Teil der Antwort lautet: Weil er das, was er schmeckt, nicht riechen kann. Zucker und Salz sind geruchsneutral. Bitterstoffe und Säure (sofern sie nicht flüchtig ist) nimmt die Nase ebenfalls nicht wahr.

Der Tastsinn.

Der zweite Teil der Antwort lautet: Der Mensch ist ein biologisches Wesen, das Nahrung braucht, um zu leben. Wein ist seinem Ursprung nach Nahrung, und die biologische Prägung des Menschen veranlasst ihn instinktiv, sich Nahrung einzuverleiben. Deshalb will er auf das »Verschlingen« des Weins nicht verzichten. Hinzu kommt, dass die Geschmacksknospen auch tasten. Sie sind mit dem Trigeminus-Nerv verbunden, über den die Tastempfindungen ans Gehirn geleitet werden. Mit der Zunge wird daher auch die Viskosität (Dickflüssigkeit, Prickeln etc.) des Weins, seine Samtigkeit (oder Rauheit) und seine Temperatur erlebt. All das sind Empfindungen, auf die ein Weintrinker nicht verzichten möchte. Sie gehören zum Genießen dazu.

Die Schmeckriecher.

Zunge und Nase ergänzen sich so gut, dass der Weintrinker oft gar nicht weiß, welche Eindrücke die Nase und welche die Zunge liefert. Wahrscheinlich riecht er das meiste, was er zu schmecken glaubt. Die Nasenschleimhaut ist nämlich auch vom Rachen aus zugänglich. Von dort gelangt der Duft des Weins beim Schlucken zurück in die Nasenhöhle und löst jene Empfindungen aus, die wir als »guten Geschmack« bezeichnen. Retronasales Riechen sagen die Fachleute. Übrigens: Die Schmeckfähigkeit nimmt im Laufe des Lebens kontinuierlich ab – im Gegensatz zur Riechfähigkeit. Mit 80 Jahren besitzt der Mensch nur noch ein Drittel der Geschmacksknospen, die er mit 20 Jahren aufwies. Dieser Abbauprozess ist nicht aufzuhalten.

Die Zunge – letzte »Kontrollstelle« vor dem Schlucken

Die Zunge ist das wichtigste Schmeckorgan. Es ist die letzte »Kontrollstelle« vor dem Einverleiben des Weins. Schmeckt dieser nicht, weil er zu sauer oder zu bitter ist oder ihm sonst ein Makel anhaftet, weist die Zunge ihn instinktiv zurück. Schmeckt er dagegen »lecker«, lässt sie ihn passieren. Die verschiedenen Papillen sind jedoch nicht gleichmäßig auf der Zunge verteilt. Die feinen Pilzpapillen konzentrieren sich im vorderen Teil der Zunge. Sie reagieren vor allem auf Süße und Säure. An den hinteren Zungenrändern, wo die Blätterpapillen sitzen, nehmen wir vor allem salzige Eindrücke wahr. Der Zungengrund mit den Wallpapillen reagiert dagegen vornehmlich auf Bitterstoffe. Um den ganzen Geschmack des Weins auszukosten, ist es daher wichtig, ihn über die gesamte Zunge laufen zu lassen. Das »Schlürfen«, also das Einsaugen des Weins zusammen mit Luft, ist zwar nicht sehr fein (und sollte in Gesellschaft unterlassen werden), intensiviert aber den Geschmack. Durch »Kauen« oder »Wiegen« des Weins auf der Zunge verteilt man ihn besser im Mund und nimmt das Tannin besser wahr.

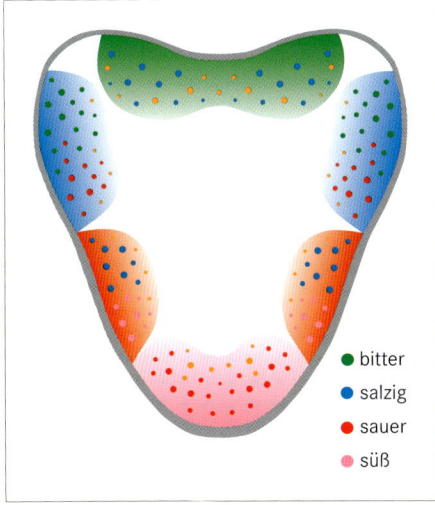

● bitter
● salzig
● sauer
● süß

Die Papillen der Zunge nehmen jeweils einen anderen Geschmack wahr.

151

Die Ordnung im Chaos der Aromen

Guten Wein erkennt man daran, dass er nie gleich schmeckt. Mal hat er eine Nuance mehr, mal fehlt ihm eine vertraute Note – je nachdem welchen Jahrgang man trinkt oder in welchem Reifezustand sich der Wein befindet. Die Aromen des Weins zu beschreiben, ist ein schwieriges, aber auch faszinierendes Unterfangen. Es erfordert beim Verkosten hohe Konzentration und viel Assoziationskraft. Wer die Aromen kennt, die in einem Wein enthalten sein können, genießt ihn mit allen Sinnen.

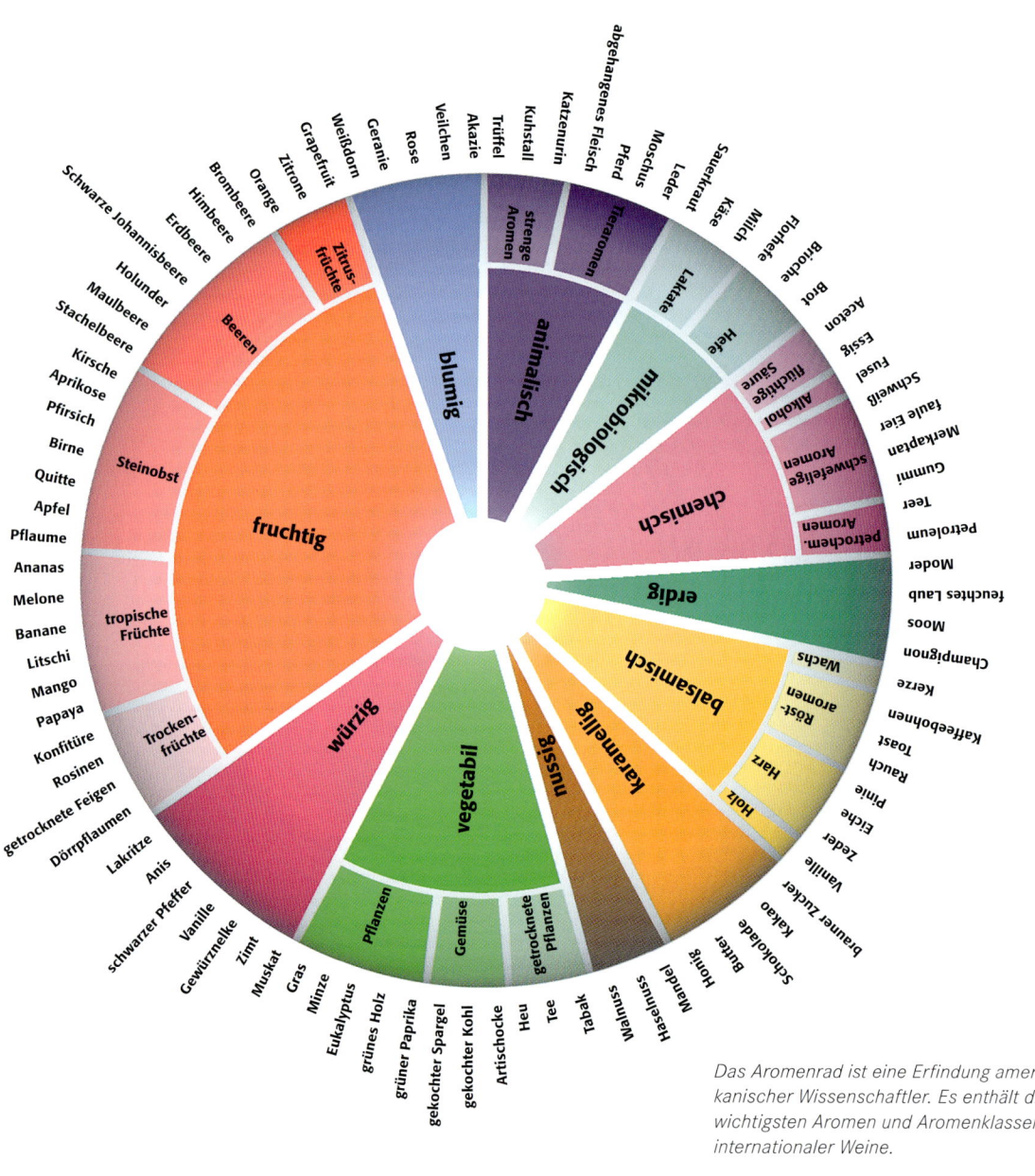

Das Aromenrad ist eine Erfindung amerikanischer Wissenschaftler. Es enthält die wichtigsten Aromen und Aromenklassen internationaler Weine.

Analyse des Aromas. Duft und Geschmack sind die wichtigsten organoleptischen Eigenschaften des Weins. Zusammen bilden sie sein Aroma. Dieses Aroma wahrzunehmen, ist eine Sache. Die andere ist, das Aroma zu beschreiben. Sicher, man kann einen Wein auch genießen, ohne sein Aroma zu analysieren. Man muss nicht aufzählen, an welche Gerüche und Geschmäcker der Wein erinnert. Aber für die Schärfung der eigenen Sinne und zur Verständigung mit den Mittrinkenden ist es manchmal nützlich, sein Aroma in Worte zu fassen.

Primäraromen. Zunächst einmal unterscheidet man zwischen den Primär-, Sekundär- und Tertiäraromen. Mit Primäraroma bezeichnet man dabei Düfte und Geschmacksnuancen, die schon in den Weintrauben angelegt sind und die sich später im Wein wiederfinden: also blumige, fruchtige oder würzige Noten. Diese rebsortentypischen Aromen sind Bestandteil der DNA der jeweiligen Sorte. Man findet sie im Wein, solange er jung ist. Typisch für Weiß-weine sind Apfel-, Birnen- und Pfirsicharomen, während Rotweine oft Kirsch-, Himbeer- oder Brombeeraromen aufweisen. Da der Alkohol das Aroma verstärkt, sind die Primäraromen im jungen Wein sehr viel intensiver als in einer Weinbeere.

Sekundäraromen. Als Sekundäraroma werden die Bouquetstoffe bezeichnet, die während der Gärung entstehen. Dabei handelt es sich um erdige, mineralische, vegetabile oder balsamische Aromenprofile, die ursprünglich nicht in den Trauben vorhanden sind. Sie hängen unter anderem von den Hefestämmen ab, aber auch von der Reife der Trauben, also von der Menge des Traubenzuckers und der Zusammensetzung der Säuren. Typische Sekundäraromen sind Butter, Brot, Teer, schwarzer Pfeffer, Tabak, Trüffel.

Tertiäraromen. Mit Tertiäraromen sind Duft- und Geschmacksnoten gemeint, die sich während des Reifeprozesses des Weins im Fass und später in der Flasche entwickeln. Dabei fallen die ursprünglich fruchtigen und würzigen Moleküle auseinander, verbinden sich mit anderen Molekülen zu oftmals langen Ketten und geben dem Wein einen veränderten Geschmack. Ein großer Teil dieser Reifearomen geht auf den Einfluss des Sauerstoffs zurück. Aber auch ohne Sauerstoff reift der Wein und verändert seine aromatische Struktur, er wird würzig, petrolig, schokoladig, pilzig. Auf diese Weise entwickeln sich neue Duft-Sensationen. Am Ende des Reifeprozesses sind die Primär- und Sekundäraromen völlig verschwunden. Es dominieren die Tertiäraromen wie Portwein, Trockenfrüchte, Kamille, Champignons.

Das Aromenrad. Die Beschreibung der Aromen, die im Wein vorkommen, bringt oft eigentümliche, bisweilen sogar bizarr klingende Begriffe hervor. Sie basieren natürlich auf subjektiven Geruchsassoziationen der Weinkoster. Selten treten diese Aromen in Reinform auf, fast immer zusammen mit anderen Düften. Was unangenehm klingt, muss deswegen nicht negativ gemeint sein, auch wenn manchmal schwer zu verstehen ist, warum ein »schokoladiger« Wein nicht unbedingt süß und ein »modriger« Wein durchaus gut schmecken kann. Die Qualität eines Weins hängt davon ab, wie reich, vielfältig und komplex sein Aroma ist – und wie harmonisch. Ein hochwertiger Wein besitzt immer viele Sekundär- und Tertiäraromen, während Primäraromen allein einen Wein eindimensional erscheinen lassen. Um Ordnung in die Welt der Düfte und Geschmäcker zu bringen, haben Wissenschaftler und Weinexperten das Aromenrad erfunden. Es führt die wichtigsten Aromen und Aromenklassen auf, ohne sie zu bewerten.

Primäraromen	Sekundäraromen	Tertiäraromen	
Limone	Honig	Dörrobst	Teer
Grapefruit	Litschi	Marmelade	Lakritze
Akazienblüte	Quitte	Rosinen	Champignons
Veilchen	Birne	Portwein	Moos (Wald-
Rosen	Ananas	Gewürznelke	boden)
Kirsche	Papaya	Olivenöl	Tabak
Schw. Johannisbeere	Mango	Kakao	
Himbeere	Banane	Schokolade	
Preiselbeere	Walnuss	Kaffeebohnen	
Brombeere	Butter	Zedernholz	
Gras	Brotkruste (Hefe)	Süßholz	
Brennnessel	Safran	Vanille	
Grüner Spargel	schwarzer Pfeffer	Lederpolitur	
Grüne Paprika		Karamell	

Wie Wein schmecken »muss«

Jeder Wein hat sein eigenes Aroma. Es hängt vom Klima, vom Boden und von der Rebsorte ab. Terroir nennen das die Franzosen. Das typische Aroma eines Weins wechselt von Anbaugebiet zu Anbaugebiet, sodass der Konsument nie den gleichen Wein trinkt, auch wenn dieser aus der gleichen Rebsorte gewonnen wurde. Das Terroir prägt den Wein, es gibt ihm seinen eigenen Charakter.

Typische Aromen von Weißweinen

Albariño	Rias Baixas (Spanien)	Zitronen-/Orangenschale, Würzkräuter
Assyrtiko	Santorin (Griechenland)	Limette, Khaki, Feige, Feuerstein
Chablis (Chardonnay)	Burgund	Wiesenblumen, Chlorophyll, Zitrus, Honigmelone, Flintstein
Champagner	Champagne	Zitrus, Apfel, Aprikose, Biskuit, Hefe, Nüsse
Chardonnay	Übersee	Ananas, Grapefruit, Zitronengelee, Quitte, Mango, Karamell
Chardonnay	(ungeholzt)	Ananas, Zitronendrops, Orangenblüte
Chenin Blanc	Südafrika	Quitte, Haselnuss, Mandarine
Fendant, Yvorne, Aigle (Chasselas)	Schweiz	Margeritenblüte, grüner Apfel, Heu, Litschi
Gavi (Cortese)	Piemont (Italien)	Klarapfel, Akazienblüte, Pfirsich
Gewürztraminer	Elsass, Südtirol	Teerosen, Litschi, Feigen, Quittenbrot, Honig, Weihrauch
Grauburgunder	Baden, Nahe, Pfalz	Speck, Aprikosen, Apfelstrudel
Graves	Bordeaux	Kochapfel, nasse Erde, Wachs, Brotkruste, Kräuterbutter
Grüner Veltliner	Österreich	Chlorophyll, Erbsenschoten, Pfeffer, Aprikose, Honigmelone
Meursault, Puligny-Montrachet	Burgund	Limone, Quitte, geröstete Haselnüsse, Vanille, Mineralität
Muscadet	Nantais (Frankreich)	Apfel, Grapefruitsaft, Anis
Pinot Bianco	Südtirol, Friaul	Weißdorn, Akazie, Birne
Pinot Blanc	Elsass	Birne, Quittenkompott
Pinot Grigio	Italien	Apfel, Heu, Zitronenschale
Prosecco	Italien	Apfel, Birne, Litschi
Rkatseli	Georgien, Ukraine	Heu, Gras, Klarapfel, Zitrus
Riesling	Wachau (Österreich)	Aprikose, Grapefruit, Mandarine, Anis, Honigmelone
Riesling	Mosel, Nahe	Apfel, Pfirsich, Zitrus, Schiefer
Riesling	Rheinhessen, Pfalz	Pfirsich, Aprikose, Grapefruit, Honigmelone
Rueda	Kastilien-Leon (Spanien)	Zitrus, Anis, mineralische Noten
Sancerre, Pouilly-Fumé	Loire (Frankreich)	Brennnessel, Sellerie, Feuerstein
Sauvignon Blanc	Steiermark, Südtirol	Stachelbeere, Holunder, frisch gemähtes Gras, Orangen
Scheurebe	Pfalz, Rheinhessen	Schwarze Johannisbeere, Zitronenblüte, Pfirsich
Silvaner	Franken, Rheinhessen	Wiesenblumen, Apfel, Aprikosen, Kartoffel
Friulano	Friaul (Italien)	Lindenblüte, Birnenkompott, Aprikosen
Verdicchio	Marken (Italien)	Birne, Aprikose, Heu, Fenchel, Orangenschale
Vinho Verde	Portugal	Apfel, Limette
Vouvray	Loire (Frankreich)	Zitrus, Apfel, Pfirsich, Feuerstein
Weißburgunder	Nahe, Pfalz, Baden	Wiesenblumen, Birne, Klarapfel, Aprikose, Zitronengras

Typische Aromen von Rotweinen

Barbera	Piemont (Italien)	Sauerkirsche, Pflaumenkonfitüre, Tabak
Barolo, Barbaresco	Piemont (Italien)	rote Früchte, Waldboden, Lakritz, Teer, Trüffel
Beaujolais	Burgund	Fruchtgummi, Himbeerpastillen, Rote Bete
Bierzo	Spanien	Brombeere, Wildkirsche, Unterholz, animalische Noten
Blauer Zweigelt	Österreich	Kirsche, Brombeere, Schwarze Johannisbeere, Bitterschokolade
Blaufränkisch	Österreich	Brombeere, Sauerkirsche, Pflaume, Würzkräuter
Bolgheri	Toskana (Italien)	Johannisbeere, Brombeere, Würzkräuter, getrocknete Tabakblätter
Brunello di Montalcino	Toskana (Italien)	Veilchen, Brombeere, Preiselbeere, Cassis, Kräuterwürze, Leder, Tabak
Cabernet Sauvignon	Napa Valley (Kalifornien)	Cassis, Maulbeere, Tabak, Kaffee, schwarzer Pfeffer, Gewürznelken
Cabernet Sauvignon	Chile	Cassis, Eukalyptus, Pfefferminz
Cahors	Südwestfrankreich	Brombeere, Unterholz, Teer
Châteauneuf-du-Pape	Rhône	rote Früchte, Thymian, Sattelleder, Tabak
Chianti Classico	Toskana	Veilchen, rote und blaue Waldbeeren, Unterholz
Côte Rôtie, Hermitage (Syrah)	Rhône	Fruchtkompott, Rumtopf, altes Leder, fleischige Noten
Côteaux du Languedoc	Südfrankreich	Fruchtkompott, altes Leder, Kuhstall, Lorbeer, Rosmarin, getrocknete Feige
Côte de Nuits (Pinot Noir)	Burgund	Himbeere, Kirsche, Zwetschge, Möhre, Tamarinde, Gewürznelke
Côtes du Rhône	Rhône	Blaubeere, Brombeere, Rosmarin, Gewürznelke
Côtes de Provence	Südfrankreich	Blaubeere, Cassis, schwarzer Pfeffer, Würzkäuter
Dão	Portugal	Veilchen, Dörrpflaume, Graphit, Sandelholz
Dornfelder	Pfalz, Rheinhessen	Veilchen, Vielfruchtkonfitüre, Bittermandel
Douro	Portugal	Beerencocktail, rauchig-würzige Noten, Würzkräuter, Kakao
Hermitage, Côte Rôtie	Rhône (Frankreich)	Cassis, Blaubeere, Räucherschinken, Lavendel
Malbec	Argentinien	Maulbeere, Pflaumenmus, Bratensaft, Leder
Merlot	Kalifornien	Cassis, Vielfruchtkonfitüre, schwarzer Pfeffer, Fleischsaft
Nero d'Avola	Sizilien (Italien)	Sauerkirsche, Vielfruchtkonfitüre, Amarenalikör, Kakao
Pauillac, Margaux, St-Estèphe,	Bordeaux	Cassis, Waldbeere, Zedernholz, schwarzer Pfeffer, Kaffeebohnen
Pinot Noir	Kalifornien	Himbeerbonbon, grüne Tomate, Kräuterwürze, Tamarinde
Pinotage	Südafrika	Banane, Sauerkirsche, Pflaumen, Eisen, Pfeffer
Pomerol	Bordeaux	Fruchtkompott, Cassis, Medizin, Süßmalz, Gewürznelke, Bitterschokolade
Priorato	Spanien	Brombeere, getrocknete Feigen, Rosmarin, Kaffeebohnen
Primitivo	Apulien (Italien)	Süßkirsche, Pflaumenmus, Bitterschokolade, Kaffeebohnen
Ribera del Duero (Tempranillo u.a.)	Spanien	Holunder, Wildpflaume, Cassis, süße Lakritze, Toast
Rioja (Tempranillo u.a.)	Spanien	Brombeere, Cassis, Sandelholz, poliertes Sattelleder, Tabak, Vanille
Saperavi	Georgien, Ukraine	Sauerkirschen, Rote Johannisbeere, schwarzer Pfeffer
Shiraz	Australien	Pflaumenmus, Maulbeeren, schwarzer Pfeffer, Kokos, geröstete Kaffeebohnen
Spätburgunder	Ahr, Pfalz, Baden	Kirsche, Himbeerbonbon, Muskatnuss, Moschus, Bittermandel
St-Émilion (Cabernet Franc, Merlot)	Bordeaux	Fruchtkompott, Marmelade, Kuhstall, grüner Pfeffer, Paprikaschote
Taurasi	Kampanien (Italien)	Sauerkirsche, Moschus, Teer, Kardamom, Espresso
Teroldego	Trentino (Italien)	Sauerkirsche, Brombeere, Rote Bete, Gewürznelke
Toro	Kastilien-Leon (Spanien)	Schwarze Johannisbeere, Fruchtkompott, Zedernholz, Erde, Vanille
Xinomavro	Naoussa (Griechenland)	Wildkirsche, Rosen, Waldboden, Baldrian
Zinfandel	Kalifornien	Pflaume, Schwarze Johannisbeere, Lakritze, Rumtopf, schwarzer Pfeffer

Wein ist Geschmackssache – aber Geschmack ist erlernbar

Wer Hering von Kaviar zu unterscheiden weiß, kann grundsätzlich auch Wein verkosten. An mangelndem Talent liegt es selten, wenn einer von sich sagt: Ich kann Weine nicht erschmecken. Die sensorischen Voraussetzungen dazu erfüllt nahezu jeder gesunde Mensch. Den meisten fehlt es lediglich an Übung oder Erfahrung. Sie wissen nicht, worauf sie achten müssen. Sie scheuen sich, ihr Urteil abzugeben. Sie können nicht in Worte kleiden, was sie schmecken.

Eine Frage des Geschmacks.

Der Geschmack entscheidet bei den meisten Weintrinkern über Zustimmung oder Ablehnung eines Weins. Man nimmt einen Schluck aus dem Glas und prüft, ob der Wein fruchtig oder bitter, trocken oder lieblich, mild oder herb schmeckt. Sehr viel mehr wahrzunehmen ist die Zunge gar nicht in der Lage. Sie kann nämlich nur vier Geschmackseindrücke registrieren: süß, sauer, bitter, salzig. Hinzu kommt, dass die Zahl der Geschmacksknospen an der Zunge (durchschnittlich 2000) mit steigendem Alter abnimmt. Die meisten Papillen haben Neugeborene, die wenigsten Greise. Dennoch sind ältere Menschen oftmals besser in der Lage, Weine zu erschmecken: Die Erfahrung macht es.

Fünftausend Düfte.

Man vermutet, dass der Mensch rund 5000 Gerüche unterscheiden kann. Obwohl er erst die größte Befriedigung spürt, wenn er den Wein im Mund schmeckt, kann er doch auch mit der Nase genießen. Mehr noch: Die Opulenz und den Facettenreichtum eines Weins erkennt der Mensch am Duft viel leichter als am Geschmack, wobei Duft und Geschmack häufig miteinander verwechselt werden. Wenn der Wein über die Zunge fließt,

Objektiv hochwertige Weine müssen nicht allen Weintrinkern schmecken.

gelangt sein Duft durch die Nasengänge auch an die Nasenschleimhaut. Der Mensch glaubt dann zu schmecken, was er in Wirklichkeit nur riecht.

Das objektive Urteil.

Beim Degustieren geht es zunächst gar nicht um ein persönliches Geschmacksurteil, sondern darum, ein möglichst objektives Urteil über den Wein zu fällen. Etwa so: Handelt es sich um einen leichten oder einen körperreichen Wein? Ist er trocken oder hat er eine leichte Restsüße? Duftet er nach Pfirsich oder Apfel? Ist er tanninreich oder tanninarm? All das sagt nichts über die Qualität des Weins aus. Leichte Weine können genauso gut wie schwere Weine sein, halbtrocke-

ne so gut wie trockene. Und Pfirsich ist a priori auch kein höherwertiger Duft als Apfel.

Das subjektive Urteil.

Das subjektive Urteil über einen Wein hat nichts mit dessen objektiver Beschaffenheit zu tun. Beispielsweise gelten komplexe Weine, also Weißweine mit vielfältigen Aromen, als interessanter und höherwertiger. Aber vielen Menschen schmecken einfache, fruchtige Weine viel besser. Ähnlich beim Rotwein. Tanninreiche Weine besitzen in der Regel mehr Fülle und Verfeinerungspotenzial. Doch wer das harte, manchmal pelzige Tannin nicht mag, wird immer tanninarme Weine vorziehen. Das persönliche Urteil entscheidet letztlich. Objektiv hochwertige Weine müssen also nicht jedem Weintrinker gefallen.

Beeinträchtigungen.

Koffein und Nikotin können die Geschmacksfähigkeit erheblich beeinträchtigen. Sie reizen die Schleimhäute so stark, dass diese stundenlang »belegt« bleiben. Die Wahrnehmungsschwelle für Duftfacetten ist dann sehr hoch. Beim Geschmackssinn wirken sich dagegen Kaffee und Zigarette weniger stark aus. Die Geschmacksknospen der Zunge haben sich nach etwa 15 Minuten wieder erholt.

Checkliste zur Weinbeurteilung

Was das Auge erkennt

Klarheit	bei allen Weinen wichtig, Trübungen deuten auf Fehler hin (Depot ausgenommen)
Weinstein	beeinträchtigt nicht die Qualität
Glyzerin	»Kirchenfenster« am Glas: enge Bögen bedeuten viel Glyzerin, reicher Wein
Depot	bei alten Rotweinen erlaubt, Indiz dafür, dass eine Verfeinerung stattgefunden hat
Farbtönung	Rotwein: bei fortgeschrittener Reife leicht aufgehellt, orange am Rand; Weißwein: bei fortgeschrittener Reife ins Goldgelbe tendierend

Was die Nase stört

Kohlensäure	(noch) frischer Wein, kein Fehler, obwohl manchmal störend
spitze Säure	stinkend, milchig, Zeichen, dass die Säure flüchtig ist, Geruchsfehler
Essigstich	stechender Geruch, oft bei alten, zerfallenen Weinen
schweflig	leicht stechender Geruch, an entflammende Streichhölzer erinnernd
maderisiert	alter, oxidierter Wein
Korkschmecker	nach Korken riechend, störend und fehlerhaft
Kochapfel	junge, unreife Weine, nachteilig
brandig	Wein mit zu hohem Alkoholgehalt und zu wenig Körper, nachteilig
firnig	alternder, müde wirkender Wein; Edelfirne: gereifter Wein
Sherry	Alterston von Weißweinen, unangenehm, nachteilig
oxidiert	Wein, der seine Fruchtigkeit verloren hat, nach Maggi riechend
Sauerkraut, Blumenkohl, faule Eier	typischer Geruchsböckser, fehlerhaft

Was die Nase »liebt«

Weißwein

Brotkruste	Hefe, z.B. Champagner
Akazie, Linde	viele junge, blumige Weißweine, z.B. Pinot Grigio, Gavi, Pinot Blanc u.a.
Pfirsich, Aprikose	typisch für Rieslinge, Grüne Veltliner u.a.
Zitrusfrüchte	oft in Riesling und Weißburgunder, aber auch in Chardonnays aus Übersee
grüne Paprika	typisch für viele Sauvignon Blancs
Petrol	reifer Chardonnay, teilweise auch reifer Übersee-Riesling
Schw. Johannisbeere	typischer Scheurebe- und häufiger Sauvignonduft
getrocknete Rosen	typischer Gewürztraminerduft
Honig, Honigmelone	Duft vieler hochwertiger edelsüßer, aber auch fülliger trockener Weine
getrocknete Feige	Note in vielen großen, reifen Weißweinen
Haselnuss	Duft vieler großer weißer Burgunder, auch des Champagners
Salbei	Duftnote vieler mediterraner Weine
Feuerstein	typisch für Pouilly-Fumé und Sancerre

Rotwein

Kirsche, Pflaume	oft in jungen Rotweinen
Brombeere	in vielen Chianti, Toro u.a. zu finden
Würzkräuter	typisch für Cabernet Franc
Schw. Johannisbeere	typisch für Rioja, Cabernet Sauvignon u.a.
Teer, verbranntes Gummi	typisch für viele Barolo und Barbaresco
schwarzer Pfeffer	gibt vielen schweren Rotweinen eine würzige Note (Rhône, Bordeaux, Kalifornien)
Vanille	typischer Duft für Rotweine, die im kleinen Holzfass gereift sind
geröstete Kaffeebohnen	alle Rotweine, die im getoasteten kleinen Holzfass ausgebaut wurden
Schokolade	in vielen südlichen Weinen, z.B. Primitivo, chilenische Cabernets etc.
Zedernholz	typische Bordeauxwein-Würze
Backpflaume	gereifte Burgunder, Priorato-Weine u.a.

Was der Gaumen »sagt«

Körper	Zusammenspiel von Extrakt und Alkohol, ergibt Fülle; Gegenteil: dünn, mager
Schwere	hoher bzw. niedriger Alkoholgehalt (schwerer bzw. leichter Wein)
Länge	je länger der Geschmack im Mund bleibt, desto hochwertiger der Wein
Feinheit	subjektiv: z.B. zarte Frucht, glatte Tannine, facettenreiche Frucht
Harmonie	subjektiv: Verhältnis Körper–Alkohol, Süße–Säure, Holz–Frucht, Reife-Unreife etc.

20 Weine, die man kennen muss

So wie einem als Feinschmecker die Namen der wichtigsten Küchenchefs geläufig sein sollten, so muss man als Weinliebhaber die wichtigsten Weine und Weingüter der Welt kennen – sie am besten sogar einmal im Leben getrunken haben. Leider ist das nicht einfach. Alle diese Weine sind inzwischen sehr teuer geworden, viele außerdem schwierig zu beschaffen.

Dom Pérignon

Der Name des Benediktinermönchs, der den Champagner zwar nicht erfunden, wohl aber perfektioniert hat, steht für den berühmten Jahrgangschampagner von Moët & Chandon Pate. Ein edler, langlebiger Wein, der mindestens 7 Jahre auf der Hefe liegt. 100 Euro pro Flasche.

Krug Grande Cuvée

Das Champagnerhaus Krug wurde 1843 in Reims gegründet und ist der Inbegriff von Luxus beim Champagner. Die Grande Cuvée ist der einfachste Wein und kostet schon knapp 150 Euro pro Flasche. »Krug ist kein Champagner, Krug ist Krug« lautet der Wahlspruch des Hauses.

Roederer Cristal

Die in goldgelbes Transparentpapier eingewickelte Flasche ist das Statussymbol für die Reichen und Erfolgreichen dieser Welt. Für sie heißt dieser Jahrgangschampagner einfach nur der »Cristal«.

Château Lafite Rothschild

Der stark Cabernet Sauvignon-lastige Wein ist dank der Nachfrage aus China der gesuchteste und teuerste Bordeaux-Wein vom linken Ufer Bordeaux'. Das Château gehört den Rothschilds aus dem französischen Zweig der Familie.

Montrachet

Langlebiger, legendärer Weißwein aus Chardonnay-Trauben, gewachsen in einem 7,99 Hektar kleinen, von einer Mauer umfriedeten Weinberg im Burgund. Ein halbes Dutzend Winzer und Négociants teilen sich die kleine Ernte. Glücklich, wer ein Fläschlein im Keller hat.

Domaine de la Romanée Conti

Die DRC-Weine, wie sie in Fachkreisen abgekürzt werden, sind nicht nur die teuersten, sondern auch die besten des gesamten Burgunds: Seide pur. Eine Flasche des Grand Cru Romanée Conti selbst kostet 3000 Euro.

Chateau Mouton Rothschild

Nicht nur die herausragende Qualität, sondern auch die jährlich wechselnden Künstleretiketten haben diesen Wein berühmt gemacht. Die kunstsinnigen Rothschilds von Mouton stammen aus dem Londoner Zweig der Banker-Familie.

Pétrus

Der Sehnsuchtswein aller Bordeaux-Liebhaber und häufig auch die Messlatte aller Merlotweine weltweit. Er kommt von einer kleinen Insel eisenhaltigen Sands mitten im Anbaugebiet Pomerol. 1000 Euro pro Flasche muss mindestens hinblättern, wer den Wein im Keller haben will.

Tignanello, Marchesi Antinori

Dieser Rotwein, der 1971 erstmals als Tafelwein auf den Markt kam, war bahnbrechend für die »Super Tuscans«, wie die neuen Revoluzzer-Weine damals hießen. Noch heute ist der Tignanello (Sangiovese, Cabernet Sauvignon, Cabernet Franc) ein Weinmonument.

Barbaresco, Gaja

Die Barbaresco von Angelo Gaja haben das Piemont überhaupt erst bekannt gemacht: geschliffene, tiefgründige Weine aus der Nebbiolo-Traube, vielschichtig, langlebig.

Sassicaia

Den Namen dieses berühmten Rotweins aus der Toskana korrekt auszusprechen ist fast ebenso schwer, wie eine Flasche von ihm zu bekommen. Ein reinrassiger Cabernet, der sich mit den ganz großen Rotweinen der Welt misst.

Unico, Bodegas Vega Sicilia

Der erste große Rotwein des spanischen Anbaugebiets Ribera del Duero, der über Spanien hinaus Beachtung fand und schnell zum Kultwein aufstieg. Basis: Tinto Fino (Tempranillo). Ein sehr traditioneller Wein, der lange im Fass und jahrgangsabhängig mal nach vier, mal erst nach zehn Jahren »reif« ist. Über 300 Euro pro Flasche.

L'Ermità

Mythischer Wein aus Garnacha, Pais und Cabernet Sauvignon, der das Priorato (im Hinterland von Barcelona) bekannt und den jungen Alvaro Palacios, den »Erfinder« dieses Weins, berühmt gemacht hat: 100-jährige Reben auf steilen Schieferterrassen.

Pingus

Von vielen als derzeit bester (und teuerster) spanischer Rotwein betrachtet: 10 % Tinto Fino (Tempranillo), gewachsen in der Ribera del Duero, in vier Parzellen mit uralten Reben, die noch nie mit Pestiziden behandelt wurden. Der Mann hinter dem Wein: der Däne Peter Sisseck. Knapp 600 Euro pro Flasche.

Wehlener Sonnenuhr Riesling Auslese, J. J. Prüm

Mit seinen edelsüßen Auslesen hat sich Manfred Prüm unsterblich gemacht. Von allen Moselwinzern besitzt er die besten Nerven und riskiert jedes Jahr eine extrem späte Lese.

Scharzhofberger Riesling Auslese, Egon Müller

Egon Müller ist der »König von der Saar«: Seine Weine der Lage Scharzhofberg sind für viele das Feinste, was der Riesling zu bieten hat – vor allem im edelsüßen Bereich. Trockene Weine werden nicht erzeugt.

Singerriedel Riesling Smaragd, Franz Hirtzberger

Einer der feinsten und berühmtesten Weißweine Österreichs, aus einer steilen Terrassenlage mit Gneis-, Glimmer- und Schieferböden bei Spitz kommend.

Dürnsteiner Kellerberg Riesling Smaragd, F. X. Pichler

Österreichs Vorzeige-Riesling: ein kraftvoller, vielschichtiger Wein, der

zugleich filigran und elegant ist und sich lange auf der Flasche verfeinern kann. Gewachsen in einer kühlen Urgesteinslage in der Wachau.

Grange

Der berühmteste Weins Australiens: ein Shiraz (mit kleinen Anteilen Cabernet Sauvignon) aus der Kellerei Penfolds im Barossa Valley. Langlebig, wuchtig, teuer und trotzdem schwer zu bekommen.

Opus One

Joint Venture von Baron Philippe de Rothschild und Robert Mondavi, die sich 1970 auf Hawaii trafen und die Idee für einen gemeinsamen kalifornischen Premiumwein aus Cabernet Sauvignon, Cabernet Franc und Merlot (plus ein wenig Malbec und Petit Verdot) entwickelten. Die Trauben kommen aus dem Napa Valley.

Glossar

Abgang: Nachklang eines Weins nach dem Schlucken, auch Finale genannt

adstringierend: die Zunge zusammenziehend. Geschmackseindruck, der häufig bei jungen, gerbstoffhaltigen Rotweinen auftritt

Agraffe: Drahtkörbchen über dem Sektkorken

Allier-Eiche: feinporige, zum Barriquebau verwendete Eiche aus dem gleichnamigen französischen Département. Wegen ihres süßen Geschmacks werden Chardonnay-Weine gerne in Allier-Eiche vergoren

Ampelographie: Rebsortenkunde

Annata: ital. Jahrgang. Junger Wein, der nach wenigen Monaten den Keller verlässt

Anreichern: Hinzufügen von Zucker zum Most vor der Gärung, um einen höheren Alkoholgehalt des Weins zu bekommen

AOC, Appellation d'Origine Contrôllée: höchste französische Qualitätsstufe für Wein

Appellation: Herkunft bzw. Ursprungsgebiet eines Weins

Assemblage: Zusammenfügen gleicher Weine aus unterschiedlichen Fässern zu einem Wein (bzw. Weine gleicher Herkunft, aber unterschiedlicher Rebsorte)

Ausbruch: Beerenauslese aus Rust am Neusiedlersee, gewonnen aus überreifen oder edelfaulen Trauben mit einem Mostgewicht von mindestens 138° Öchsle

Auslese: hohe deutsche Prädikatsstufe, reserviert für meist süße oder edelsüße Weine mit 90° bis 100° Öchsle, wird oft aber auch für entsprechend hochgradige, trockene Weine in Anspruch genommen

BA: Beerenauslese

Barrique: kleines Holzfass mit 225 Litern Inhalt, einst für Bordeauxweine entwickelt, heute in aller Welt verbreitet

Bâtonage: das Aufrühren der Hefe im Fass mit einem Stock. Qualitätsfördernde Maßnahme bei Weißweinen, die im Holzfass vergoren werden. Entwickelt im Burgund

Bernsteinsäure: frische, herbe Fruchtsäure, die sich neben Weinsäure und Apfelsäure in jedem Wein in geringeren Mengen findet

Blanc de Blancs: nur aus weißen Trauben gekelterter Schaumwein

Blanc de Noirs: nur aus roten Trauben gekelterter Schaumwein

Botrytis cinerea: Edelfäule, erwünscht für Sauternes und alle Formen von Beeren- und Trockenbeerenauslesen

Bouquet: Duft des Weins

brandig: alkoholisch schmeckend

BSA: Abkürzung für den biologischen Säureabbau, durch den die Weine weicher, fülliger werden. Bei Rotweinen immer notwendig, bei Weißweinen nur gelegentlich. Auch malolaktische Gärung (kurz: Malo) genannt

Cantina: ital. Keller bzw. Kellerei

Cava: span. Schaumwein aus Penedès

Cave: frz. Keller, auch Kellerei

Chai: ebenerdiger Fasskeller in Bordeaux

Champagnermethode: Umschreibung für die Flaschengärung beim Champagner. Für andere Schaumweine müssen nach EU-Recht die alternative Bezeichnung Méthode traditionelle oder Méthode classique verwendet werden

chaptalisieren: anreichern

Charakter: Weine mit Charakter sind eigenständig und laufen nicht irgendwelchen Moden nach

Claret: in England übliche Bezeichnung für Bordeauxweine allgemein

Charmat-Methode: Methode zur Herstellung von Schaumweinen ohne Flaschengärung. Dabei wird der Wein in großen Druckbehältern aus Edelstahl statt in der Flasche zweitvergoren

Clos: abgeschlossener, meist von Mauern eingefasster guter Weinberg. Vor allem im Burgund gebräuchlicher Name

Cooler: amerik. Ausdruck für Leichtwein

Crémant: Schaumwein aus Gebieten außerhalb der Champagne (z. B. Elsass, Loire, Burgund) mit weniger Kohlensäure (zwei bis drei Atmosphären) als ein Champagner

cremig: weich, mild, geschmacklich breit angelegt. Wird vor allem bei Holzfass vergorenen Chardonnays mit BSA und bei großen Champagnern verwendet

Cru: besonders gute Weinberglage

Cuvée: 1. hochwertiger Most aus der ersten Pressung beim Champagner; 2. Zusammenfügen verschiedener Weinsorten bzw. Fässer zu einem harmonischen Wein

Cuvier: frz. Gärkeller

DAC: Abkürzung für Districtus Austriae Controllatus, des erstmals 2002 in Österreich eingeführten Appellationssystems. Die Buchstaben auf dem Etikett dienen als Nachweis der Herkunft und sind eine Garantie für die gebietstypische Stilistik des Weins entsprechend der Rebsorte sowie des Ausbaus

Dauben: gebogene Holzstücke, die die Wandung eines Fasses bilden

Dekantieren: Umfüllen des Weins von der Flasche in eine Karaffe

Diabetikerwein: trockener Wein mit maximal vier Gramm Restzucker pro Liter

Domaine: frz. Weingut.

durchgegoren: restzuckerfreier, staubtrockener Wein

Edelschimmel: Schimmelbefall hochreifer Trauben, der nicht zur Zerstörung der Beeren, sondern zu deren Schrumpeln führt und die Voraussetzung für Beeren- und Trockenbeerenauslesen schafft. Auch Trockenfäule oder Botrytis cinerea genannt

edelsüß: Bezeichnung für Wein aus edelfaulen, stark geschrumpelten oder gefrorenen Trauben mit hohem Fruktoseanteil

Edelzwicker: im Elsass gebräuchliche Bezeichnung für einen Wein, der aus vielen verschiedenen Rebsorten gekeltert ist

Erste Lage: vom Verband Deutscher Prädikatsweingüter (VDP) vorgenommene Klassifizierung der besten Weinbergslagen Deutschlands. Insgesamt erhielten 277 Lagen den Rang einer Ersten Lage

Erstes Gewächs: im Rheingau geltende, gesetzliche Qualitätsbezeichnung für die besten Riesling- und Spätburgunderweine von klassifizierten Lagen

Erzeugerabfüllung: Wein, der auf dem Weingut abgefüllt worden ist, von dem die Trauben stammen

eurotrocken: EU-Wein, dessen Restzuckergehalt maximal neun Gramm pro Liter beträgt bzw. sich nach der Formel »Säure plus zwei« errechnet (d. h. ein Wein mit sechs Gramm Säure darf noch bei acht Gramm Restzucker als trocken gelten)

Extrakt: Gesamtheit aller nicht flüchtigen Inhaltsstoffe eines Weins, vor allem Zucker, Säure, Glyzerin in geringerem Maße auch Phenole, Pektine und Mineralstoffe. Ein hoher Extraktwert ist ein Indiz für eine hohe Weinqualität

Extraktsüße: Extraktreiche Weine werden oft als leicht süß wahrgenommen, auch wenn sie vollkommen durchgegoren sind. Grund dafür ist der erhöhte Glyzeringehalt. Glyzerin gehört zur Gruppe der Alkohole und ist ein wichtiger Bestandteil des Extrakts

Fattoria: ital. Weingut

Federspiel: mittelschwere Grüne Veltliner und Rieslinge aus der Wachau mit maximal 12,5 Vol.-% Alkohol

feinherb: andere (teilweise umstrittene) Bezeichnung für halbtrocken

Finesse: frz. Feinheit

fränkisch-trocken: Weine mit nicht mehr als vier Gramm Restzucker pro Liter. In Franken gängige Interpretation der trockenen Geschmacksrichtung

frizzante: ital. perlend. Eigenschaft von Perlweinen wie dem Prosecco

fruchtig: 1. nach Apfel, Birne, Kirsche, Beeren und anderen Früchten schmeckend; 2. In Deutschland gebräuchliche Bezeichnung für liebliche Weine (mit 19 bis 45 Gramm Restzucker)

Frühfrost: Frost Ende Oktober oder Anfang November. Häufig erwünscht, weil er die Möglichkeit zur Eisweinlese bietet

Fumé Blanc: kalifornischer, im Holzfass vergorener Sauvignon Blanc

füllkrank: aufgrund kürzlich erfolgter Abfüllung geschmacklich noch gestörter Wein

Geläger: die sich nach der Gärung auf dem Boden des Fasses absetzenden Trubstoffe

Gemischter Satz: Wein aus Weinbergen, in denen noch wie früher verschiedene Rebsorten durcheinander wachsen. Alle Trauben werden gleichzeitig gelesen und gekeltert. Teilweise entstehen so sehr ursprüngliche, originelle Weine

Gerbsäure: in Rotweinen in großen, in Weißweinen in geringen Mengen anzutreffendes Tannin

Gespritzter: in Österreich übliche Bezeichnung für einen mit Mineralwasser verdünnten Wein. Gut eignet sich dazu z. B. Grüner Veltliner

g. g. A.: Abkürzung für geschützte geografische Ursprungsbezeichnung. Entspricht den bisherigen Landweinen

Grains Nobles: hochkarätige Beeren- oder Trockenbeerenauslese aus dem Elsass mit mindestens 110° Öchsle, darf nur aus den Sorten Riesling, Muscat, Gewürztraminer und Pinot Gris erzeugt werden

Grand Vin: in Bordeaux übliche Bezeichnung für den Spitzenwein eines Châteaus

Graufäule: von Winzern gefürchteter Schimmelbefall halbreifer Trauben, auch Nassfäule genannt

grün: Wein mit unreifer Säure

Großes Gewächs: Abkürzung GG. Für die Mitglieder des Verbands Deutscher Prädikatsweingüter (VDP) geltende Bezeichnung für den besten trocken schmeckenden Wein des jeweiligen Jahrgangs. Dieser muss aus einer Ersten Lage und aus der für diese Lage vorgesehenen Rebsorte(n) stammen. Die GG besitzen nur verbandsrechtlichen, keinen weingesetzlichen Status

Großlage: in Deutschland gebräuchliche, irreführende Bezeichnung für ein weitgefasstes, sich über mehrere Gemeinden erstreckendes Rebeneinzugsgebiet. Die Bezeichnung hat mit Lage im ursprünglichen Sinn nichts zu tun

g. U.: Abkürzung für geschützte Ursprungsbezeichnung. Neue Bezeichnung für Qualitätsweine bestimmter Anbaugebiete (QbA)

halbtrocken: in der EU gebräuchliche Bezeichnung für Weine bis zu 18 Gramm Restzucker pro Liter, beim Champagner (extra sec) bis zu 20 Gramm

hart: Wein mit unreifem, zu jungem Tannin

Heuriger: (österr.) 1. Weinlokal mit angeschlossenem Weingut; 2. Wein des jüngsten Jahrgangs

hochfarbig: ins Orange tendierende Farbe eines Rotweins. Indiz, dass der Höhepunkt erreicht oder überschritten ist

Hogsheads: vor allem in Australien zu findendes Weinfass mit 300 Liter Inhalt

IGT: Indicazione Geografica Tipica, neue Weinkategorie in Italien (entspricht den VDQS-Weinen), in der viele der ehemaligen hochklassigen Vini da Tavola aufgehen

Integrierter Pflanzenschutz: Kombination von Schädlingsbekämpfungs- und Heilmitteln im Weinbau sowie die Abstimmung auf die Schwere des Schadens, den Witterungsverlauf und Wechselwirkungen zwischen verschiedenen Schädlingen auf die Gesundheit der Rebe. So soll der Einsatz von Pflanzenschutzmitteln reduziert werden

internationale Rebsorten: übliche Bezeichnung für Cabernet Sauvignon, Merlot, Pinot Noir, Sauvignon Blanc, Chardonnay

Johannisberg: 1. Silvaner aus dem Schweizer Wallis, 2. schlossartiges Weingut im Rheingau

Johannisberger Riesling: amerikanische Bezeichnung für die Rebsorte Riesling

Klon: griech. Zweig. Durch Aufpfropfen eines ausgewählten Reises vermehrte Rebpflanze

körperreich: schwerer, alkohol- und extraktreicher Wein

krautig: aufdringliches Aroma unreifer Cabernet-Franc-, Cabernet-Sauvignon- und Merlotweine

kurz: ohne Nachklang im Mund

lang: Wein mit lange nachklingendem Aroma

leicht: Wein mit niedrigem Alkoholgehalt und niedrigen Extraktwerten

Lese: Traubenernte

Liebfrauenmilch: im Ausland gebräuchliche Bezeichnung für einfachste liebliche deutsche Weißweine aus Müller-Thurgau-Trauben, aber auch aus Riesling, Kerner und Silvaner gewonnen

Likörwein: Dessertwein mit mindestens 15 Vol.-% Alkohol

maderisiert: oxidiert, überaltert, nach Madeira riechend

Maggiton: unangenehmer Geruchseindruck von alten, maderisierten Rotweinen

Maische: das Gemisch von Saft, Fruchtfleisch, Schalen und Kernen der Trauben, das bei der Rotweinerzeugung zusammen vergoren wird (Maischegärung)

Malo: Kurzform für die malolaktische Gärung, auch biologischer Säureabbau oder zweite Gärung genannt

Malolaktische Gärung: siehe BSA

Méthode champénoise: Flaschengärverfahren beim Champagner

Méthode classique: auch Méthode traditionelle. Flaschengärverfahren bei Schaumweinen außer Champagner

Millésime: frz. Jahrgang

mineralisch: Aroma bestimmter Weißweine, z. B. einiger deutscher und Elsässer Rieslinge sowie des Pouilly-Fumé

Most: Saft ausgepresster Trauben

Mostklärung: Säuberung des Mostes vor der Vergärung

Nachgärung: unerwünschtes Weitergären des Weins auf der Flasche

Nase: 1. Riechorgan des Menschen 2. Bezeichnung für das Bouquet eines Weins

Nassfäule: siehe Graufäule

natursüß: Eigenschaft von Weinen, die ihre Süße nicht zugesetztem Most oder zugesetztem Zucker verdanken, sondern im Ursprungsmost vorhandenem, unvergorenem Traubenzucker

negative Auslese: Auslesen fauler Trauben vor der Hauptlese

nervig: filigran, fein, säurebetont

Önologie: Wissenschaft von der Kellertechnik und vom Weinbau

oxidativ: fehlerhafter Wein, der durch zu langen Sauerstoffkontakt viele Aldehyde enthält und unfrisch, müde und maderisiert schmeckt. Alkoholreiche Weine wie Sherry, Madeira, Portwein, Vin Santo, oder auch Marsala werden allerdings bewusst oxidativ ausgebaut

Passito: Wein aus getrockneten Trauben, z. B. Sfursat (Valtellina), Amarone (Valpolicella), Vin Santo (Toskana)

Perlage: im Glas entweichende Kohlensäure bei Schaumweinen

Perlwein: moussierender Wein mit einem Kohlensäuredruck von maximal 2,5 Bar in der Flasche. Die deutschen Seccos und ein Großteil der italienischen Proseccos sind die bekanntesten Perlweine

pfeffrig: typische Geschmackseigenschaft des Grünen Veltliner

Phylloxera: lateinische Bezeichnung für die Reblaus

ph-Wert: Maßzahl für die Stärke aller Säuren im Wein; normal sind Werte zwischen 2,8 (sauer) und 3,5 (mild)

positive Auslese: selektives Herauslesen gesunder bzw. edelfauler Trauben

Prädikatswein: in Deutschland und Österreich gebräuchliche Bezeichnung für höherwertige Qualitätsweine entsprechend ihres Mostgewichts. Sie dürfen grundsätzlich nicht angereichert werden. In Österreich werden alle edelsüßen Weine als Prädikatsweine bezeichnet

Prä-Phylloxera: Weine aus der Zeit vor 1870, als die Reblauskatastrophe begann

Prosecco: perlender oder schäumender Wein aus Glera-Trauben (früherer Traubenname: Prosecco), die in genau definierten Teilen der italienischen Regionen Venetien und Friaul wachsen. Prosecco wird immer nach der Charmat-Methode in großen geschlossenen Drucktanks versektet

QbA: Abkürzung für Qualitätswein bestimmter Anbaugebiete. In Deutschland unterste Qualitätsweinstufe

Qualitätswein: oberste Stufe der europäischen Weingesetzgebung. In Frankreich fallen rund 40 Prozent aller Weine in diese Kategorie (VDQS, AOC), in Italien 15 Prozent (DOC, DOCG), in Spanien 25 Prozent (DO) und in Deutschland (QbA, QmP) 95 Prozent

Quinta: port. Weingut

reduktiv: duftiger, spritziger, weitgehend unter Sauerstoffabschluss ausgebauter Wein

reinsortig: nur aus einer Traubensorte erzeugter Wein

reintönig: sauberer, für die Sorte typischer Duft und Geschmack ohne Nebentöne

Rektifiziertes Traubenmostkonzentrat (RTK): konzentrierte traubenzuckerhaltige Lösung, die aus Traubenmost gewonnen wird und statt Zucker zum Anreichern von Weinen verwendet werden kann

Ried: Einzellage in Österreich

rütteln: drehen der Champagnerflaschen mit der Hand (frz. Remuage), während diese mit dem Hals in hölzernen Gestellen (Rüttelpulten) stecken. So sollen die in der Flasche angesammelten Hefereste in den Flaschenhals befördert werden

Schaumwein: Oberbegriff für alle schäumenden Weine, die einen Kohlensäuredruck von mehr als 3 Bar in der Flasche aufweisen. Dazu gehören vor allem Champagner, Crémants, Cavas, Sekte, Franciacorta, Trentodoc sowie die Spumante des Prosecco

Secco: populärer Perlwein aus Deutschland, einzuordnen zwischen Wein und Sekt. Dem italien. Prosecco nachempfunden, aber nicht gesetzlich geregelt

Smaragd: für die Mitglieder des Vereins Vinea Wachau vorgeschriebene Bezeichnung für hochkarätige, bis zum natürlichen Gärstillstand vergorene Weine aus Grünem Veltliner und Riesling

Sommelier: Weinkellner

spritzig: Wein mit Restkohlensäure

Steinfeder: Name für die leichtesten trockenen Rieslinge und Grünen Veltliner aus der Wachau mit maximal 11,5 Vol.-% Alkohol

Stillwein: Wein ohne Kohlensäure. Gegensatz zu Schaumwein

Sur lie: auf den Etiketten französischer Weißweine manchmal zu findender Hinweis, der besagt, dass der Wein im Tank (oder Fass) auf der Feinhefe gereift ist. Die Hefe gibt dem Wein einen leicht hefigen Geschmack

Süßreserve: geschwefelter Traubenmost, wird zur Süßung von Weinen benutzt

TBA: Trockenbeerenauslese

Taille: frz., vor allem in der Champagne gebräuchlicher Ausdruck für den unter hohem Pressdruck ablaufenden, im Vergleich zum Vorlaufmost weniger hochwertigen Most (im Ggs. zur Cuvée). Man unterscheidet zwischen erster und zweiter Taille

Tannin: natürlicher Inhaltsstoff jeder Weintraube und wichtiges Qualitätsmerkmal vor allem von Rotweinen. Auch Gerbstoff genannt.

Terroir: frz., komplexes Zusammenspiel von Boden und Klima

Textur: Bezeichnung für die Qualität eines Weins am Gaumen. Dazu gehören die spürbare Dichte und die Konzentration, die Viskosität und die Qualität des Tannins

Toasten: leichte Röstung eines Barrique-Fasses von innen

Traube: Frucht der Weinrebe

Traubensaft: Most. 1 Kilo Trauben ergibt normalerweise 0,7 Liter Most

Trester: ausgepresste Traubenschalen und -kerne

trocken: weitgehend durchgegorener Wein mit nicht mehr als maximal 4 Gramm Restzucker (pro Liter)

Tronçais-Eiche: für den Fassbau begehrtes Holz aus den Forsten um die Stadt Nevers, feinporig und mit weichen, süßen Tanninen

Ursprungsbezeichnung: gesetzlich definierte Basis aller europäischen Qualitätsweine

VDQS, Vin Délimité de Qualité Supérieure: in Frankreich gelegentlich anzutreffende Kategorie für Qualitätsweine zweiter Wahl

Vendange Tardive: frz. Spätlese. Ausdruck für halbtrockene oder für edelsüße Weine

veredeln: das Propfen von europäischen Vitis-vinifera-Trieben auf Wurzelstöcke amerikanischer Wildreben zum Zwecke der Reblausresistenz

vegetabil: nach Gras, Klee, grünem Spargel und anderen Grünpflanzen schmeckend

verschlossen: unentwickelter, junger Wein

verschneiden: Mischen von unterschiedlichen Weinpartien bzw. Rebsorten oder von Weinen aus unterschiedlichen Regionen zu einem neuen Wein

Vieilles vignes: frz. alte Reben

Vigna: ital. Weinberg

Vigneto: ital. Weinberg

Vin de table: frz. Tafelwein

Vinifikation: Weinbereitung. Keltern der Trauben und Vergären des Mostes

Vino da tavola: ital. Tafelwein. Bis 1996 wurden einige der besten Weine Italiens bewusst und provokativ zu Tafelweinen deklassiert, weil die Anforderungen an Qualitätsweine für sie nicht passten

Vintage: engl. Jahrgang

Vintage Port: Jahrgangs-Portwein

vollmundig: körperreicher Wein mit ansprechendem Alkoholgehalt

Vorlaufmost: jener hochwertige Teil des Mostes, der nach dem Mahlen der Trauben ohne weiteres Pressen von der Kelter läuft

VQPRD, Vin de Qualité Produit dans une Région Déterminée: französische Weinkategorie, entspricht dem deutschen Qualitätswein bestimmter Anbaugebiete

Vosges-Eiche: feinporige, relativ geschmacksarme Eiche aus den Vogesen

Weinsäure: natürliche Fruchtsäure, die umso mehr im Wein zu finden ist, je reifer die Trauben sind

Weinstein: Kaliumsalz. Ausfällung der Weinsäure in Form von kleinen, weißen Kristallen in der Flasche. Beeinträchtigt den Geschmack nicht

Weißherbst: in Deutschland übliche Bezeichnung für Roséweine

Winzersekt: Schaumwein aus Deutschland, der zu 100 Prozent aus eigenen Trauben (selbst oder im Auftrag) versektet wurde. Vorgeschrieben ist die klassische Methode der Flaschengärung

wurzelecht: alte, unveredelte Reben

Zapfen: in der Schweiz gebräuchlicher Ausdruck für den Korken

Zweite Gärung: malolaktische Gärung

Zweitwein: der nachrangige Wein eines Bordeaux-Châteaus, meist aus Trauben jüngerer Weinberge oder weniger guter Lagen stammend

Register

Bildnachweis

akg-images/Peter Connolly: 30 li.; akg-images/Electa: 33 o.; akg-images/François Guénet: 31 o.; akg-images/Erich Lessing: 31 li. u., 31 Mitte u.; akg-images/Gilles Mermet: 32 o.; Awakening/Wikimedia Commons, lizenziert unter Creative Commons-Lizenz 3.0 Unported: 143 li; Johann Brandstetter: 71, 73; Casella Wines: 23; CHAMBRAIR: 135 u.; Alain Cornu – Collection CIVC: 79 u.; Dieth + Schröder-Fotografie/Robert Dieth: 45 re. o., 47 li. (3), 47 re. o., 47 re. u., 48, 67 (2); Frank Duffek: 36, 60, 75 u. (4), 77, 151; FoodPhotography Eising: 6 o. (2), 7 u. (2), 10/11, 16, 18, 21, 26/27, 28, 49, 50/51, 52/53, 76, 78, 80, 82, 84, 116/117, 118 o. (3), 119, 120, 122, 123 (3), 125 (3), 126 li., 126 re. u., 127 o. (3), 127 li. u., 128/129, 130, 132, 138, 139 li., 140/141, 143 re., 144, 146/147, 148, 150; Michel Guillard/SCOPE-IMAGE: 61; Hendrik Holler:

44 re. u., 45 li. (3), 45 re. u., 46 re (2), 64, 65 u. (3); Jacques' Weindepot: 20; Enno Kleinert: 43; Herbert Lehmann: 4/5, 6 u., 19, 38 li. u., 38 Mitte, 38 re. o., 38 re. u., 39 li. o., 39 Mitte o., 39 re., 44 li., 54/55, 59 li. o., 63 u., 65 o., 66, 75 o., 83, 149, 158 li. o, 158 li. (2), 158 re. (2), 159 re. (2); Ingrid Paule: 56, 57; Planetary Visions Limited: 34/35; Jens Priewe: 137, 143 Mitte; Henning Ryll/Andreas Bühl: 9, 15, 22/23, 115 u., 118 u., 121, 124, 126 re. o., 127 re. u., 133, 139 re., 142, 156; Spectre: 152; StockFood/ Aktivpihenes & Aktiveurlaubszeit s.r.o.: 105; StockFood/Gaby Bohle: 86; StockFood/Cephas: 65 Mitte; StockFood/Cephas/Nigel Blythe: 104; StockFood/Cephas/Mick Rock: 7 o., 13, 45 Mitte re., 47 Mitte re., 58, 68/69, 79 o., 87 o., 91, 93, 95, 102, 103, 114, 115 re. o., Cover re.; StockFood/Cephas/Muschenetz: 108; StockFood/S&P Eising: Cover

li. o.; StockFood/Faber & Partner: 62 u., 81, 101, 136; StockFood/Food-Foto Köln: 31 re. u., 38 li. o.; StockFood/Simon Hohnen: 135 li.; StockFood/Hendrik Holler: 7 (2. v. o.), 30 re., 44 re. o., 63 o., 88/89, 90, 94, 96/97, 97, 100, 106/107, 107, 109, 110, 111, 113, Cover li. u.; StockFood/Roland Krieg: 134; StockFood/Nicolas Leser: 87; StockFood/Steven Morris: 112; StockFood/Naturbild royalty-free: 74; StockFood/Cephas/Geraldine Norman: 145; StockFood/Michael Schinharl: 85; StockFood/Hans-Peter Siffert: 32 li. u., 46 li., 62 o., 92, 98, 99, 115 li.; StockFood/Mark Thomas: 25; StockFood/Inge Weber: 6 (2. v. u.), 40/41, Cover Mitte li.; Yvan Travert/akg-images: 33 li. u.; The Wine Advocate: 39 Mitte u.; Zero: 59 u. (3); Z. Sandmann/Harder: 119

Dank

Der Verlag und Jens Priewe danken den Firmen Hanseatisches Wein & Sekt Kontor und Riedel für die freundliche Unterstützung der Fotoproduktion.